U0894702

本书为中国法学会“健全支持民营经济发展的法治环境研究”课题的研究成果

民营经济发展的法治要义

周昌发　著

中国社会科学出版社

图书在版编目(CIP)数据

民营经济发展的法治要义 / 周昌发著 . —北京：中国社会科学出版社，2022. 3
ISBN 978-7-5203-9897-8

Ⅰ. ①民… Ⅱ. ①周… Ⅲ. ①民营经济—经济法—研究—中国
Ⅳ. ①D922. 290. 4

中国版本图书馆 CIP 数据核字(2022)第 040877 号

出 版 人 赵剑英
责任编辑 宫京蕾 周慧敏
责任校对 朱妍洁
责任印制 郝美娜

出 版 中国社会科学出版社
社 址 北京鼓楼西大街甲 158 号
邮 编 100720
网 址 http：//www. csspw. cn
发 行 部 010-84083685
门 市 部 010-84029450
经 销 新华书店及其他书店

印刷装订 北京君升印刷有限公司
版 次 2022 年 3 月第 1 版
印 次 2022 年 3 月第 1 次印刷

开 本 710×1000 1/16
印 张 17. 5
插 页 2
字 数 278 千字
定 价 98. 00 元

凡购买中国社会科学出版社图书，如有质量问题请与本社营销中心联系调换
电话：010-84083683

拥抱法治（代序）

七十多年的新中国建设和发展历程中，中国人民体悟了生活的苦与甜，经历了人民公社的“平等”，但也饱尝了追求形式“公平”的集体劳作而产生的低效率、低水平的成果，在如此薄脊的经济土壤里，民营经济如同稚嫩的草芽姑且存在也只能苟活，计划时代下的民营经济步伐可以窥见但却蹒跚，可以回首却带些许酸楚，尤其在“十年浩劫”中更遭遇“寒冬”。

改革的号角迎来了民营经济的春天，那时的人们被时代唤醒，并赋予了“弄潮儿”的称谓，如果一定要从“胆”与“识”中择一词形容当时迎着潮头而去的人们，或许“胆”更为贴近，敢于先试，敢于“下海”的人开始了中国民营经济的长途跋涉，没有模式，没有经验，大多以“摸着石头过河”的心态探知前行路途的“险”与“坑”，法制的指引都似乎难以顾忌，也没有完善的法制，更不容谈及“法治”的力量；20 世纪 80 年代初期的立法似乎也更多始于对开放的因应，冠以“涉外”的字样，把引进外资放在立法的重要位置上。对内的改革重点当然也以立法建制为先导，有法可依成为包括“下海”经商在内的各项改革及其他活动的重点，整个八九十年代，在法律急速颁行之中，民营经济发展迅猛，也极大地助推了中国经济连续十多年的全球领跑速度，在“万马”齐奔之中，每一个参与其中的个人或组织都获得了前所未有的“成绩”，有的倒下了，有的成长了；倒下的是胆大而猛冲的“勇士”，成长的是经营汗水与机遇的“集合”，无论何者，他们都或多或少地抱怨“不公”，不公的是自身“非公有”属性与“公有”属性的经营地位平等性问题，不公的是发展经营中的受歧视性问题、资源配置不均衡问题等，地位的不平等待遇致使他们饱受创业和经营之苦。纵观八九十年代甚或二十一世纪初期的创业者，大多没有受过高等教育或专业训练，或辍学于小学、初中或高中，大学毕业后创业者甚少。这些人的创业经历之中，经验、胆识基本成了致胜的法宝；规范经营、依法而治者甚少，盘算至今已经存活 30 年以上的民营企业屈指可数。究其“短命”之缘由，不规范、无视法律的因素必定是重要因素之一，“家族人情化”、“经营人治化”成为常态。

市场经济乃法治经济、信用经济，习惯于经验行事、胆量经营的大多数民营企业，在经济全球化、一体化、法治化的宏观背景下，国家的各项改革和规制已经步入纵深层面，尤其是党的十八大以来，法治中国建设全面推进，很多民营企业在迎面浪潮中开始迷茫，在外资企业、国有企业和民营企业同赛道竞跑中，民营企业，尤其是中小微型企业遭到前所未有的危险际遇。政府在干预经济的惯性思维中，有时仍夹杂着行政权力的消长性，民营企业受到诸多阻难，营商环境不好所诱发的侵害民营企业和企业家权益的案例时有发生，民营企业冀盼走出阻却其发展的制度困境。在“大众创业、万众创新”的强烈呼唤中，折射出国家对民营经济的重视和焦虑，因其承载着众多人的就业以及国家税收，民营企业以其极具活力的姿态推动着中国经济的持续迈进，正因如此，国家从多角度、多方位给予民营经济法治保障，无论是准入制度的松绑还是经营过程中的政策优惠，都昭示着法治干预和引领的功能和价值。从政府服务经济的职能定位上，也在不断缩限政府的干预范围，通过“负面清单”给予市场更多自由发展权，持续提升公职人员的“有限政府”、“服务政府”、“责任政府”理念，使服务更加规范并带有“柔性”，使干预更加有限并秉持“法治”。

民营经济的发展首先不是希望“特权”，而是希冀平等。在法治经济的总体框架下，要从根本层面上给予民营企业平等参与国家经济建设和国家治理的平等机会，让其公平享有与国有企业竞争的机会，这就要严格落实既有法律制度，政府在每一个环节不随意设置破坏公平竞争的障碍，相反，应坚决消除那些阻止公平的“人为因素”，创设一个便捷、透明的营商法治环境，使民营企业能长久拥抱法治的福利。

当然，民营企业自身也需要反思和警醒，反思过去那些因为违法栽过“跟头”的同行，有些人、有些企业倒下了再也没有爬起来，有些尽管爬起来也付出了沉重的代价，要摒弃绕过法律“走钢丝般”的经营，在全面法治的当下，没有“法外之地”，唯有依法经营、规范发展才是“企业长青”的秘诀，适应低利润和新常态，沿着法治型、稳健型道路行走一定可以致远，法治没有春夏秋冬，无论何时，法治都依然如此，庶望企业发展的每个春夏秋冬都遵循法治，法治也会为之支撑和保障。

周昌发于昆明

2022年3月19日

目　　录

第一章　中国民营经济发展历程及总结反思

我国民营经济从产生、消亡、再次出现、不断发展的历程就是党和国家关于民营经济法律和政策确立和逐步完善的过程，这一过程与我国的国情、经济发展水平以及对经济所有制的不断认识相一致，也充分体现了国家对民营经济理论的不断创新和发展。总结新中国成立以来民营经济发展的风雨历程，基本体现为计划为主到市场为主的转变、改造为主到保护为主的转变以及政策为主到法律为主的转变三个方面的特点。

第一节　中国民营经济的发展历程

一　新中国计划经济时期

（一）计划经济时期民营经济的发展概况

新中国成立之初，我国采用没收帝国主义和官僚资本主义企业的形式改造当时的经济结构，逐渐形成了以公有制为主体、多种所有制经济共同发展的局面。这段时期，由于国内经济极端落后，首要任务是通过一切可以采用的方法来稳定和发展经济。中国人民政治协商会议于1949年9月通过了《共同纲领》，该纲领起着临时宪法的作用，规定将封建阶级和半封建阶级所有的土地有序改为农民所有，将属于官僚资本所有的资产收归国有。[①] 同时，纲领还规定了公私兼顾、劳资两利、城乡互助、内外交流的经济建设方针；对农民和手工业者等个体经济、私

① 柳宝军：《新中国成立70年来党的政治建设的历史进程、主要成就与基本经验》，《求实》2019年第4期。

人资本主义经济、合作社经济、国营经济和国家资本主义经济进行调整。[①] 对工人阶级、农民阶级、小资产阶级、民族资产阶级的财产和经济利益加以保护，对国家财产以及合作社的合法财产也予以保护，使各种经济都能在国营经济的带领之下，发挥各自特长，[②] 使整个社会经济健康快速发展，达到繁荣经济的目的，逐步将我国从农业国发展成为工业国。[③] 只要是对国家经济发展有利的民营经济都加以鼓励，激发其生产经营的积极性，让其为整个经济社会发展贡献自己的力量。

以民族工商业为代表的民营经济，是参与新中国建设的重要力量之一。新中国成立之初，我国刚刚经历过战争带来的经济创伤，一切都是百废待兴，尤其是工业方面一穷二白，重工业完全没有生产基础，只有轻工业略有发展，国家想要发展，仅仅依靠没收官僚资本和帝国主义资本建立起来的公有制经济远远不够，以民族资产阶级为代表的民营经济对我国经济建设来说完全不可忽略，对其主要采取以利用为主的政策。[④] 早在1949年春天，毛泽东就在七届二中全会上提出，对于民族资产阶级，要充分发挥其积极性，但又不能像资本主义国家一样不加以控制，在他看来，只有那些有利于国家发展和人民生活的民族资产阶级，才有利于国民经济的发展，所以对民族资产阶级要施以一定的控制。

为了加快恢复经济，维持稳定物价和财政收支平衡，中央政府于1950年实行“统一财经”的政策，对全国的财政经济统一管理，整顿收入，节约支出。[⑤] 在此背景下，民营经济受到了相应的影响和限制，甚至遭受了一定的打击。在统一财经工作完成之后，毛泽东同志提出要继续维持民族资产阶级，这不仅可以对国家经济发展做贡献，而且还能

① 邱卫东、高海波：《新中国70年来的共富实践：历程、经验和启示》，《宁夏社会科学》2019年第2期。

② 孙宏臣：《论土地承包经营权的二元结构属性》，《江西财经大学学报》2015年第5期。

③ 董志凯：《三大改造对我国工业化初创阶段的两重作用》，《中共党史研究》1989年第1期。

④ 邢中先：《新中国成立70年来民营经济发展：历程、经验和启示》，《企业经济》2019年第1期。

⑤ 钱度龄：《适当集中财力 加强全局观念——学习陈云同志〈财经工作人员要提高自觉性〉》，《财政》1990年第2期。

维持生产和给予工人相应的福利。[①]

从 1951 年底开始，我国进行了“三反”“五反”运动，[②] 对于民族资产阶级的态度从利用转向限制，甚至予以打击。[③] 在“三反”“五反”运动中，很多人检举揭发资本家的唯利是图和损人利己，认为不利于社会整体发展和前进。于是国家深感要对这些行为进行整顿，逐渐开始限制私营经济的发展。正如当时的《人民日报》曾评说，“三反”“五反”使全国风气焕然一新，可以有更好的环境来保障工商业的发展，而实际上，民营经济却在此次运动中遭受了沉重的打击。[④]

1953 年 5 月，时任政务院秘书长的李维汉向中央提交了《资本主义工商业中的公私关系问题》的报告，该报告提出，对国家资本主义要进行公私合营改造，要对资本所有制进行变革。毛泽东对此报告特别重视，在当年 6 月召开的政治局会议上，他提出了我国在过渡时期的总路线和总任务是要完成国家工业化，要对农业、手工业、资本主义工商业进行社会主义改造。[⑤] 在此之后，经过数次调查和研究，正式将逐步实现国家的社会主义工业化以及国家对农业、手工业和资本主义工商业的社会主义改造确立在 1954 年的《宪法》中，作为党在过渡时期的总路线和总任务。并提出，我国的工业化首先就是要发展国营工业，然后将手工业和资本主义工商业进行改造，运用限制、利用等政策，将私人所有的资本引领到国家资本的轨道上来，然后将国家资本逐步转化为社会主义经济。[⑥]

1956 年底，三大改造基本完成，我国的私人资本主义经济逐步转

① 高德步：《中国民营经济的发展历程》，《行政管理改革》2018 年第 9 期。

② 所谓“三反”运动，就是针对党政机关工作人员的反贪污、反浪费、反官僚主义行为；“五反”则是针对私营工商业者的反行贿、反偷税漏税、反盗骗国家财产、反偷工减料、反盗窃国家经济情报行为。

③ 黄淑婷：《1949—2011：关于民营经济的历史经验研究》，《生产力研究》2011 年第 4 期。

④ 王传利、方闻昊：《论“三反”“五反”运动中的经济建设协调性策略》，《思想理论教育导刊》2017 年第 4 期。

⑤ 戚义明：《从〈毛泽东年谱（1949—1976）〉看毛泽东与过渡时期总路线的形成》，《毛泽东研究》2019 年第 2 期。

⑥ 高德步：《中国民营经济的发展历程》，《企业家日报》2018 年 10 月 22 日（第 2 版）。

变为公私合营经济，农业和手工业也通过合作化运动演变为合作制经济。自此，计划经济体制在我国逐步建立起来，在很多领域都实行了计划控制，采用严格的统购统销，民营经济成分日渐被消除，纯粹的公有制经济色彩体现得越来越明显。

1958年，全国开展了“大跃进”运动，本意是通过集中当时的资源和力量，尽快实现国家的工业化和经济持续健康发展。但在以农业为主的当下中国，将农民和农业资源整合集中，最终导致了人民公社化运动。人民公社化最为显著的特点是“一大二公”，“大”就是通过集中的方式，将既有的经济规模扩大；而“公”就是通过合并的方式整合资源。经过工商业社会主义改造之后，原有的资本主义工商业已经演变为公私合营经济；而在人民公社化运动中，则是将合营经济转变为集体经济，在此体制下，企业虽然能够获得固定的利益，但却没有自主经营的权利，民营经济尽管“活着”，经营处境也十分艰难。尤其后来党内出现了“宁要社会主义的草，不要资本主义的苗”这种极端的思潮，认为民营经济无论大小，都无法与社会主义兼容，在此艰难的环境下，民营经济几乎走向灭亡，残存的民营经济在之后的“文化大革命”中再次遭遇打压。

（二）计划经济时期民营经济的相关立法及特点

为了发挥民营经济在国民经济恢复中的作用，我国相继出台了《私营企业暂行条例》（1950年）和《私营企业暂行条例实施细则》，通过立法形式引导民营经济发展，一定程度上对民营经济的发展起了保障作用。这一时期，民营经济与国营经济相互竞争、相互合作，国家对民营经济主要采取以利用为主的政策，很少通过法律来加以调整，利用一切可能的办法来发展国民经济。在当时，民营经济对于科教文卫、国内外贸易、交通运输等产业的发展起到了积极的促进作用。1949年，全国私营工业总产值6828亿元。[①] 可以说，我国所制定的相关政策在新中国成立初期基本符合当时的具体国情和生产力发展水平，如果长期坚持，将会为新民主主义经济建设和社会主义改造打下较为坚实的物质基础。

① 保育钧：《不可逾越的历史阶段 不可歧视的重要部分——试论社会主义初级阶段的非公有制经济》，《中国工商》2001年第8期。

但“三反”“五反”运动对民营经济的态度却发生了转变，从利用变成限制甚至演化为打击的态度，“三大改造”更使民营经济几乎消灭。[1]

“三大改造”期间，对于民营经济来讲，不仅没有法律保障，甚至在政策上接近于让其消灭。[2] 在当时高度集中的计划经济体制下，虽然国家仍然支持民营经济，但农业、手工业合作经济与公私合营经济从根本意义上来讲基本没有自由发展的余地，接连不断的政治运动对民营经济造成毁灭性的打击，使得原本活跃的市场陷入凋零。[3]

二 市场经济体制酝酿期

（一）市场经济体制酝酿期民营经济发展的概况

1978年党的十一届三中全会后，我国不断对所有制问题深刻总结，不再追求单一的公有制经济成分，提出在一定范围内个体经济是公有制经济的必要补充。[4] 总体上确定了以公有制为主体、多种所有制共同发展的格局。特别是党的十一届三中全会确立了改革开放的新思想，随着“拨乱反正”的全面推进，全国人民的思想也得到了解放，党和国家也对非公有制经济有了新的认识，提出了以经济建设为中心的发展路线。在内部，进行大力改革，调整所有制结构，采取一系列具体措施搞活经济；对外实行开放政策。党的十一届六中全会提出，我国仍然处于社会主义初级阶段，集体经济和国营经济是我国的基本经济成分；个体经济在一定范围内也有存在的必要性，不允许将其当成资本主义经济来进行打压，要对其加以重视。同时，还要实行适用于各种经济成分的管理方法和分配方法。当然，个体经济的重生与两个“偶然”事件有关联：一是安徽凤阳小岗村实行家庭联产承包责任制，将田地分包到户，农户实行自负盈亏，这为农村个体经济的发展带来契机；二是由于上山下乡

---

① “三大改造”指对农业、手工业、资本主义工商业和国家工业化的社会主义改造，计划在10—15年或者更长一段时期内基本完成。

② 匡洪治：《艰辛与辉煌：从新民主主义到中国特色社会主义的探索实践》，人民出版社2012年版，第121—125页。

③ 高德步：《中国民营经济的发展历程》，《企业家日报》2018年10月22日（第2版）。

④ 洪功翔：《关于社会主义初级阶段民营经济地位和作用的理论争论》，《当代经济研究》2020年第6期。

青年回城后需要解决就业问题，也促进了个体经济的诞生，为城市个体经济的兴起与发展提供了历史机遇。①

1982年《宪法》第一次在最高法律层面上确定了个体经济的地位，并且出台了相关政策来保障其发展。与此同时，党的十二大也鼓励和支持劳动者个体经济，伴随着改革开放的不断深入，城乡个体民营经济开始发生变化，一部分由于发展势头良好，演变成民营企业，成为民营经济的主要构成部分。然则，相对于个体经济的发展，民营企业的发展阻力更大，遭受了许多困难，有关民营企业的争论也从未停止，如雇佣是否属于资本主义行为、民营企业是属于公有制经济的重要补充部分还是本质上就是资本主义私有制，这些争论从未停止。直到1987年召开党的十三大，才进一步明确了个体经济和民营经济都是社会主义公有制经济的重要补充。民营经济存在雇佣关系，但其在社会主义的整体框架之下，与公有制相联系，受公有制影响，在对其保护的同时，也要加强引导和监督。

1988年下半年，我国经济开始出现了通货膨胀的现象，国内生产总值增速较快，消费价格指数不断升高，出现了抢购生活物资的现象，而投机倒把等行为使商品供应更加紧缺，经济秩序一度陷入了较为混乱的局面。党的十三届三中全会上，国家提出要整顿经济秩序、压缩投资规模、调整投资结构、提高存款利率等，以此从整体上对经济环境施以宏观调控，甚至直接通过限制购买等手段对经济秩序进行管理和干预。自此，民营经济的生存环境又受到了限制，不利于民营经济的生存发展，对民营经济的认识也出现了波动，怀疑民营经济属于资本主义经济的思潮又开始出现，甚至限制民营企业家入党、对于个体工商户和民营企业加强税收监管等，这些措施使得民营经济的发展再次受到不利影响。到1989年底，我国个体工商户从1988年的1400多万户下降到1989年的1200多万户，减少了200多万户，从业人员也减少了近400万人。②

① 沈汉溪：《中国民营经济发展历程、现状及问题》，《市场透视》2006年第1期。

② 大成企业研究院：《民营经济改变中国》，社会科学文献出版社2018年版，第41—44页。

但在后来，国家领导人多次在重要场合肯定民营经济取得的成就，对民营经济的发展给予鼓励，并且充分肯定民营经济对公有制经济的重要补充作用，表示在相当长的时间内国家对民营经济的政策将不会发生变化。1991 年在建党 70 周年庆祝大会上，江泽民指出要采取适当的方法，使各种经济成分在国民经济中的比例更加合理。慢慢地，受到打击之后的民营经济逐步得以恢复，国家对于民营经济尽管要予以监督和引导，但总体来看，针对民营企业制定了很多有利于其发展的政策，对民营经济加以保护。个体工商户登记数量远超于民营企业，从业人员大规模增长，1991 年底，我国个体工商户又回升到 1400 多万户，吸纳就业人员 2000 多万人；私营企业有 10 多万户，吸纳就业人员 180 多万人。①

（二）市场经济体制酝酿期民营经济相关立法及特点

中共中央、国务院 1981 年发布《关于广开就业门路，搞活经济、解决城镇就业问题的若干规定》，文件指出个体工商业者可以雇用不超过两个员工，身怀特殊手艺的，可以带五个之内的学徒，在保证公有制经济占优势地位的前提下，可以允许多种经济成分和多种经营方式同时存在。可见，当时国家对于民营经济的发展持不鼓励、不反对的态度。②

总体来看，在市场经济体制酝酿初期，即在 20 世纪 80 年代初，对于民营经济采用引导、监督和管理的方式，虽不加以阻止，但也不鼓励其大力发展。但自 1988 年的宪法修正案在最高法律层面上确立了民营经济的地位后，民营经济在法律允许的范围内得以正式生存发展，民营经济的合法权益和收入在立法上得到保护。之后，国务院颁布了《私营企业暂行条例》，彰显了民营经济的论断和实践在我国取得了显著的发展，以法律的形式固化了民营经济在国家经济体制中的合法地位。③

① 王海兵、杨蕙馨：《中国民营经济改革与发展 40 年：回顾与展望》，《经济与管理研究》2018 年第 4 期。

② 谢恒、马骥：《民营经济发展与制度安排的演进》，《中国乡镇企业会计》2006 年第 3 期。

③ 黄淑婷：《1949—2011：关于民营经济的历史经验研究》，《生产力研究》2011 年第 4 期。

三 市场经济确立后初期

（一）市场经济确立后的民营经济发展概况

1991年苏联解体，世界政治经济呈现多元化格局。与此同时，周边国家的经济也在迅速发展，这使得一些党员对于什么是社会主义、如何建设社会主义等问题提出了疑问；关于市场经济的争议也非常大，很多人甚至认为民营经济就是资本主义经济；对于我国的改革是资本主义性质还是社会主义性质的改革，存在不一致的观点。针对这些问题，邓小平1992年在视察南方时对民营经济发展做出了重要论断，他指出，计划和市场本质上都是为了发展生产力，都是促进经济发展的手段。同年，时任总理李鹏提出进一步彻底改革的目标。随后，党的十四大确定了以公有制为主体、多种所有制共同发展的总体基调，明确提出将市场经济体制作为我国的经济体制，并载入宪法。1997年，党的十五大报告中提出非公有制经济，并在1999年的宪法修正案中正式确立。在2000年的全国统战会议上，江泽民强调，要继续引导、监督和鼓励非公有制经济。总体观之，民营经济的地位在这个时期不断被提升，尤其从1993年开始，国家根据民营经济的特点制定了相关的政策，在财政税收、外汇制度等宏观调控方面均采取了改革措施，到20世纪末基本完成了社会主义市场经济制度的建设，但对于非公有制经济，仍然存在诸多市场准入的障碍。

2001年，我国加入世界贸易组织，对于民营经济的发展来说，又迎来了新的篇章，为民营经济的发展和自由竞争营造了国内和国际两个方面的良好环境。2002年，党的十六大报告提出对非公有制经济要毫不动摇地进行支持、鼓励和引导，国内社会环境持续向好。2002年，私营企业数量近250万户，带动投资者600多万人。之后的《中国共产党章程（修正案）》也解决了民营企业家没有办法入党的问题。2007年，党的十七大报告提出要平等保护物权、促进民营经济发展，民营经济的发展由鼓励、引导变为毫不动摇的鼓励、支持和引导，很多政策的制定都是为了使民营企业吸引人才、科技创新、推进民营企业国际化、消除不平等待遇等。经过5年的发展，到2007年，私营企业数量增至

500多万户，整整增长了一倍多，投资者近1400万人。[①]

但从2007年美国次贷危机爆发后，我国经济也毫无例外地受到了影响，国际市场需求量减少，商品价格出现剧烈波动，生产成本不断上升，导致经济增长幅度变慢，民营经济发展受到冲击。以浙江省为例，2008年注销的民营企业较2007年同期上升10.99%，数量为2.2万户。[②] 为了舒缓当时严峻的经济形势，温家宝在考察长三角地区的民营企业时提出，要在市场准入和财税方面给予民营企业一定的支持与照顾，保障民营企业有良好的生存发展环境；要在政府服务方面改变态度，加大对民营企业的服务和支持力度。[③] 对个体工商户和集贸市场不再征收管理费，并降低贷款门槛，给民营企业提供创业补贴，从各个方面为民营企业出台相关政策和优惠措施，保障民营企业的生存和发展。

由于国家出台了很多促进民营经济发展的政策，民营经济得到飞速发展，截至2008年底，规模以上私营工业企业近20万户。其中联想、海尔、国美、华为等民营企业跻身中国企业500强，且排位靠前。[④] 由此可见，当时民营经济在国家的整体经济发展中越来越彰显出重要的地位。

为了进一步促进民营经济的快速发展，党的十八大报告指出，鼓励非公有制经济参与国有企业改革，实行混合所有制，这有利于扫除民营经济在发展过程中的市场准入障碍。对此，国家出台了相关措施保障混合所有制改革的顺利推进，充分发挥民营经济灵活、创新的优势，结合国有经济在资源占有、规模体量上较大的优势，形成良性互动、优势互补，为民营经济发展创造了更加广阔的空间。2012年，民营经济税收收入为16000多亿元，比2011年增加了1400多亿元，同比增长9.5%，

① 大成企业研究院：《民营经济改变中国》，社会科学文献出版社2018年版，第42—43页。

② 单东：《金融危机下浙江民营企业的转型升级》，http：//www.myjjzx.cn/xsxx/82.html，2021年3月10日访问。

③ 王海兵、杨蕙馨：《中国民营经济改革与发展40年：回顾与展望》，《经济与管理研究》2018年第4期。

④ 高德步：《中国民营经济的发展历程》，《行政管理改革》2018年第9期。

民营经济在全国的税收比重越来越大。①

（二）市场经济确立后民营经济的相关立法及特点

市场经济体制刚确立后，原国家工商行政管理局就发布了《关于促进个体私营经济发展的若干意见》，就登记注册、市场准入、参股方式、业务扩展等方面进行了改革，提出相关措施鼓励个体私营经济发展。充分发挥国家干预经济的重要作用，利用正式法律文件和政策规定等方式进行制度引领，正是由于国家层面的大力支持，大批民营企业迅速成长为有影响力的企业。

《中小企业促进法》（2002 年）的正式颁布实施，充分肯定中小企业在国民经济和社会发展中的重要作用，极大地提升了中小企业的法律主体地位，改善了其经营的法治环境。一系列法律法规及国家层面文件的出台，放宽了非公有制经济的市场准入条件，助推了非公有制经济的快速发展。2004 年，宪法修正案明确规定公民合法的私有财产不受侵犯，对于民营企业依法赚取的财产给予了宪法保护，将民营企业及民营企业家的心底顾虑从法律上予以消除。2005 年国务院颁布《关于鼓励支持和引导个体私营等非公有制经济发展的若干意见》，对非公有制经济的市场准入门槛予以放宽，提出要平等对待包括非公有制经济在内的所有经济成分，给予非公有制经济更多在财政、金融方面的有利政策，保护非公有制企业员工的合法利益等，排除了一些民营企业市场准入方面的障碍和困难。各地在此文件的指引下纷纷出台相关配套规定，鼓励非公有制经济发展。如铁道部允许民营企业参与铁路的建设、运输、设备制造和管理；国防科工委允许民营企业从事武器、装备等一般产品的生产，鼓励民营企业参与军工科研竞争和高新技术研发。② 民航总局开始向民营经济开放民航业等。③

从国家层面到地方政府，都出台了一系列的制度文件，为非公有制经济的畅通发展创造了良好的制度环境。2006 年国务院法制办和国

① 付光军等：《2012 年中国民营经济税收发展报告》，王钦敏主编：《中国民营经济发展报告》，社会科学文献出版社 2013 年版，第 75 页。

② 曹建海：《民企投资交运业想说爱你不容易》，《中国投资》2005 年第 10 期。

③ 郑修敏、许晓明：《中国民营经济发展的历史与未来》，《江西社会科学》2009 年第 6 期。

家发改委联合下发《关于开展清理限制非公有制经济发展规定的通知》，要求所有规范性文件不得限制非公有制经济的发展，对于不合理的规范要予以清除和清理。2007 年通过的《物权法》和《企业所得税法》对于公有财产、私有财产以及内外资企业在纳税等方面进行平等保护。

国务院发布的《关于进一步促进中小企业发展的若干意见》（2009 年）从给予民营经济良好的营商环境、减少民营经济融资问题、帮助民营经济进行技术改革、提高政府服务水平、给予财税方面的优惠待遇、支持民营经济发展海外市场、鼓励民营经济提高管理服务水平等方面进行了详细规定，为促进民营经济快速健康发展起到护航作用。《关于鼓励和引导民间投资健康发展的若干意见》（国务院 2010 年颁布）也鼓励和引导民间资本进入基础产业建设和金融服务，积极参与国际竞争，提高企业自主创新能力和企业管理水平。国家发改委连续出台文件促进民营企业创新发展，减少民营企业准入障碍、给予公共资源照顾、完善民营企业人才引进机制、使用新型金融工具方便融资、创立创投基金、给予民营经济法律支撑和政府保障等。

在这期间，民营经济处于蓬勃发展的阶段，在宪法以及相关法律法规的保障下，民营经济的发展得到了正式制度的规范和护航，民营经济发展的法律保障环境已经初步形成。对民营经济地位的认识也在逐渐提高，从之前的被排除到逐渐被接纳，民营经济已然成为我国社会主义经济制度的重要组成部分；民营企业的合法财产被法律同等保护，增强了民营企业家的信心。但由于我国的民营经济还相对弱小，在国际社会上还没有真正凸显其优先的地位。

四　社会主义新时代时期

（一）新时代的民营经济发展概况

党的十八大报告强调“毫不动摇鼓励、支持、引导非公有制经济发展，保证各种所有制经济依法平等使用生产要素，公平参与市场竞争，同等受到法律保护”，民营经济再次迎来了新的发展机遇，意味着被国有企业高度垄断的一些行业向民营经济开放，民营资本可参与其中公平竞争。从 2013 年开始，民营经济发展呈现良好态势，截至 2019 年底，我国已有1.23亿户市场主体，其中企业主体有3858万户，个体工商户有8261万户。[①] 毫无疑问，民营经济的高速发展与国家政策的积极推行密不可分。

2013年，中共十八届三中全会提出，要重视非公有制经济的地位，强调非公有制经济是我国社会经济发展的重要力量，鼓励非公有制企业参与到国有企业改革中，释放出国家对经济成分的平等对待态度。2014年李克强在达沃斯论坛上提出“大众创业、万众创新”，鼓励大众参与创业，鼓励民营经济要创新发展。同年，中共十八届四中全会强调健全产权保护制度，不分公有和非公有经济予以公平保护。2015年，国家提出“放管服”改革，[②] 推进简政放权职能转变，进一步完善价格机制，鼓励民营企业进入更多领域发展。“放管服”改革加快了服务型政府的建设，强化了政府在经济发展中的服务职能，给民营经济发展创造了更加宽松适宜的良好环境。随着“放管服”改革的不断推进，企业税负大幅度降低，行政审批事项持续减少，很多不适宜的规范性文件被清理，行政效率得以有效提高，为民营企业减少了大量“跑路”时间和成本。[③] 2017年，党的十九大提出全面实施市场准入负面清单制度，逐步将阻碍市场公平竞争、阻碍民营经济平等进入市场的相关做法和规定废除，还对新时代背景下非公有制经济以及非公有制经济企业家的健康成长、非公有制经济中党员的发展和增强非公有制经济活力等方面制定了相应的方针。[④] 2018年11月，习近平总书记在民营企业座谈会上提出要大力发展民营经济，从六个方面抓好有利于民营经济的政策，针对社会上出现的否定民营经济的言论，习近平总书记旗帜鲜明地在座谈会上着重强调，民营经济是我国经济发展中不可或缺的力量，要毫不动

---

① 习近平：《在企业家座谈会上的讲话》，http：//www.xinhuanet.com//mrdx/2020-07/22/c_139231376.htm，2020年7月24日访问。

② 所谓“放”就是简政放权，降低民营经济进入市场的准入门槛；“管”是指创新监督管理机制，促进经济成分公平竞争；“服”就是提高服务水平和服务效率，给企业营造便利的环境。

③ 李枫、高闯：《新中国70年政策推动下的民营经济演化发展研究》，《经济与管理研究》2019年第12期。

④ 高尚全：《新时代全面深化改革的活力之源》，《改革与开放》2018年第3期。

摇地支持民营经济的发展，给予民营经济良好的发展环境。[①] 2019 年，李克强总理在全国人民代表大会上也明确表示，要充分了解民营经济在发展过程中的痛点和难点，为民营经济建立良好的生存发展环境。2020 年 7 月 21 日，习近平总书记在企业家座谈会上强调，要实施好《民法典》和相关法律法规，打造市场化、法治化、国际化的营商环境，依法平等保护国有、民营、外资等各种所有制企业的产权和自主经营权，高度重视和支持个体工商户发展，完善各类市场主体公平竞争的法治环境。[②]

（二）新时代民营经济的相关立法及特点

2015 年我国发布了《推动共建丝绸之路经济带和 21 世纪海上丝绸之路的愿景与行动》和《中国制造 2025》两个文件，描绘了我国经济发展的新前景，为民营经济提供了发展机遇，同时也为民营企业，尤其是制造型企业指明了一条高质量发展的前进道路。[③]《民法典》的颁布实施为民营经济发展营造良好的法治环境，将民商事活动的基本原则——诚实信用原则、公平原则、绿色原则等，以法典的形式规定下来，要求民事主体在进行民事活动时，秉持诚信、恪守承诺，公平竞争、平等发展。对于企业来讲，在进入市场、从事交易、退出市场时都遵循民法的基本原则，平等地从事经营行为，为我国民营企业铺设了法治公平之路。[④] 国务院发布的《保障中小企业款项支付条例》（2020 年）要求党政机关、事业单位和大型企业须及时支付中小企业款项，不能无故拖延账期，中小企业合法权益进一步得到保障，为中小企业的良好发展创造更好的营商环境，鼓励民营经济持续健康发展。2020 年 7 月 31 日，最高人民法院召开全国法院产权和企业家权益司法保护工作推进会，要求依法保护各类所有制经济产权及企业家合法权益，严格惩罚犯罪、打击黑恶势力，化解企业家困境。[⑤]

---

① 郭朝先、李成禅：《新中国成立 70 年来我国民营企业发展成就及未来高质量发展策略》，《企业经济》2019 年第 9 期。

② 顾华详：《民营经济高质量发展的制度优势研究》，《上海市社会主义学院学报》2020 年第 5 期。

③ 李枫、高闯：《新中国 70 年政策推动下的民营经济演化发展研究》，《经济与管理研究》2019 年第 12 期。

④ 李婵：《民法典诚信原则对企业市场行为的规范意义》，《企业家日报》2020 年 7 月 2 日（第 3 版）。

⑤ 杨芳：《改革开放以来我国民营经济政策演进及启示》，《学术前沿》2020 年第 6 期。

综上，一系列的法律、文件的出台，充分说明党的十八大以来，民营经济得到切实的“减负”和“松绑”，国家正在大力支持民营经济发展，相关政策也是围绕促进民营经济在现代社会能更好地发展，给予了民营经济更加宽松的环境，促进民营经济高质量发展。从图 1-1 和图 1-2 中可以看出，国民生产总值在不断地上升，民营企业的数量也在不断攀升，体现出民营经济在促进国民生产总值发展中贡献了极其重要的力量。

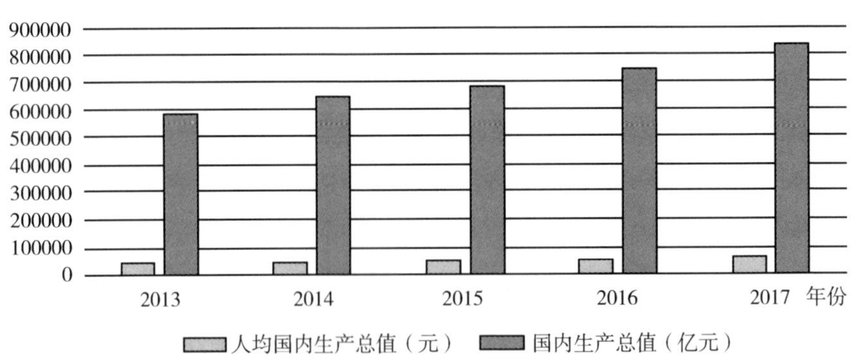

图 1-1　2013—2017 年国民生产总值增长趋势

数据来源：国家统计局网站。

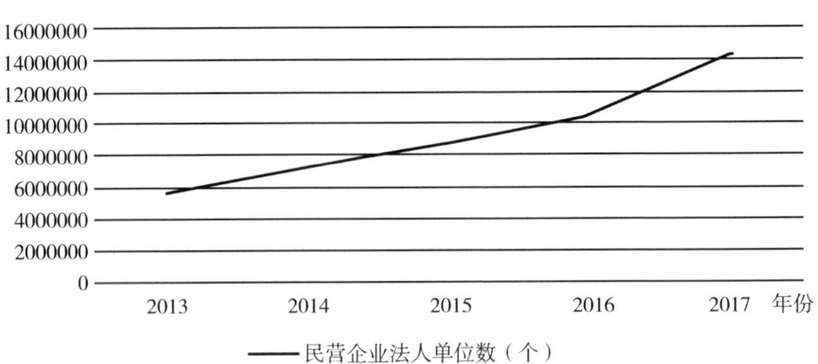

图 1-2　2013—2017 年民营企业数量变化

数据来源：国家统计局网站。

第二节　中国民营经济发展的总结反思

一　计划为主到市场为主的转变

纵观我国民营经济的发展历程，可以看出，整体上是一个从完全计划、限制、引导、支持、促进到保护的过程，从政府的全面干预到适度干预的过程。目前，政府对民营经济的发展首先强调市场调节的决定性作用，政府从过去的大包大揽的角色转变为现在的服务支持的角色。

（一）全面计划

新中国成立之初，国家将官僚资本主义的工业企业没收，建立国营工业，由国营经济掌握国家命脉，对民营经济主要采取利用的态度，用其发展国民经济。1949 年 10 月，国家成立中央财政经济委员会，之后又陆续成立其他负责计划管理的专门性机构。1950 年，全国财政会议上，国家确定了“六个统一”的财政经济管理方针，即财政收支统一、公粮统一、税收统一、编制统一、贸易统一、银行统一。并试编了一些关于计划经济发展的文件，如《1950 年国民经济计划概要》。①

中共七届三中全会（1950 年）以后，在全国上下开始创造计划经济建设的条件，要求各部门制订出一年计划和三年奋斗目标。国营工业生产和基本建设方面由中央直接计划管理，把重点放在交通运输领域；还通过开展互助合作运动，克服农民分散经营的弱点，对农业、手工业进行计划管理，实现国家农业生产的计划；另外，为了实现计划经济的目标，在市场管理中要求国营贸易公司执行价格政策。② 1952 年，毛泽东提出用 10—15 年的时间基本完成社会主义的目标，为了实现该目标，国家正式成立了计划委员会，计划经济体制得到确认。③ 1953 年起，全国进入大规模、有计划的经济建设时期，1954 年成立了编制五

① 郝继明：《60 年经济体制：演变轨迹与基本经验》，《现代经济探讨》2009 年第 8 期。

② 王军旗、刘旭青：《社会主义市场经济理论与实践》，中国人民大学出版社 2017 年版，第 45—47 页。

③ 江畅、蔡梦雪：《从革命价值观到核心价值观——中国现代价值观构建的三阶段》，《江汉论坛》2018 年第 12 期。

年计划纲要草案的工作小组，同年我国第一部宪法诞生，《宪法》第15条就规定了计划经济成为我国法定的经济体制。①

（二）有计划的市场

1978—1992年，我国开始尝试在计划经济体制中引入市场体制。鉴于高度集中的计划经济体制在“文化大革命”期间变得越发僵硬，严重阻碍了社会进步和发展。邓小平同志在党的十一届三中全会上明确提出，要重视经济规律，按照经济规律来办事。中共中央、国务院《关于广开就业门路，搞活经济、解决城镇就业问题的若干规定》（1981年）提出，保证社会主义公有制占有优势地位的前提条件下，允许多种经济成分和多种经营方式存在。1982年12月，邓小平在会见外宾时说，社会主义也可以搞市场经济，市场经济并不仅仅存在于资本主义，之后又进一步提出将计划和市场相结合的观点。中共十一届六中全会指出，要充分发挥市场应有的作用，在公有制基础上实行计划经济；1982年中共十二大报告再次强调，市场调节是计划经济的补充，我国的经济形式是公有制基础上的计划经济，要处理好计划经济为主、市场调节为辅的问题。这对当时我国关于市场与计划的关系问题做了新的论断和阐述，特别是对市场经济的认识有了较大的转变。1984年10月，中共十一届三中全会通过了《中共中央关于经济体制改革的决定》，明确提出我国实行的是计划经济，并提出要破除计划经济和商品经济对立的传统观念，我国的商品经济也是在公有制计划经济的基础上进行的。② 1985年，邓小平提出要把计划经济和市场经济相结合起来，才能更好地发展生产力，社会主义和市场经济之间并不存在根本矛盾。1987年，中共十三大指出，社会主义应该是国家调节市场，市场引导企业的机制，市场与计划应该是一种内在统一的关系。③ 1988年宪法修正案以根本大法的形式来保障民营经济的地位，规定民营经济可以在法律允许的范围内发展，《私营企业暂行条例》（1988年）进一步通过法规的形式确立了

① 见1954年《宪法》第十五条：国家用经济计划指导国民经济的发展和改造，使生产力不断提高，以改进人民的物质生活和文化生活，巩固国家的独立和安全。

② 郝继明：《60年经济体制：演变轨迹与基本经验》，《现代经济探讨》2009年第8期。

③ 赵国友：《试论邓小平改革开放整体思维的优先序及其现实意义——纪念邓小平关于解放思想的两个重要宣言书》，《科学社会主义》2010年第3期。

民营经济的地位，可见，民营经济通过宪法和法规取得了合法地位，市场经济此时已经开始萌芽。

（三）市场为主

1992年初，邓小平在南方谈话时指出，计划和市场并非就是社会主义与资本主义的本质区别，计划经济并不等于社会主义经济，资本主义也不完全是市场经济；计划和市场都只是手段，本质上都是为了促进经济的发展。[①] 当年召开的中共十四大指出了我国经济体制改革的目标是建立社会主义市场经济体制。1993年出台《反不正当竞争法》旨在规制那些市场上出现的不正当竞争行为，为民营企业公平竞争创造了法律环境；《关于建立社会主义市场经济体制若干问题的决定》（1994年）指出，要将市场经济体制和社会主义制度结合起来，发挥市场在国家宏观调控下对资源配置的基础性作用。中共十五大（1997年）进一步提出要以公有制为主体，多种所有制经济共同发展，对于股份制也可以采用，当时，经济体制已从传统的计划经济体制转向了社会主义市场经济体制。[②] 中共十六大（2006年）提出要完善社会主义市场经济体制；中共十六届三中全会通过的《中共中央关于完善社会主义市场经济体制若干问题的决定》进一步明确要完善以公有制为主体、多种所有制经济共同发展的基本经济制度；要保障市场在经济发展中的重要地位，建立开放有序的现代市场竞争体制。[③] 《反垄断法》2008年颁布实施，对于市场存在的一些漏洞进行法律规制，避免部分市场主体的垄断，强调市场主体应平等获得发展机会。另外，从市场经济体制建立起，我国就大力推动市场信用体系的建设，规制市场交易秩序，将政府行为和市场的边界尽量明确化，把政府权力限定在一定的范围内，减少政府活动对于经济活动的过度干预，提高和发挥市场主体的积极性，尤其是党的十八大以来，我国强调市场在资源配置中应发挥决定性的作用。

---

① 《邓小平文选》，人民出版社2001年版，第382—385页。

② 尹德慈：《执政党领导经济工作方式的历史变迁及启示》，《探求》2011年第3期。

③ 马飞峰：《论“市场在资源配置中起决定性作用”的意义——从理论、政策、实践角度分析》，《经济与管理》2015年第7期。

二 改造为主到保护为主的转变

(一) 改革开放前以改造为主

新中国成立后，各个地方便有序开始土地改革。到 1952 年底，大部分地方土地改革完成，贫农、中农占有了绝大部分土地，还获得大量生产和生活资料，2000 多年的封建土地所有制被彻底废除。然而，由于当时我国农业极度落后，基本处于自给自足的状态，在生产中缺少资金，为此，1951 年中共中央发布《关于农业生产互助合作的决议（草案）》，决定开展农业合作化运动，积极引导农民生产互助，成立互助组，提高生产效率，实行农业集体化。[①] 1951 年上半年，生产互助运动全面展开，各地纷纷成立互助组，如山东成立了 70 余万个，河南 11.4 万个，湖北 5.2 万个。[②] 在那段时期，民营经济处于在夹缝中求生存的状态，几乎没有发展的空间。

1953 年下半年，我国开始成立农业生产合作社，通过这种形式逐步对农民的私有制进行改造。农业合作社分为两种，一种是初级农业合作社，也叫土地合作社，属于初级社；另一种是高级合作社。[③] 初级社社员将土地作为份额入股，由初级社统一管理，农具和农畜也由初级社统一使用管理，全体社员都要参加劳动。初级社社员的劳动收入和土地报酬，以所获得的总收入去除当年的生产费用、税费等之后计算，若有剩余全部归于社员。社员的收入大部分来源于劳动收入，劳动收入实行按劳分配，土地使用的报酬占小部分。社员除了参加初级社内的劳动之外，还可以进行其他农副活动和耕种自留地，获得的生产生活资料归成

---

① 互助组分为临时和常年两种类型，临时互助组一般由农民在农忙时自发组成，互帮互助，等农忙过后，就自动解散，是互助组的初级形式；常年互助组成员相对较稳定，除了在农业生产方面相互帮助之外，还会在其他农副产品上相互合作，组员之间有初步的分工，规模比临时互助组大，有的互助组还积累了一定的公共财富，属于高级互助组。

② 孔祥智、片知恩：《新中国 70 年合作经济的发展》，《华南师范大学学报》（社会科学版）2019 年第 6 期。

③ 刘畅、沈思竹：《新中国 70 年农业合作化发展的历史考察》，《农村经济》2019 年第 9 期。

员自己所有。[①] 初级社实行民主管理，最高管理机关叫社员大会，初级社虽然土地和主要生产资料是私有，但是由于进行统一管理，已经具有半社会主义的性质。随着初级社的不断发展，土地等主要生产资料被公有化，社员的个人生活用品实行按劳分配，慢慢形成了高级社。[②]

高级社社员所拥有的土地无偿转化为高级社所有，社员私有的农畜、农具等生产资料则按照合理的价格由合作社收购，或者直接转化为集体财产，社员只拥有生活资料和少数用于开展农副活动的工具。高级社由社员大会领导，内部有详细分工，实行民主管理，在计划的基础上进行劳动。高级社由于实现了土地等主要生产资料的公有化和按劳分配的原则，是完全符合社会主义性质的经济组织。1958 年，高级农业合作社进一步发展成为人民公社，实行公有制，体现了当时社会“一大二公”的特点，人民公社可以无偿调动农民劳动，实行供给制与工资相结合的制度，在这种政治体制下，并不讲求经济效益，不按照经济发展规律来做事，仅依靠行政命令，表面上看农民的出勤率很高，但生产效率却很低。[③] 人民公社制度由于缺乏激励制度，存在显著的缺陷，成员并没有很强的动力去劳动；而且，由于土地被公有化，成员很难从集体中退出，自己的权利很难被有效保护，农民的劳动被演化为集体的行动，这严重束缚了农民的劳动积极性，阻碍了经济的高效发展。

可见，从互助组开始一直到人民公社，我国主要是按照国家经济发展的需要，对农业生产进行改造，并没有给民营经济太多的自由发展空间，也没有相关的立法对农业经济组织和民营经济组织进行保护。一切都被“公有”“集体”的思想所桎梏，生产积极性、劳动者热情没有得到激发，整个社会的经济活力缺失，经济发展滞后。

（二）改革开放后以保护为主

从党的十一届三中全会开始，我国进入了改革开放的全新时代，土

---

① 宋涛：《马克思主义生产资料公有制理论的实践和问题》，《经济评论》1996 年第 2 期。

② 于金富、安帅领：《劳动者个人所有制：中国特色社会主义所有制的一般形态》，《经济学家》2011 年第 8 期。

③ 刘后平、张荣莉、王丽英：《新中国农民合作社 70 年：政策、功能及演进》，《农村经济》2020 年第 4 期。

地被承包到户，激发了农民的积极性。1982—1984年，重新构建了股份制形式的社区合作经济组织，由集体股、社员股和现金股构成，集体股主要体现合作社组织的社会主义公有制性质；社员股属于封闭式股权，只能分红，不能转让；现金股由社员以现金方式出资购买，起到融资的作用。[①] 1984年中央一号文件还提出，农民不受区域限制，不受社区合作经济组织的约束，可以自愿参加不同规模的合作经济组织，如参加新型农民合作组织。该类组织立基于家庭联产承包责任制，以实现社员利益最大化为目标，国家对新型合作组织加以保护。先后颁布和出台了一系列的法律和文件，如《农村土地承包法》（2002年）、《农民专业合作社法》（2006年）、农业部发布《关于稳步推进农村集体经济组织产权制度改革试点的指导意见》（2007年）、中共中央国务院发布的《关于稳步推进农村集体产权制度改革的意见》（2016年）等，这些法律和文件都突出了农村集体经济组织的发展，不再对农民合作经济组织予以强制性改造，农民财产性收入得到增加，民营经济的自由发展空间得以释放，从立法角度给予农民合作经济组织更大的自由，营造了良好的法治氛围鼓励其发展，对其进行保护。[②]

我国长期实行的计划经济体制导致对民营经济一直都是以改造为主的观念，尽管新中国成立之初有民营经济的存在，也是利用的态度；“三大改造”时，更是加大力度对民营经济进行改造，整个“文化大革命”期间，民营经济几乎消失殆尽。但随着改革开放的不断推进，对于民营经济的态度开始由改造变为保护，政治、社会和舆论环境逐渐放宽，在市场经济体制还未正式确立之前，国家对于民营经济的态度从过去计划经济时代的坚决取缔转为可以允许存在，1988年宪法修订时，明确规定民营经济是社会主义公有制经济的必要补充。市场经济体制确立之后，国家对于民营经济的认识在不断加深，民营经济成为我国社会主义经济的重要组成部分，由之前改造、排除、取缔的态度变为保护。

---

① 刘畅、沈思竹：《新中国70年农业合作化发展的历史考察》，《农村经济》2019年第9期。

② 马桂萍、崔超：《改革开放后党对农村集体经济认识轨迹及创新》，《理论学刊》2019年第2期。

1997 年，把“以公有制为主体、多种所有制经济共同发展”确立为社会主义初级阶段的基本经济制度。2002 年国家提出毫不动摇地鼓励、支持和发展民营经济。目前，民营经济在我国已经获得合法地位，并且受到法律的切实保护，相关政策也在向民营经济倾斜，制度越来越成熟，民营经济的发展环境越来越宽松。①

对民营经济的保护还充分体现在政府的各项支持上。改革开放初期，政府对于民营经济是利用和改造为主，近些年来，政府更多是采取具体手段和政策对民营经济的发展予以支持，帮扶力度还在不断加大。财税政策方面，国家在财政预算中设立相应的专项资金用于促进民营经济发展，如 2015 年设立了国家中小企业发展基金，中央财政还设立了中小企业发展专项资金，该资金具有专款专用的特点，由财政下发给省级财政部门，然后再拨给专门区域。也设立普惠金融发展专项资金，促进民营经济发展，该资金用于创业担保贷款贴息及奖补，支持民营和小微企业金融服务综合改革试点等。税收方面，通过降低税率、扩大抵扣的范围和退留抵税额等，为民营企业减低税收负担。② 金融政策支持方面，政府鼓励和引导金融机构从支持民营经济出发，提高对民营企业的贷款比例，不断提升银行对民营经济的服务水平，增加更多的金融产品供民营企业选择，扩大金融服务的范围。在融资渠道方面，政府鼓励民营企业在国内和国外上市，增加融资方式。地方政府还建立信用担保体系，支持民营经济设立担保机构。人力资源方面，各级政府在管理中打破管理界限，鼓励民众创业，并给予一定的补贴，民营企业在人才引进等方面逐步享有和国家事业单位同等的待遇。一些地方政府还会定期举办招聘会来帮助民营经济吸引人才，为民营企业家开展培训和讲座，给予出国访问交流的机会等。

另外，对民营经济的保护还体现在政府服务方面。从中央到地方，政府都在不断优化自身管理和服务能力，强化公务人员的服务意识，积极改进工作态度，为民营经济发展提供更好的政务环境。全国已基本创办了行政服务大厅，将多个部门办事机构放在同一处，推行政务公开，

① 刘现伟：《民营经济战略地位与发展方式的转变》，《宏观经济管理》2012 年第 1 期。

② 张守文：《财税法学》，中国人民大学出版社 2018 年版，第 10—40 页。

实行“一站式”服务，简化办事流程，方便民营企业。[①] 在土地使用、项目审批、准入登记、税收等方面，也为民营经济提供一系列的便捷和优惠通道。例如，很多地方政府建立了公共信息发布制度，及时向包括民营企业在内的社会各界公布政府的重大决策、重大规划、招投标及优惠政策等信息；一些地方政府还组织民营企业对政府部门进行打分和评价；在信用制度建设、企业员工培训、技术创新方面等，政府都提供了更好的服务。各级政府部门不断完善对民营经济的社会化服务体系，如发挥行业协会在促进民营经济中的重要作用，积极推进行业协会的改革和发展，鼓励和引导民营经济建立行业协会，不断加大行业协会的覆盖面，政府权力慢慢向行业协会转移，赋予行业协会制定行业相关标准、资格审查等权力，同时也对行业协会进行监管，防止其从内部腐烂，利用行业协会维护行业的公平竞争，为民营企业畅通一条联系政府的通道。

三 政策为主到法律为主的转变

社会主义市场经济体制完全确立之前，我国对于民营经济主要是以政策导向为主。早在中共七届二中全会上，毛泽东提出，对于民族资产阶级要充分发挥其积极性，这有利于国民经济发展，但对于民族资产阶级又不能像资本主义国家一样不加以控制，应该予以控制，只有那些有利于国家发展、为社会进步做贡献和利于人民生活的民族资产阶级，才能鼓励其积极发展。中共十一届四中全会提出，我国仍处于社会主义初级阶段，国营经济和集体经济是基本的经济成分，劳动者个体经济在一定范围有存在的必要，是对公有制经济成分的补充，对其要加以重视，不应打压。市场经济体制确立前，我国几乎没有通过法律来保障民营经济的良好生存发展环境；市场经济体制确定后，对于民营经济的保护开始走向法制化轨道并全面实行法治化保障，目前正在致力于从建立法治型政府等各方面为民营企业营造良好的法治环境。

① 郭济：《中国民营经济发展中的政府作用：经验与趋势》，《中国行政管理》2005 年第 6 期。

(一) 加强立法为民营经济创造良好法治环境

在立法层面上，我国现阶段采取多种措施来保障民营经济的良性健康发展。首先是宪法确认了民营经济的合法存在及法律地位，通过修宪将市场经济体制代替了计划经济体制，确定了非公有制经济是社会主义市场经济的重要组成部分，规定公民合法的私有财产不受侵犯，可以说，我国一直致力于通过宪法的实施和完善依法治国的具体制度来不断增强对民营经济的保护。宪法作为国家根本大法，在保障民营经济的有力发展上充分彰显其极为重要的制度作用，每一次宪法的修改都在为民营经济的发展注入强劲力量。[①]

在全国立法的层面上，我国已经出台了《公司法》《反不正当竞争法》《反垄断法》《中小企业促进法》等法律来引导和规范民营经济的发展；对于地方立法权和监督权也运用得较好，各级人大及政府根据民营经济快速发展的需求不断完善地方立法，对与民营经济发展相关的法律法规进行整合和修订，使民营企业更加便利地了解相关内容，对于限制民营经济发展的一些文件及时进行了修改和废止，为民营经济营造良好的营商环境，确保法律的规定和改革的步伐相吻合，发挥好立法对于民营经济的促进作用。[②] 总体来看，我国基本上已为民营企业发展创造了良好的营商环境，建立健全起较为完备的法律规范，逐步形成了民营企业发展的法律规范体系，立法的积极作用越来越得以发挥。

2020 年 5 月通过的《民法典》对民营经济的发展有着十分重要的意义，对于民营企业而言，其合法收益若不能得到保障，将会丧失继续生存发展的动力，《民法典》关于财产权的保护对于民营企业有着重要的价值。《民法典》也十分注重对企业发展平等权的保护，在针对民营经济市场准入、保障民营经济平等权方面，保证民营经济享有和其他经济成分一样的权利。同时，还对个人信息保护、担保物权和居住权进行了规定，其中个人信息的保护有利于企业家不受到非法的干涉和骚扰。加强对于个人信用的管理，企业家的个人信用对于企业整体发展影响巨

① 李忠亮、贾清：《以法治保障推动民营经济健康发展》，《中国党政干部论坛》2020 年第 2 期。

② 傅政华：《为民营企业发展营造良好法治环境》，《人民论坛》2019 年第 12 期。

大，尤其是在目前实行失信名单及联合惩戒的情况下，一旦被列入失信名单，会对企业的发展带来负面影响，我国现阶段已经在部分地区完成社会信用立法，以法律的手段保障民营经济的利益。长期以来，民营企业融资难问题突出，《民法典》关于担保物权的规定为破解民营经济资金缺乏难题提供了法治保障；《民法典》不要求担保物权必须登记，有利于民营企业在获得融资上更加便利，以法律的形式为民营经济提供良好的营商环境；规定居住权不仅仅是对民事主体的住房进行保障，更是将房屋的“居住”视为一种权利，加以单独规定，为商业的居住权发展留有一定的空间，间接为民营企业吸引人才提供便利。[①]

（二）规范执法为民营经济提供公平竞争环境

民营经济的表现主体有个体工商户、私营企业、公司等，在其经营过程中，从市场准入、过程监管到市场退出都可能要与政府相关部门发生关系，政府为了调整好市场竞争关系、净化经营环境，会对民营企业的行为加以引导、规制甚至惩处，但不当的政府执法行为有可能产生不良的影响。长期以来，政府致力于规范执法行为，尽可能为民营经济发展提供公平有序的环境。总体来看，主要从以下方面进行执法规范。

第一，规范执法部门的权限。为相关政府机关设立明确的经济管理职权和责任清单，坚持“法定职责必须为、法无授权不可为”，明确规定各个行政机关的职权范围，依照法律规定履行相应的责任，尽可能让民营企业知晓相关部门的经济职权和责任；不同机关要做到权责分明、恪守尽责，法律没有规定的事项不得违规检查，不得懒政怠政，让政府职能部门有权必有责、权责一致、责任自负，在经济管理和政务服务方面，按照法律规定的权限行使职权。[②]

第二，规范对企业的检查程序和方式。让民营企业了解行政检查事项和流程，本着减少企业精力成本的原则，规定对同一主体的多项检查可一次性进行，提高执法效能。对涉企执法检查，除了大数据监测、转

---

① 徐爱水：《贯彻民法典精神 优化营商环境》，《甘肃日报》2020 年 6 月 16 日（第 8 版）。

② 张恒山：《习近平新时代中国特色社会主义法治思想》，《领导科学论坛》2018 年第 14 期。

办交办案件或有特殊要求的情形外，原则上都采取“双随机、一公开”方式；监察部门对行政行为进行监察时，要合理确定随机抽查的比例和频率，合理限制行政部门的自由裁量权，坚决查处滥用行政权力干涉民营企业合法经营的行为，建立健全对民营经济平等保护的机制。[①]

第三，利用科技执法服务民营经济。随着现代科技的发展，政府部门的执法也不断科技化，执法过程中大量运用科技手段，提高执法效率，做到精准执法。如利用现代科技大力发展信用体系，为诚信企业赋能，让不守信的企业被列入异常名录，向社会进行公示。企业的信用体系已经不仅局限在人民银行内部，整个征信范围链接到税务部门、市场监督部门、司法机关等，充分利用大数据建立社会信用体系，共享企业信用信息，有利于对企业进行监督和管理，民营企业也随着信用环境的不断优化而加强自身的规范运营，进而提升自己的无形价值。

当然，执法规范还在路上，正如习近平总书记在分析民营经济发展的困难时指出，近几年出台的帮助民营经济发展的政策虽然很多，但在执行过程中仍出现落实不好的问题。还要进一步加强行政执法的效率，为民营企业的发展保驾护航。

（三）公正司法保护民营经济的合法权益

司法是保障民营经济发展的底线，一直以来，我国在处理民营案件时，力求做到依法、公正，为民营经济平稳、健康、有序发展提供良好的司法环境。司法机关在审理案件时，也秉着平等保护的理念和原则，对各种经济主体平等适用法律，平等提供机会，确保诉讼地位和诉讼权利平等，平等承担法律规定的义务和责任，健全对民营企业的平等保护的司法机制。

我国司法机关在办理民营企业案件时要做到依法进行、全面保护，近年以来，在企业家的人身和财产安全保护方面，司法机关比较注重合法财产与非法财产的区分，注重私人财产、家庭财产和公司财产的界分，对于侵害企业家人身财产的行为严厉予以打击。对于民营经济的保护不仅限于实体权利，还注重对民营企业家程序权利的保护；不仅保护

① 李忠亮、贾清：《以法治保障推动民营经济健康发展》，《中国党政干部论坛》2020年第2期。

物权、债权等传统权利，还保护民营企业家知识产权等新型权利，对于民营企业家的正当利益均加以全面保护。[①]

（四）建设法治政府服务民营经济

从保障民营经济的法治历程来看，我国不仅从立法、司法、执法上做出从政策到法律的转变，还不断建设法治型政府，减少政府随意自我授权、不依法办事等行为。现阶段我国正致力于建立一个公开公正、守法诚信、权责法定、执法严明、廉洁高效的法治政府，以便于更好地服务于民营企业。[②] 在政府机构和职能方面，逐步走向法定化；涉企执法决策逐步法治化，行政执法越来越规范，政府信息更加公开，依法监督问责更加严厉，政府更加守法诚信，法治政府建设全面铺开。

立法是政府行使经济管理权力的重要途径之一，目前，我国立法更加科学、民主和规范，行政法规、规章和规范性文件都充分体现这一特点。立法行为是政府正当干预经济的基础，立法的质量直接关系到决策、执法和司法。民营经济要得到合法对待，必须坚持法律优先的原则，政府自己制定的行政法规和规章，不能与宪法和法律相冲突，要注意任何限制民营企业发展的文件都归于无效。我国涉企立法越来越注重立法程序的法治化，鼓励企业积极参与，发挥企业主体的监督作用，加强对立法活动的监督，保证法治统一，从根本上保障民营经济的主体地位，让民营企业更加放心发展。

行政机构和职能逐步法定化是法治政府建设最基本的要求。政府机关的权力来源于法律的规定，只要法律规定的就必须做，法律没有赋予的权力则不能行使。政府的权力归根结底来源于人民，来源于立法机关的授权，法律如果没有明确规定，政府就不享有权力。[③] 通过对政府权力的法定化，将权力关进制度的笼子，使权力受到规范、监督和制约，避免行政机关超出法定范围行使权力以限制民营经济发展，防止行政机关滥用权力。

法治政府不仅意味着行政机关依法行使权力，还意味着行政机关为

① 冯玥：《优化法治环境促进新民营经济发展》，《人民论坛》2019 年第 9 期。

② 黄永忠：《中国法治政府建设的历史逻辑》，《中国司法》2018 年第 12 期。

③ 杜飞进：《论法治政府的标准》，《学习与探索》2013 年第 1 期。

包括民营企业在内的社会民众提供高效的管理和服务。建设法治政府的根本思想是以人为本、执政为民。[①] 服务是对政府的本质要求，行政权的生命在于提高效率。[②] 我国政府不断提高涉企服务效率，尽量做到遵守规定时限、简化服务流程、加快办事速度。[③] 充分彰显法治政府和服务型政府的本质，努力提升涉企服务高效化和便捷化，降低企业寻求政府服务的成本，促进民营经济快速发展。

行政决策关乎企业的权益和日常经营行为，行政决策水平的高低会不同程度影响企业的经营，较低的决策会对企业造成较大损害，《行政处罚法》《行政许可法》等法律对行政行为都做了明确的规范，行政决策更加法治化。随着我国对民营经济发展的重视程度加大，对行政决策的要求更加严格，必须坚持科学、民主、依法决策，逐步健全决策机制体制，保障决策的正确性。[④] 政府在决策时越来越注意权限合法、实体合法和程序合法的统一，在公众参与、专家论证、风险评估等环节逐渐完善，更加有利于民营经济的发展，排除了阻碍民营经济发展的行政因素。

涉企执法是否规范直接影响到企业对于法治政府建设的评价，涉企执法的规范程度是衡量法治政府建设的重要标准之一。民营企业是当下市场主体中的绝大部分，他们成为行政执法中的绝大部分行政相对人。我国目前制定了大量法律法规，旨在推进行政执法的规范化，建立完备的执法程序，规范各类执法行为，提高执法和服务水平，整体提高执法人员的综合素质，加强对执法行为的监督和管理，杜绝权钱交易行为等。在涉企执法时，不能侵害企业的合法权益，采取的执法手段和方法要适当，行政行为要保持应有的谦抑，当前政府正在尽量避免盲目执法对民营经济产生影响，造成不必要的损害。

---

① 马凯：《关于建设中国特色社会主义法治政府的几个问题》，《国家行政学院学报》2011 年第 3 期。

② 马怀德：《新时代法治政府建设的意义与要求》，《中国高校社会科学》2018 年第 5 期。

③ 杨解君：《政府治理体系的构建：特色、过程与角色》，《现代法学》2020 年第 1 期。

④ 马怀德：《新时代法治政府建设的意义与要求》，《中国高校社会科学》2018 年第 5 期。

行政机关是国家权力的行使机关，应该按照宪法、法律的要求来行使权力，现阶段衡量政府法治建设优良的一个重要标准就是政府的公开程度，政府应当保证信息公开的及时性和有效性，将除了法律规定不予公开的信息外，一律公开。[①] 阳光是最好的防腐剂，权力只有公开运行，才能防止出现被滥用的情况。[②] 只有将公权力的运作公之于众，才能随时接受各方面的监督，进而减少权力的滥用。对于民营企业而言，获得政府公开的信息很重要，可以及时做出反应，调整经济行为，避免不必要的损失。政府信息的公开，有助于民营经济规避相应风险，当民营经济对于政府公开的信息信任时，应保护其信赖利益。目前，各级政府正在尽最大可能通过科技手段将涉企信息予以公开，包括涉企行政许可、招投标信息、税收优惠、奖助补贴信息等，这为政府和企业之间的信息掌握提供了便捷，促进了政企之间的信息对称。

行政机关在行使职权时，不仅是行使权力，更重要的是一种责任承担，在行政机关违法行使权力或者不当行使权力时，应承担相应的法律责任。为此，我国特别加强对权力的制约和监督，充分发挥党内监督、民主监督、司法监督、舆论监督、社会监督的建设，形成科学有效的监督机制体制，增强监督的效力。习近平总书记强调，将权力关进笼子里，不能让权力肆意妄为。在政商关系的处理上，近年来一直强调构建一种“亲”“清”新型关系，政府要廉洁为民营企业提供服务，凡是对企业“吃拿卡要”、损害政府公信力的行为，都要严格问责、依法追究。

遵守法律是政府履行职责的前提，诚信是法治政府必备的品质，如果政府在履职之前，不遵守法律，那么政府就不可能是法治政府。[③] 政府不能自我授权，不能超过授权范围行使权力；政府守法意味着其行为必须获得授权，必须履行职责，不能违反程序规定，对于不合法的行为要予以纠正。政府行为要守诚信、重承诺，不能反复无常、变幻莫测，

---

① 马怀德：《法治政府建设的基本要求》，《中国司法》2018 年第 5 期。

② 曹鎏：《论我国法治政府建设的目标演进与发展转型》，《行政法学研究》2020 年第 4 期。

③ 刘松山：《论政府诚信》，《中国法学》2003 年第 3 期。

不能随意变更已经生效的行政行为，行为要具有稳定性和可预测性。对于企业而言，政府的诚信尤为重要，各级政府做出的决策或出台的政策，都会影响企业的经营行为，会对企业的未来产生影响，民营企业的经营需要诚信政府的保障，尤其是很多招商领域、园区建设，民营企业都是因为信任当地政府部门，才做出投资的决策，这就应该保障其预期利益不受侵害。现实中，企业遭受不诚信的情况时有发生，政府对此也予以高度重视，近年来出台的文件在不断加强政府诚信的建设，力图逐渐消除政府失信带来的不利影响。

第二章　民营经济发展的法治环境图景

民营经济发展的法治环境是一个综合性的环境，这个环境的好坏不仅要考虑诸多现实要素，还要具有深厚的理论基础。市场经济就是法治经济，民营经济的法治环境基础在于经济的法治；现代经济离不开政府的适度干预，而适度干预的正当性在于政府法治。围绕经济法治与政府法治理论构建的法治指标体系才是理想中良好的民营经济法治环境。

第一节　民营经济法治环境的理论基础

一　法治经济理论

市场经济就是法治经济，这是理论界普遍的认识。法治经济是“法治”于“市场经济”在法律层面上的本质特征，其实质是“法治”在“市场经济”中的延伸、扩展乃至表现形态。[①] 在这层意义上，“法治经济”并非是一个专业术语，更多的是体现法治与经济之间的关系。[②] 在我国，随着依法治国得到普遍认同，经济领域也强烈要求依法而治，《国民经济和社会发展“九五”计划和2010年远景目标纲要》中指出了“依法治国”的重要性，并在之后的《宪法》文本中予以明确，成为主流意识形态的重要组成部分。[③] 法治经济理论充分体现了法律规范我国经济活动的重要价值和要求，通过法律保障经济主体的市场运行，市场经济主体的相关活动都要受法律等规范性文件的约束，法律是各经

---

① 谢海定：《中国法治经济建设的逻辑》，《法学研究》2017年第6期。

② 程燎原：《从法制到法治》，法律出版社1999年版，第136页。

③ 谢海定：《中国法治经济建设的逻辑》，《法学研究》2017年第6期。

济主体在经济活动中必须遵守的准则。在民营企业领域践行法治有其广泛的含义，即民营企业的合法权益必须受到保护，其与国有企业等其他市场主体处于同一地位，同时，民营企业在进行经济活动时必须遵守法律法规，整个市场要在法律的保障下平稳运行。当民营企业及企业主的权益受损时，可以通过法律方式得到救济，必须保证立法、执法、司法等活动的有效性和便捷性，还要以法律的形式合理调整民营企业与政府的关系，规范市场行为，保障民营经济的发展；依法维护市场秩序，保障民营经济在法治的轨道上持续健康发展。[①] 法治经济理论为民营经济法治环境提供了价值导向，是评价民营经济法治环境的重要理论根基，主要体现在以下几个方面：

（一）法治经济以权利保障为本位

市场经济是权利经济、契约经济，法治必须保障市场主体的产权与私有财产。“权利本位”是法治经济理论的价值体现之一，在现代经济社会，公民的经济权利与政治权利相对分立，经济权利是公民在私有领域的重要权利。作为现代人，有双重的身份性，既有其自然的属性，还有社会的属性，公民将自身的一部分权利让与社会，但仍有一部分权利是自己所独有，尤其是在私有领域的权利。公民的经济权利被认为是公民所独有的私有领域的权利之一，其中最重要的私权利就是追求财富的权利。[②] 这种权利也得到《宪法》的确认和保护，以“权利为本位”的法治经济理论就是要保护各市场主体私有领域的合法经济权利，保障其不被公权力所侵害，各个市场主体在合法的前提下可以任意行使其经济权利。对经济权利的保护中，最为重要的就是对产权的保护，这也是现代市场得以运行的基础，是市场主体能够进行交易的前提。[③] 好的产权保护制度可以限制公权对私权的掠夺，有助于促进个体之间交易的达成。[④]

根据科斯的“交易成本”理论，要实现经济的繁荣必须完善产权交

① 孙晓光：《以法治思维推进商事审判，用法治方式保障经济发展——就学习贯彻党的十八大会议精神专访最高人民法院民二庭庭长宋晓明》，《人民司法》2013年第3期。

② 龙文懋：《西方财产权哲学的演进》，《哲学动态》2004年第7期。

③ 谢海定：《中国法治经济建设的逻辑》，《法学研究》2017年第6期。

④ 李文贵：《产权保护与民营企业国有化》，《经济学》（季刊）2017年第4期。

易制度，“交易成本”会受到产权之间不同配置的影响，法律必须完善对产权的保护，使产权之间可以进行合理的配置，这样便可节约交易成本，实现效率的提升。我国市场经济体制改革也强调对产权的保护，《中共中央关于全面深化改革若干重大问题的决定》（2013 年）强调以公平为核心的产权保护制度，对我国经济社会发展有重要价值。只有对产权保障到位，才能促进经济更加持续稳定发展。2016 年中央经济工作会议及《关于完善产权保护制度依法保护产权的意见》进一步指出，要以制度来保障国有产权和私有产权都不受侵犯。[①] 严禁利用公权力侵害私有产权，或者违法冻结扣押民营企业的财产。[②]

受长期以来计划经济体制惯性的影响，民营企业的产权保护还不够完善，很少有法律规定直接保护民营企业产权制度，而且不少法律法规在实际中仍未能得到有效遵行，民营企业难以依赖正式的法律来保护其合法权益的实现。一些企业主有时还想依赖政府来解决发生在企业之间的合同纠纷，或者试图通过用非市场化的手段自行解决。[③] 为此，必须建立完善的产权保护制度来保障民营经济的健康发展，让法律保障的意识深入企业主内心。

（二）法治经济依赖于健全的法律体系

法治经济要求我国现存的法律、法规、规章必须完整且能够形成一套体系，这是市场能够正常运行的前提和基础。市场调节和分配资源都需要有相应的法律保障其有效运作。如果没有法律法规加以保障，市场将会面临诸多风险。法治经济要正常运行，须以法律法规为基础；要构建一个健康稳定的市场，须依靠国家的宏观调控以及政府各部门的监管。通过法律法规来确立各种经济活动参加者的主体资格、法律地位、权利义务及其活动原则，引导各市场主体依法活动，保障其合法地

① 田利军、刘熙：《混合所有制、内部控制与产权保护》，《重庆大学学报》（社会科学版）2019 年第 5 期。

② 朱新力、余军：《行政法视域下权力清单制度的重构》，《中国社会科学》2018 年第 4 期。

③ 李明贵、徐明桂：《民营化企业的股权结构与企业创新》，《管理世界》2015 年第 4 期。

位。[1] 在这一层面上，法律法规是调整、引导、保障、激励经济发展的纽结和基点。[2] 同时，法律法规必须规制市场主体的行为，为各种可能的经济行为制定相应的规则，既包括企业、公民等市场主体的行为规范，又包括各级政府部门管理和调控各种经济行为的规则，让规则能够成为政府和市场主体参与经济关系的行动指南。[3] 一套完善的法律法规体系能够为各类主体划定行为的边界和模式，为经济活动提供良好的制度环境，完善各种侵害经济行为的救济途径和司法服务体系，保障经济活动能顺利进行，促进国民经济持续、稳定、健康发展。这意味着市场需要规则，必须把市场中的大部分经济活动涵盖在内，使市场主体在进行相关活动时有法律规范可遵守，法律也在市场中得到有效实施，这样才能保障市场秩序稳定和经济良性发展。如果一个市场放任自由，没有相应的法律法规加以约束，这就背离了法治经济的目的，恰如亚里士多德所说："法律必须获得普遍服从"。[4]

（三）法治经济要求市场公平自由

法治经济不仅是一种竞争的经济，而且是一种平等、自由的经济，社会主体或市场主体可在平等、自由的竞争中实现利润的最大化，这才与市场经济的发展完全一致。[5] 通过竞争实现优胜劣汰，社会资源的利用从低效走向高效，这样才能实现资源的合理分配。同时，应确保市场在法治经济中具有决定性作用，拥有独立的运行机理。

法治经济的另一重要特征是保证各种市场主体有平等的机会和权利，享有平等的资源分配权，市场主体不管在融资还是人力资源政策方面都享有同等地位，不做所有制区分，无论何种所有制类型的企业，都应享有平等竞争权，平等地拥有达到其经济目标的现实手段。[6] 这意味着在立法、执法、司法过程中应该注重各个市场主体之间的平等，任何一个市场主体都不得凌驾于其他主体之上，须拥有平等的竞争权，各种

① 漆多俊：《论现代市场经济法律保障体系》，《中国法学》1994 年第 5 期。
② 刘红臻：《解读法治经济及其建设》，《法制与社会发展》2016 年第 2 期。
③ 姚建宗、吴涛：《"法治经济"解析》，《社会科学研究》1995 年第 2 期。
④ ［古希腊］亚里士多德：《政治学》，吴寿彭译，商务印书馆 1982 年版，第 199 页。
⑤ 马斯福：《社会主义必须弘扬契约精神》，《中国法学》1995 年第 1 期。
⑥ 吴育林：《论市场经济的平等与自由价值》，《社会科学家》2006 年第 4 期。

经济活动应平等地向他们开放，国有企业与民营企业要平等，个人与集体要平等，任何主体都不应当被区别对待，这是“人人平等”理念在市场中的体现，也是法治经济所蕴含的平等与自由精神的体现。

二 法治政府理论

在我国的文件中，2004 年国务院的《全面推进依法行政实施纲要》首次提出了“法治政府”的概念。党的十七大报告又明确要求建设法治政府，全面落实依法治国基本方针，加快建设社会主义法治国家，这为我国法治政府建设指明了方向。在法治现代化的道路上以及法治中国的建设中，建设法治政府是首要任务，只有将法治政府建设好，才能为法治社会、法治国家的建设提供源源不断的动力。[①]

“法治政府”理论在顶层设计上推进了我国特色社会主义法治化，体现了政治层面的法治要求，也体现了当今现代经济社会对政府法治的夙愿。建设法治政府是我国在新形势下的任务，要使政府的任何活动都有法可依，体现了我国尊重法治的自觉意识，也反映了我国立足现实国情逐步推进法治现代化的主体姿态，有助于提高我国的法治现代化水平。另外，随着我国经济社会的发展及社会问题的不断涌现，法治政府建设还有巨大的优化空间。“法治政府”理论可推动现实中政府法治的不断完善，可从中提炼出法治的问题与核心，而这些都会使中国的法治化程度迈向一个新的高度。[②] 简言之，法治政府理论随着时代的变化会不断丰富自身的内容，社会经济的发展和现实问题的解决会促进法治政府理论不断被解释和更新，反过来，也为我国政府法治建设提供充足的实践源泉。法治政府理论在经济领域的引领与支持可从以下几个方面来理解：

（一）法治政府理论要求政府干预经济须践行法治精神

良好稳定的民营经济发展环境离不开一个稳定的法治政府的支持和保障，在民营经济领域，所涉及的大量法规政策直接由政府部门制定，

① 马怀德：《法治政府特征及建设途径》，《国家行政学院学报》2008 年第 2 期。

② 刘红臻：《“法治中国建设理论与实践研讨会”综述》，《法制与社会发展》2013 年第 5 期。

与此同时，政府也是进行宏观调控与经济管理的主体。但政府在实施经济干预和管理时存在着一定的风险，滥用权力或管理不到位时有发生，权力滥用会导致市场根本无法发挥其作用，破坏了市场自发的秩序，而管理不到位会导致市场违法行为频发，各个市场主体缺乏监管，市场秩序混乱，这些问题都会导致效率与资源的流失，不利于营造一个良好的民营经济法治环境。要解决这些问题，需要各级政府严格依照法律实施经济管理行为。[①] 一个良好的民营经济法治环境要求政府能够正确处理市场与政府之间的关系，转变自身理念，建设服务型政府，政府的各种行为都能秉持公正的理念，保障各个市场主体平等的权益。可以说，法治政府建设是民营经济法治环境中的重中之重，它直接关系到了民营经济环境的法治化程度。近些年，政府逐步简政放权，转变自身理念，建立权责清单制度，力求逐步消除权力滥用的局面、破除垄断壁垒，实现各个主体市场准入条件的平等化，加强对知识产权的保护，实现管理及时到位。政府一系列的行为都是为了建设好法治环境，为包括民营企业在内的各类市场主体提供发展动力。

（二）法治政府最根本的要求就是政府依法管理经济事务

党的十八大报告指出，我国经济体制改革的核心就是要处理好政府与市场的关系，尊重市场在资源配置中起决定性作用的基本理念。在经济管理活动中政府不可滥用权力过多干预市场，政府要明确在市场中的角色地位，须建立一个规范性的法治政府来为市场发展提供保障，更好地让政府发挥作用。[②] 经济法治最突出的要求就是市场主体进行经济活动必须严格依照法律，不得超越法律的边界。另外，政府在管理经济时也应当严格依照法律，不得越权，这才符合法治政府理论的要求，还要求政府对经济主体的干预应当合理，不能超过法律所规定的限度进行蛮横管理。目前，我国通过建立权责清单制度明确了政府“法无明文规定不可为”的行为边界，同时也向市场传递出“法无禁止皆可为”的理念，把政府的权力限定在一张纸上，超过此范围，政府就没有管理的权限，市场主体则可进行自由的经济活动，这一行为不仅契合法治经济理

① 石佑启、杨治坤：《中国政府治理的法治路径》，《中国社会科学》2018 年第 1 期。

② 王国明：《“宽进”后的“严管”》，《中国市场监管报》2015 年 3 月 3 日（第 5 版）。

论，也是法治政府理论的应有之义。尽管市场经济要求自由，但这并不能说明市场可以离开政府任意发展。2012 年金砖国家峰会《德里宣言》提出法治原则，就明确不仅要防止权力的滥用，还要注意政府在干预市场时，由于市场失灵不可避免，须防止市场秩序的混乱。[①] 现代法治经济不存在完全不需要政府干预的纯粹的自由市场经济。政府要从社会整体利益出发对市场进行必要的、适度的干预，有利于维护市场秩序的正常运作，但必须符合法治的原则和精神，依法进行适度干预。[②] 简言之，法治政府建设要正确界定好政府与市场之间的关系，正确界定政府的角色，定位政府职责，设定好市场主体的权利和义务，才能有利于明晰政府与市场的关系，才能使各自的权利义务法定化，以此才能构建好、优化好民营经济的法治环境，实现市场经济的可持续健康发展。[③]

（三）法治政府履行经济管理职能要依法接受监督

法治政府在履行职能时应符合市场经济的客观规律，其权力应受到市场主体、有关机关和社会公众的监督。政府应秉持“法无授权不可为，法定职责必须为”的行为准则，对行政权进行合理配置，不断优化行政组织结构。完善行政权力的合法运行机制，对行政权力加以制约、监督和激励，保障政府既能依权力有效履行其职能，又不至于阻碍市场主体正常行使经济自由权利。[④] 当前，我国法治政府建设的核心在于建设一个“有限政府”，政府的主要职能在于提供公共服务。[⑤] 依照法治政府建设的理论研究与实践，法治政府建设需解决好市场监管不到位、公共服务能力不足、权力滥用、政务信息公开不到位和政府廉洁度不高等阻碍经济社会发展的常见问题，根本目标是要彻底改变在计划经济体制时代权力不受制约的治理模式，建立一个与现代社会主义市场经济发

---

① 张文显：《二十世纪西方法哲学思潮研究》，法律出版社 1996 年版，第 615—619 页。

② 王红云：《法治的经济效应测度研究》，上海人民出版社 2017 年版，第 17 页。

③ 魏红征、邱佛梅：《法治化营商环境评价体系构建》，《中国社会科学报》2019 年 5 月 29 日（第 6 版）。

④ 石佑启、杨治坤：《中国政府治理的法治路径》，《中国社会科学》2018 年第 1 期。

⑤ 应松年：《有限责任政府是法治政府建设的根本》，《社会科学报》2014 年 8 月 21 日（第 3 版）。

展相适应的、与经济民主和政治民主相适应的法治政府。[①] 具体来说，政府应制定政策引导市场创新，注重节约资源与环境保护，加强宏观调控，依法全面履行市场监管，提供全面的公共服务，保护企业自主经营。建立一个全心全意为人民服务的政府，才是建设法治政府的基础。[②] 尤其是要提供高效的公共服务，才是法治政府的重要标准，正如有学者提出的“最好的政府是提供服务最多的政府”。[③] 法治政府就是要坚守社会本位原则，科学合理地配置政府职能，使政府职能从根本上转到为社会服务上来，对经济领域仅实施有限干预。具体而言，就是要不断下放行政许可权，不断深化商事制度改革，完善社会信用体系，推进“一门一网式”集中行政审批，完善“多规合一”运行机制和行政审批流程再造等。[④] 在逐渐放宽市场准入、简政放权的同时，要放管结合，有效提升政务服务水平，打造高效优质的法治政府，强化事中、事后监管，实现“放管服”改革的根本目的。再有，为防止政府滥用权力，要公开权力的运行流程，做到权责统一，依法监督、违法必究，让权力在阳光下运行，防止权力行使被异化，让公权力受到有效监督，杜绝权力寻租，保证权力被正确行使。因为法治政府的首要任务就是要求政府必须依法行政，政府不能乱作为或不作为，不能恣意、任性地行使公权力。[⑤] “有限政府”就是要强化政务活动的内部控制流程，压缩政府的自由裁量权。

总的来看，法治政府理论的兴起，符合时代的要求，无论是促进经济迅速发展，还是提升整个民营经济的法治化水平，都与法治政府的建设密不可分。只有处理好政府与市场的关系，市场才能发挥其资源配置的作用，政府才能进行有效的经济管理，为市场主体提供良好的服务，

① 汪来杰、孙琪：《我国政府职能转变的多重研究维度》，《政科学论坛》2018年第10期。

② 袁曙宏：《加快建设法治政府的奋斗宣言和行动纲领》，《紫光阁》2016年第2期。

③ 梁治平：《国家、市场、社会：当代中国的法律与发展》，中国政法大学出版社2006年版，第29页。

④ 刘熙瑞：《服务型政府———经济全球化背景下中国政府改革的目标选择》，《中国行政管理》2002年第7期。

⑤ 姜明安：《权力行使怎样才能不任性》，《人民日报》2015年9月23日（第18版）。

才能为经济发展提供源源不断的动力。

第二节 民营经济法治环境的评价要旨

一 民营企业公平竞争是否得到保障

市场的第一要义是公平竞争，构建一个健康的民营经济法治环境必须使民营企业在市场中处于公平的地位，民营企业与国有企业必须处于同一起跑线。目前，民营企业在我国市场上还处于弱势地位，它们的公平竞争权往往没有得到有效保障。一个国家的经济市场是多元主体的共存，各类主体并不是独立存在的，它们之间存在着各种互动形式，一类主体进行的活动必定会对另一类主体产生影响，它们之间并非独立，而是相互依存。如果其中一类主体出现问题，那么整个经济系统都会运转困难，整个市场就会产生“多米诺骨牌”效应。民营企业是我国市场中数量最多的主体，一旦民营企业的公平竞争权无法得到保障，市场的公有制主体也会受到牵连，尽管公有制经济主体在我国市场中处于强势地位，但其管理上存在的固化性难以适应现代市场的灵活性。在很多行业、产业领域仍以公有制为主导，民营企业很难涉入，但除了可能危及国家安全的重点控制领域，其他领域应让民营企业广泛参与角逐，只有民营企业公平竞争权得到保障，市场才能更具活力，国家的经济运行才能更稳定，民营经济才能实现自身的发展，民营经济法治才能真正实现。

从40多年来民营经济高速发展历程来看，民营企业进入市场从事相关经济活动，已经创造了大量的财富，在很多领域已经跻身到世界前列，大大提高了市场运转的效率，也实现了自身的发展。民营企业是我国市场中重要的经济参与者，其是否能得到良好的发展不仅关系到自身，更关系到市场是否能实现资源的合理分配。我国法律保障民营企业享有与公有制主体平等竞争的权利，保证其享有平等的法律地位，就是从根本上保障市场的多元有效运转，实现经济的全面发展。另外，民营企业公平地参与市场竞争，能满足群众消费的多元化需求，为市场注入了大量活力。民营企业因其资金实力的缺陷，要想在激烈的经济竞争中获得盈利，就要随时保持创新性，从长期发展的历史来看，民营企业是市场中最为活跃的主体，市场反应最为敏感迅速，能够即时顺应行业的发展趋势，满足日益多元化的消费需求，甚至独创性地引领行业发展，创造出新的经济趋势，如我国高速发展的互联网企业，以其创新性引领了全球的电子商务和互联网金融发展。所以，要创造良好的民营经济发展环境，必须保障民营企业的平等竞争权，这也是评价民营经济法治环境的重要标准。

目前，对于我国民营企业来说，它们的平等竞争权还没有得到根本保护。很多时候，民营企业从设立到自主经营基本都是“自力更生”“自生自灭”，尽管当前政府部门已经给予了一定的扶持帮助，但要么支持力度微弱，要么所附加的条件繁多，真正获得支持存在诸多困难，民营企业在市场经济活动中备受限制。相反，国有企业从设立开始，就带有强大的资金实力和垄断性的资源安排，政府几乎给予了其“不会死”的隐形保证，无形中就将民营企业和国有企业放在极不对等的位置上，民营企业何以能够与同行业的国有企业竞争。现阶段，国有企业仍是政府扶持政策的最大受益者，不管是从融资的便捷度和畅通性，还是资源、渠道的垄断方面，民营企业都望尘莫及。

政府职能履行的不到位是导致公共资源分配不平衡的重要原因，进一步压缩了民营企业的发展，使得民营企业在经济活动中举步维艰。归结而言，主要有以下几方面因素：一是政府服务意识不足，一些职能部门不能对民营企业提供有效帮助、执法效率极低、政府信息公开有待增强，民营企业难以获得自己所需要的信息，相关政策的宣传力度不够。二是政策出台具有偏向性，在制定有利于国有企业政策时，没有对范围作出合理的限制，使得公共资源偏向国有企业；除此之外，为了吸引外国投资，也对外企做出了优待，这也使得民营企业在市场中甚至不能与外企处于平等的地位。三是权力监督的缺失，使得政府贪污腐败频发，廉洁规范不足，造成资源效率的滥用，民营企业负担着其他的隐形成本。可以见得，因为法律与政策层面存在的区别对待，一些本应该为民营企业提供服务的组织也具有偏好性，对民营企业进行服务时，不热心、不尽心、不认真，使民营企业难以获得真正的公平对待。

二 政府与民营企业的定位是否明晰

随着我国经济的飞速发展，民营企业在市场上大放异彩。但是在看到所取得成绩的同时，也要注意诸多问题的存在，其中除了民营企业自身的规范不足或意识不强外，政府与企业关系不明确成为制约民营企业发展的重大问题。《中共中央关于制定国民经济和社会发展第十一个五年规划的建议》提出要继续推进政企分开、政资分开、政事分开、政府与市场中介组织分开，减少和规范行政审批。[①] 正确处理好民营企业与政府之间的关系对于促进民营经济的发展与繁荣意义重大，决定了我国民营企业的合法权益以及公平竞争权能否得到保护、市场是否能发挥其作用以及民营经济的法治化水平，这也是评价民营经济法治水平的重要标准之一。民营企业与政府之间的关系势必成为我国经济发展的重中之重，它直接关系到我国民营企业能否为市场注入活力、能否自由发展、市场秩序能否稳定地运转、经济能否持续发展。长期以来，尤其是新中国成立初期的 30 年左右，政府一直处于“大包干”的“父爱角色”，民营经济无法在此环境下获得生存；在随后的 40 多年历史里，实践证明政府的“放手”才会使民营经济“独立”，才会使其逐渐茁壮成长。因此，必须处理好民营企业与政府之间的关系、实现政企关系的透明化，是我国必须面对且必须处理好的问题。

在当前的社会情形下，政府与民营企业之间关系还呈现出一种政府处于主导地位的态势，政府对于民营企业的管理还处于不稳定的状态，有时会随着政策的变动而发生动摇，存在过多干预或不到位的情形，即政府对于民营企业的服务以及管理要么走向干预过多、要么干预不到位，不能形成稳定的发展预期，这是与“法治”的稳定性和预期性有所不符的。企业和政府犹如天平的两端，一旦砝码变动，天平就会失衡，砝码的稳定有赖于那一部部、一条条可预期的法律规范，不能给政府太多肆意变动的空间。只有在民营企业弱势所需的领域，政府依仗其财力和强权给予更多帮助与扶持。政府定位的明确性也是限制权力滥用

① 韩振峰、孙尚斌：《五位一体总体布局的形成及其时代价值》，《人民论坛》2013 年第 5 期。

所必需的，即一些政策没有制定合理的范围，使得市场充满投机之风，对民营企业的政策朝令夕改，使民营企业随时要主动猜测政府的下一步举动，自己的经济活动难以正常开展，这都不利于正确处理民营企业与政府之间的关系。因此，政府不应该把自己看作市场的主管者，而要把自己看作市场的服务者，不能仅仅把民营企业当作受管制的对象，要把其看作促进经济发展的动力、财富的创造者以及市场的主体，尊重它们的各种权利，保护好它们的公平竞争权以及平等地位。唯有处理好政府与民营企业之间的关系，才能为经济发展提供源源不断的动力，才可以让市场永葆活力与生机，才能构建良好的民营经济法治环境。

三　民营企业权益是否能够有效救济

民营企业作为我国的重要市场主体，是推动社会主义市场经济发展的重要力量，其对于国民经济发展的作用不言而喻。习近平总书记在民营企业座谈会上指出，要保障国家经济进一步发展，须加快发展民营经济，加强对民营经济的保障。[①] 近年来，民营经济在不断发展的同时，有关涉企纠纷也逐渐增多，对于民营企业家及企业的权益保障方式显得尤为重要。中共中央和国务院在《关于营造企业家健康成长环境弘扬优秀企业家精神更好发挥企业家作用的意见》中也强调对民营企业合法权益的保障与救济。可见，我国对民营企业权益受侵害进行救济的重要性认识在不断增强，只有权益能得到及时救济，民营企业才能放心展开经营活动，才能维护好正常的经济市场秩序，在整个国家经济活动中的经济参与者才能自由实施经济行为。[②] 救济的根本价值在于构建一种保障防线，让守法者有发展预期，让违法者背负压力，只有在一“正”一“负”中构建起严密的保障体系，市场经济的稳固性才能得以加强。为此，民营企业权益救济机制是评价民营经济法治环境的标准之一。

目前，我国对于民营企业权益的救济还存在着诸多问题，在司法环节中，很多民营企业处于弱势地位，涉诉纠纷不能及时得到立案、审

① 宁吉喆：《大力支持民营经济持续健康发展》，《人民论坛》2018 年第 36 期。

② 厉以宁：《企业家的使命是创新——兼论效率的源泉来自人们的积极性》，《北京大学学报》（哲学社会科学版）2018 年第 2 期。

理，权益受损救济的便捷度在司法机关没有体现出来，导致很多民营企业放弃正当的司法救济，寻求民间渠道解决，这也是现实中违法维权案例时有发生的原因。还有，在面对政府部门、事业单位、国有企业这一类的相对强大的当事人时，从内心深处就感知到自身的弱小，在司法救济中，加之某些司法办案人员天然的强者袒护心理，导致民营企业在纠纷处理中地位弱势，胜诉概率小，权益受损的法律保障并不充分，救济程序冗长。另外，在我国司法资源还十分紧缺的现实背景下，权益救济的多元化机制还有待于创新，毕竟民营企业的核心诉求在于经济利益的最大化，其中效率对于任何一个经济主体而言都极为重要，民营企业不在乎司法的权威性和神圣性，他们看中的是最终纠纷解决的及时性和满意度，为此，法治环境的评价不能囿于“狭义的司法”，还应放眼于那些不违法且高效的“民间法”，充分发挥市场的意思自治，只要是能化解纠纷、促进和谐发展的合法方式都是法治救济的重要补充。

第三节　民营经济法治环境的评价指标

一　民营经济法治环境的评价原则

（一）科学性原则

民营经济发展的法治环境好坏必须从客观实际出发予以评价，遵守科学性原则。此处的“科学”，至少包含两层含义：第一，民营经济法治环境评价所反映的某地区的民营经济法治水平必须科学，评价指标要全面，权重以及评分标准必须要有相应的理论以及数据做支撑。第二，评价体系必须可量化，能够通过数字直观地反映某一地区的法治水平，在进行评价时，做出评价的人应在此方面具有一定的权威性和代表性，如应有专家的参与，能充分理解和评判指标设计的满足程度，如立法层面上的评判，就需要熟悉当前我国关于民营经济发展方面的法律法规及其他规范性文件是否全面、系统。

（二）实用性原则

民营经济法治环境的评价指标体系必须能够切实地反映设计意图，在操作过程中能量化，易于看懂。具体而言，所设计的指标尽可能通过数字或图表体现出来，或者可依据民意调查得出相应的结果，不能过于模棱两可；另外，各个指标必须高度敏感且具有可信度，能够及时反映出一个地方民营经济的法治环境，能为一般的市场经济主体所信任。当某一区域法治环境发生了变化，设计的指标可以灵敏地体现出这种变化，且可通过量化的结果反观现实的法治环境。

（三）可比性原则

民营经济法治环境评价的目的是能够对各个地区的情况进行对比，既包括不同区域之间的对比，也包括一个区域在不同时期的对比。通过这两种对比，能够得知所评价的客体具体情况。在设计指标时，要注重此类指标可以在各个地区、各个时间段通用，而不是某一地区、某一时间段的特殊产物，应具有普适性和规律性，能够积极地反映出不同地区、不同时间的差异。

二　民营经济法治环境的评价维度

评价的基本内容由评价维度构成，也是构建评价指标体系的基石。[①] 民营经济法治环境的评价维度主要从立法环境、执法环境和司法环境三个方面展开，但是在具体内容中可将“信用法治环境”和“社会法治环境”单独列为两个部分进行阐述，主要考虑这两个方面的内容具有一定的代表性，至于其中的内容还是交错着立法、执法和司法的内容，在本部分的指标设计上就没有做单列了。关于立法、执法和司法环境各个评价维度的具体内容，需要设计不同的指标，通过二级指标和三级指标的具体内容来体现。

（一）立法环境

民营经济若想获得稳定的发展，必须有一个稳定的立法环境。一个成熟的法律法规体系能够促进经济发展，为投资、经营、融资、用工等活动提供一个稳定的环境。立法的质量永远是法律体系建设的生命线。[②] 如前文所论述，权利是法治经济的第一要素，市场主体的各项权

---

① 施青军、扈剑晖：《政府投资项目的形成性评价研究——评价维度选择与评价指标设计》，《中国行政管理》2014 年第 12 期。

② 汤啸天：《立法民主与立法质量》，《探索与争鸣》1999 年第 4 期。

利必须受法律所保障，立法保障是经济发展的基本要求，也是民营企业不断投入的“定心丸”。在我国，受长期以来计划经济体制的惯性影响，民营经济若想得到进一步的发展，必须与国有企业有平等的法律地位，要通过立法使得民营企业与国有企业从过去的非均衡发展转向公平平等的竞争，保护民营企业在市场上获得平等的准入、生存和营利机会，尊重民营企业在市场上的地位。[①] 只有建立一个合理的法律法规体系，才能保护民营企业的合法财产不受侵犯，保障市场资源可以在公有主体与民营主体之间流通，即完善法律体系是促进市场主体守法经营的前提，是市场主体依照法律规则健康运行的制度保障。[②] 目前，我国正处于转型的时期，从过去的粗放式发展到高质量发展，从过去的政策引导到当前的法治规范，因此需要一套完整的法律体系来规范所有的经济领域，为民营经济发展保驾护航。要评价一套法律法规体系是否合理，可从以下宏观角度来考量，包括内容是否科学、涵盖面是否广阔、立法是否具可适用性等。

一是民营经济法治环境必须有一套完备的法律体系。这不仅涉及民法、经济法、刑法、商法、知识产权法、诉讼法等一系列法律，还包括财政税收、资源管理、对外贸易、金融监管、涉外投资等保证要素流动的各类法律法规，在我国，党的政策也常常会依照程序转化为法律法规，对民营经济发展产生重要影响，所以还需把党的政策考虑在内。

二是民营经济法治环境应考虑法律是否符合客观规律、是否合理或是否科学。一国的法律由本国的经济基础与社会生产力决定，立法者必须从客观实际出发，考虑社会秩序、运行规律和普世价值，并且通过科学民主的立法活动加以规定，这是法律在科学属性的体现和必然要求。[③] 要判断一部法律是否具备科学性，从宏观上说，要满足国家经济发展的需求，为国家经济发展提供持续动力；在微观层面，需要考虑是否满足市场主体的需求，是否符合国家的基本国情，是否能满足每个

① 刘志彪：《平等竞争：中国民营企业营商环境优化之本》，《社会科学战线》2019 年第 4 期。

② 马太建等：《打造法治化营商环境》，《唯实》2016 年第 6 期。

③ 冯玉军、王柏荣：《科学立法的科学性标准探析》，《中国人民大学学报》2014 年第 1 期。

人、每个群体的利益诉求。当前，我国经济成分种类繁多，法律规范的体量也很巨大，法律文件要高度协调统一，形成一个体系，不能分崩离析，对立法者来说就非常困难。正如富勒所认为的，法律不相互矛盾是法律的内在道德之一。[①] 如今，我国规范民营经济的法律法规繁多，这使得民营企业在经济活动中不免找不到对应的法律法规，而且这些规范性文件分别处在不同的部门法当中，不同部门法出台的时间有早晚之别，立法的目的也有一定的偏向，难以构成一个完整的体系。这就必须整合处于不同部门法中的具体规范，消除它们之间的冲突与壁垒，降低交易成本，使资源可以在市场中实现流通。

三是民营经济法治环境要求法律必须保证公平与合理分配利益。在市场经济体制下，由于市场行为具有非理性，公平价值具有特殊的重要意义。[②] 但在现实中，一些地方出台的文件不注重保障各市场主体之间的利益合理分配，导致民营企业在市场中受到不公平待遇，这不仅不利于我国经济的发展，也不利于法治水平的提高。只有形成公平公正、竞争有序的市场氛围，才能最大限度地促进各市场主体的发展，实现经济的有序发展。

四是民营经济法治环境要注重法律法规的可实施性。随着科技的不断进步，再加上我国正处于经济转型时期，涉及社会经济生活的各个方面，就需要一套完整的法律法规体系，且这些法律法规要得到有效实施。只有通过实施，民营经济的规范发展才可以得到有效的提高。法律作为规范社会主体的行为准则，在实施前，只是一张纸、一段文字，不具有权威性，要获得生命，必须被人们遵守，得到有效的施行。[③] 调整民营经济发展的法律法规更是一些实用性极强的文字，每一条、每一款都在现实中被常用，且被现实经济关系不断推动、更新，可实施性成为这一类法律法规的核心要义。

（二）执法环境

法律的生命在于实施，只有通过实施，法律的作用才能实现。法律

---

① ［美］富勒：《法律的道德性》，郑戈译，商务印书馆2005年版，第7页。

② 孙笑侠：《论法律与社会利益——对市场经济中公平问题的另一种思考》，《中国法学》1995年第4期。

③ 杜运泉：《法律的生命和权威在于实施》，《探索与争鸣》2013年第10期。

作为规范社会主体的行为准则，在实施以前，都是静态的文字，要获得生机与活力，就要在现实中被遵守、被执行，才能彰显其规范的价值。在民营经济领域，几乎所有的民营企业都无法摆脱法律对其的规制，从市场准入的许可，到经营过程中的税务监管、环境保护、劳动者权益保障等都有相应的政府部门涉入。行政机关依照法律进行经济干预和经济管理，体现出法治的最本质特征和核心。要优化民营经济法治环境，除了要保证法律体系的完善以及司法公正，还要保证在执法过程中有法可依、公平执法、合理执法。民营经济法治环境评价所考量的一个重要指标就是政府的执法情况，必须重点考量政府在执法时的公开性、程序性、适当性和救济性等各种要素，这直接关乎某一地区民营经济法治环境的好坏。法治是维护和保障经济自由的正道，如前所述，在法治经济背景下，必须要保证每个市场主体的权利，保证他们合法的私有财产不受侵犯，这都需要通过政府的执法来实现。法治经济要保证市场主体在市场中地位平等、交易自由，要求市场在资源配置中起决定性作用，各个市场主体在进入市场从事经济活动的必备条件一致、机会均等，这是政府在干预时应当重点考量的内容。

目前，我国民营经济执法环境仍然存在短板与缺陷，如行政审批过于繁杂，政府的工作人员与执法人员未完全依法行政，办事部门过于烦琐复杂，个别人员官僚气息严重。政府在对经济进行管理过程中偶有越位现象，权力被滥用；对于民营企业的经济活动干预过多，在一些行业针对民营企业的准入标准过于严格，使得民营企业发展空间过于狭小，在某些方面政府干预又不到位，对民营企业和国有企业区别对待，缺乏对民营企业的服务意识等；政务公开不到位，对民营企业的私有财产保护力度过低等。

民营经济的执法环境要考量政府是否依法行政、政务是否公开、执法是否廉洁、民营企业的权益是否得以保障等，具体包括以下几方面内容：

第一，政府执法应秉持法治理念。政府在执法时应当严格按照法律的规定以及法定的程序，促进治理能力与治理体系现代化，推进法治政府的建设。依法行政要求政府在执法时严格依照法律规范，遵守法治原则，从决策到执行都遵守法定程序。当前，我国正在推进法治国家、法治政府、法治社会一体化建设，这对于构建一个健康的民营经济法治环境不可或缺。自市场经济体制确立以来，对市场进行宏观调控和经济管理的职能都是由政府承担，凡是市场无法发挥其配置资源的地方，都应有政府涉入，但如果政府在对市场进行宏观调控和经济管理时不能明确权力的边界，就会存在显失公平的情况，损害民营企业的利益。因此，政府应当秉持法治理念，在对市场进行宏观调控或行使经济管理职权时严格依照法律规范，厘清权力的界限。

第二，政府执法应科学履职。民营经济发展强调效率，政府在管理经济事务时应更注重决策和执行的科学性，尊重经济发展的规律。目前，许多地方政府在执法时，不注重决策的科学性和实施的客观基础，导致很多决定根本没有实施的可能性，这不仅造成资源的浪费，还损害了市场的效率。另外，在民营经济发展中，政府应明确在经济干预中的角色定位，认识到政府与市场的边界，政府实施经济管理和宏观调控的作用是为了弥补市场配置资源的不足，这就要求政府为适应我国经济发展的新趋势和新要求，应当转变履职的观念，加强政府的服务理念和责任理念建设，从过去强制性的经济管理转变到经济服务上来，构建一个服务型、责任型的有限政府。[①]

第三，政府执法必须接受监督。政府在为民营经济服务和进行经济管理时，其执法行为必须受到监督。“一切有权力的人都容易滥用权力，这是万古不易的一条经验。”[②] 国家兴亡往往与对权力的制约与监督密切联系，市场经济的繁荣与否仍然与政府干预经济的权力是否受到制约和监督息息相关。为此，对权力的制衡与监督是现代法治永恒不变的主题。[③] 一个健康的民营经济法治环境必然要求政府的权力受到必要的制约与监督，这就要求政府加大政务公开的力度，转变政府职能，运用现代科技手段和大数据构建政府信息公开平台。同时，也要加强反腐败的力度，加强廉洁规范建设，节约社会成本，净化执法队伍，推动民营经

① 薄贵利：《建设服务型政府的战略与路径》，《国家行政学院学报》2014 年第 5 期。

② ［法］孟德斯鸠：《论法的精神》（上），张雁深译，商务印书馆 1961 年版，第 154 页。

③ 谢佑平、江涌：《论权力及其制约》，《东方法学》2010 年第 2 期。

济井然有序发展。

第四，政府执法应注重民营经济的权益保障。执法的目的在于消除民营经济发展过程中的不当行为，为民营经济提供良好的法治环境，法治应加强保护民营企业产权及合法权益，保证民营企业与国有企业地位平等。民营企业是当前市场上数量最多的市场主体，其合法权益被保障的程度不仅是衡量一个市场好坏的标准，也是构建一个健康的民营经济执法环境的核心要素。民营经济执法环境需要健全以公平为原则的产权保护机制，对民营企业的保护必须到位，确保资源在民营企业之间无障碍流转，这样才能让民营企业安心，对自身的发展有良好的预期。此外，必须建立公平合理的市场准入制度，对公私财产的保护不应当差别对待，国企和民企应当处于平等地位，享有公平竞争的权利，这些都是民营企业权益得到保障的重要表现。最为重要的是，政府应当信守承诺，不因领导的更替而不履行承诺，民营企业的合法权益不能因行政权力的介入而不复存在，要尽量避免人为的突发性决定，保持政策的连贯性和一致性，使民营企业对未来有合理的预期。

（三）司法环境

要保障民营经济生存环境的健康，必须要有一个良好的司法环境。司法的首要意义就是公平与公正，失去公正，司法也就只剩一副躯壳。[①] 公平与公正是人类任何时期都在追求的价值，尤其是在经济领域的权益保障上，公平与公正是最基本的价值觅求。营造一个良好的司法环境，才能保障民营经济的健康发展，法院在处理涉企经济纠纷时是否以法律为准绳，是否认真实际地考察案件事实，这直接影响到市场的运转与经济的发展。一个良好的司法环境，可以为市场主体提供帮助与救济，可以更好地保证市场主体的地位平等。市场主体在其权益受损时，司法救济是其最重要的救济方法，不寻找司法途径来保障自己的损失，只会造成市场秩序的混乱，无法构建起良好的民营经济法治环境。民营经济的司法环境应当以司法公正、司法透明度以及救济途径的有效性为重点，具体而言：

① 陈光中、龙宗智：《关于深化司法改革若干问题的思考》，《中国法学》2013 年第 4 期。

其一，司法环境首先要体现公正。公正是司法的灵魂，如果不考虑司法公正，最终必将导致社会集体的贫瘠。[①] 只有保证司法公正，才能建立一个有序的市场秩序，才能切实地提升司法的公信力，进而保证民营经济司法环境的纯洁性。如果民营经济司法环境无法实现公正，民营企业便不会通过司法途径来保障自己的权利，市场秩序届时将会混乱，人们就不愿意求助于法律的保护。司法公正并非看不见、摸不着，要切实在每一个案件中保证依照事实和法律做出裁判，在审判中，要实现司法公正必须要保证审判制度的科学性。具体而言，在案件审理过程中，要依照法律运用权利理念来保障判决的实体公正；严格依照程序法来实现过程的公正，保证程序公正与实体公正并存。[②] 体现在民营经济领域，就是要让侵害民营企业的行为受到及时制裁，民营企业遭受的损害及时得到赔偿和补救，对破坏经济秩序的行为进行追究，使每一个案件都能及时得到解决，避免久拖不决，严重违背市场经济的时间效率，毕竟迟到的正义非正义，使民营企业可以从个案中不管在实体上还是程序上都切实感受到司法公正，这样才能建立起良好的民营经济司法环境。

其二，司法环境要关注案件审理的透明度。如果说公正是司法的灵魂，那么司法过程的透明则是灵魂纯洁的保障，司法的公信力来源于司法过程的透明，司法不公开、不透明，则无法取信于民，无法保证司法的公信力。[③] 公开透明是防止司法腐败的重要保证，是民营经济司法环境的健康基石。目前，我国处于创新变革时期，司法机关与民营企业之间的关系还可以进一步改善，不少民营企业不想通过司法途径获得救济。从某种意义上折射出司法的透明度还未能完全取信于民营企业。因为大部分民企都是中小型企业，当涉及一方主体是政府机关、事业单位或国有企业时，很多中小型民营企业的诉讼地位无形中就处于弱势地位，司法过程中的透明程度就显得较低，法院审判时更多会顾忌强势一方的地位，迫使弱势一方的中小微企业调解或让步，即便是判决，也会久拖不决，加重了民营企业对司法的不信任，在其权益受损时，不愿意

① 王晨：《司法公正的内涵及其实现路径选择》，《中国法学》2013 年第 3 期。

② 王晨：《司法公正的内涵及其实现路径选择》，《中国法学》2013 年第 3 期。

③ 冯桂：《论司法改革中的司法透明原则》，《学术论坛》2009 年第 10 期。

寻求正规的司法途径来维护自身的合法权益，这完全不利于构造良好的经济发展环境。可见，司法过程的透明是建设良好的民营经济法治环境的重要保障，各级司法机关必须建立公开司法过程的通道，如今裁判文书的上网其实也是一种有效的公开渠道，但透明度的宽度和广度仍需进一步拓展，要让民营企业消除怀疑和顾虑，相信司法的公正与强制力，需要增强司法的公信力。[①]

其三，司法环境要注重提高效率。近些年来，我国经济发展迅速，经济纠纷也不断增加，自然对司法的需求也在不断增强，这些需求不仅要求案件审理结果的合理与公正，还要求司法审判的效率。这就要求司法机关必须提升案件审理的效率，深化司法体制改革，推动多元化解纷机制，完善司法服务。我国司法体系庞大，有3000多家法院，尽管法官人数众多，但也无法满足经济领域频发的纠纷需求，司法资源仍显不足，为了保障司法系统的正常运转，实现公平与正义，必须解决司法资源不足与纠纷众多的矛盾，推动多元化解决纠纷机制，提高司法效率。[②] 良好的民营经济司法环境，需要进一步深化司法改革，提升案件审理效率，满足民营企业的司法需求，保证案件审理结果的公正与公平。由于目前整体经济下行压力较大，加之诉讼成本居高不下，一些民营企业难以支付高昂的诉讼费用和其他维权费用，还需完善多种方法来解决经济纠纷，如很多法院联合商协会建立诉调对接中心等，通过进一步司法改革创新救济制度，确保制度的可行性以及有序实施，使民营企业的相关纠纷可以得到有效、及时的解决，缓解司法压力。

其四，司法环境需要构建完善的法律服务体系。在现代经济社会，个人、企业乃至政府进行经济活动都离不开法律专业人士的参与，需要他们提供专业帮助，这就要打造一个完善的法律服务体系，保证充足的法律服务人员能为社会大众提供法律服务。民营经济发展的法治环境需要有力的法律服务作为基奠，民营企业的平等权益保护、正常的风险防范以及经济纠纷的解决，都需要法律服务。法律服务体系是法律服务市场、法律专业人才以及法律服务环境的综合体，这就需要各个要素必须

---

① 卓泽渊、何勤华等：《新时代法治国家建设笔谈》，《现代法学》2018年第1期。

② 齐树洁：《小额诉讼：从理念到规则》，《海峡法学》2013年第1期。

与市场经济发展相适应和匹配，保证法律服务体系的有效性，能够协助市场主体解决各种纠纷。[①] 我国的法律服务主体包括律师事务所、法律服务所、公证处、司法鉴定中心以及各种调解机构等，这些都可从不同角度为民营经济的法律需求提供服务，但这些机构的建立是否有法律制度的保障，就直接关系到法律服务市场的繁荣程度。另外，法律服务环境也是法律专业人员提供服务的重要保障，一旦律师、公证员等不能切实保证各市场主体的权利，提供服务受限于政府权力干预，就很难提供有效的法律服务，更难谈及高质量的法律服务，这就要不断消除阻碍法律服务的制度障碍，让民营经济能享受到便捷、优质的法律服务，切实保障民营企业的利益。

三　民营经济法治环境的评价指标

评价指标是由评价内容所决定的，将每个评价内容、框架和结构分解为不同的方向，其构成了民营经济法治环境的指标体系，具体指标包括一、二、三级指标，二级是一级指标的细分和规划，具有承上启下的作用；三级又是二级的具体细化。具体指标的设计十分重要，本书通过问卷调查以及询问专家意见等方法，确立以下的具体指标：

（一）立法环境的具体评价指标

民营经济是相较于公有制经济而言的概称，主要是从其经济所有制成分来划分，但其涵盖的内容特别复杂，立法层面上的保护就显得繁杂，涉及的法律法规众多，在对立法环境的考察上就至少需要包含以下几方面的指标：

一是构成体系。民营经济法治环境需要健全完备的法律法规体系，要涵盖经济生活的各个方面，除了宪法的总领性规定外，部门法包括民商法、刑法、经济法、行政法、诉讼法、劳动法、金融法、财税法、环境法等，几乎涉及所有的法律部门，因为对民营企业财产权、债权、知识产权等的保护以及民营企业权益救济机制等不可能由某一个部门法胜任，需综合法律部门共同发力。只有形成一个能够对民营企业权益保障的法律法规体系，民营企业才可以进一步发展，民营经济法治化水平才

---

① 贺海仁：《法律援助：政府责任与律师义务》，《环球法律评论》2005 年第 6 期。

能进一步提升，这也是民营企业在市场上公平竞争和正常运行的前提。

二是内容科学。一套法律体系是否符合经济发展的客观规律和不断创新的市场机制、是否满足广大民营企业的需要，这是判断它是否为“良法”的最根本标准之一。理论上讲，法律法规的内容要符合我国社会主义的核心价值、当前的生产力状况和市场经济发展规律，保证法律法规内容的科学性，具体来说，民营经济法律法规体系必须建立完善的民营企业进入、退出机制，保障民营企业的公平竞争权，且符合民营经济的发展程度。法律法规体系内容只有具备科学性才能够获得民营企业的认可，才能切实提高民营经济的法治程度。

三是实施效果。法律的实施效果是指法律通过实施而形成的一系列社会效果以及程度，体现的是“实然”状态而不是“应然”状态，即通过法律的实施可取得怎样的社会效果。① 有关民营经济的法律法规以及政策必须稳定，必须保障民营企业的信赖利益，要符合民营企业的期待，不能随便废除或修改，使民营企业可以开展正常的经营活动。另外，关于民营经济的法律法规不仅要在体系上完备、内容上科学，还必须能得到有效的实施，才可以发挥法律真正的作用，才可以让民营企业感到安心，才能为民营企业实质性地营造公平高效的法治环境。

（二）执法环境的具体评价指标

执法环境是立法环境的现实检验和延伸，再完备的立法如果在现实中被亵渎，最后都只是华丽的文字，执法环境的考量重点在于执法者，即政府的职能以及行为理念都直接影响到执法效果。因此，执法环境的指标至少要包括以下方面：

一是依法行政。国务院发布的《全面推进依法行政实施纲要》（2004 年）早就针对依法行政提出“合法行政、合理行政、程序正当、高效便民、诚实守信、权责统一”的基本要求。② 具体而言，要包括重大执法决定的规范程度、执法行为的标准、制定流程的公开等；反映在民营经济执法领域，就要看是否做到涉企权责清单公开、综合执法是否

① 江国华、罗仙凤：《法律制度实施效果评估指标体系的构建》，《湖湘论坛》2018 年第 2 期。

② 陈翠玉：《政府诚信立法论纲》，《法学评论》2018 年第 5 期。

规范、市场准入清单是否公开、错误执法是否被纠正等。

二是职能履行。政府对经济实施一系列干预和管理活动，目的在于保障经济的平稳健康发展，服务型、责任型的政府建设是现代政府的基本职能要求。民营经济执法环境的根本目的在于保障民营企业权益的立法在现实中能真正得到落实，政府部门，尤其是执法部门能切实做到权责依法、严格执法，构建起“亲”“清”型政商关系，降低民营企业的经营成本。政府应有效履行其对市场进行宏观调控的职能，保障市场高效以及资源不会流失，须维护好正常的经济秩序，避免出现不正当竞争，加强对民企的扶持力度以及对市场运行的保护力度等。

三是权力监督。行政权力受到监督的情况是评价民营经济法治环境的重要指标，它直接关系到执法环境的健康程度。具体包括：有效的政务公开措施、政府廉洁建设以及反腐败措施等。反腐败措施的力度关系到执法的纯洁，关系到法治是否可以实现，一旦执法人员贪污腐败，就会扰乱市场秩序，破坏经济活动的稳定性和公平性，最终造成效率的低下和浪费。为此，民营经济法治环境必须加强反腐败的力度，应提升政府的廉政建设，打造廉洁政府，在源头上杜绝贪污腐败。还要保证政务公开的有效性，避免民营企业获得相关信息手续过于烦琐，通过现代信息技术手段和信息平台对政务信息加以公示。

四是企业保障。政府必须保障民营企业的合法权益是民营经济良好法治环境的重要指标。这就要加强对民营企业私有财产、知识产权、自主经营权等合法权益的保护，要注重社会法治环境的外部保障，如财税金融法治、用工法治、社会治安法治等。在制定经济法律、法规、政策时，平等对待民营经济，防止民营企业与国有企业处于不公平的地位。另外，应增强政府自身的服务意识，使民营企业在发展过程中得到应有的服务保障。

（三）司法环境的具体评价指标

司法是民营经济权益保障的最后屏障，司法保护的力度直接映射着民营企业对法律、对政府的信任度，在普通民众看来，司法机关与政府机关是不予区分的，都是他们心目中的“政府”，代表着国家执法和司法，在某种意义上，执法层面上稍有不公，都可能得到普通民众的理解和宽恕，但这种不公一旦到了司法程序，他们心中的“最后稻草”一定要抓得稳、抓得牢，才能体现真正的司法权威。所以，司法环境的指标至少要包含以下四个方面的内容：

一是司法公正。在解决民营经济纠纷时，不应只追求结果上的公正，还应该追求程序上的公正。若只有结果上的公正，忽视了过程的便捷、清晰，当事人很难去相信结果是公正的，而且，在很大程度上，过程都保障不了的公正，也难以实现真正的司法公正。这就要求司法机关在审理案件时严格遵照诉讼法所规定的期限和程序，让当事人根据规定预知案件的进展和走向。在有关民营经济的案件处理上，更重要的还要注意民企与政府、事业单位、国企之间的主体平等性，中小微民企主体与大型企业之间的主体平等性等，让不同主体的权益能以看得见的方式得到有效保护，杜绝徇私枉法。

二是司法透明。为保证案件的审理不会发生权力腐败，必须要求司法过程的透明，使司法在人民群众的监督下进行，保证公众的监督权与知情权，这才能节约成本，提高诉讼效率，保证民营企业以及一般的社会公众对司法的信任。在涉企纠纷的处理过程中，要尽可能做到从立案、审理到执行的公开透明，做到每一个环节和步骤的公开，尤其是审理期限、执行过程的长期等待要做到对当事人公开，因为无期限的等待在某种意义上就是不透明的表现。

三是司法高效。民营经济法治环境必须保证民营企业在权益受损时可以得到有效救济，要实现这一目标，必须保证救济方式以及解决纠纷的手段多元化。具体包括：立案是否便捷、调解程序是否自愿合理、调解流程是否依法规定等。还要创新经济纠纷的解决方式，逐步建立与我国经济发展相匹配的民事经济纠纷解决机制，提升司法人员工作效率，构建大数据平台，将人工智能引入司法，加强对法官的职业教育与培养，定期考核，使优秀法官脱颖而出等，总体上进一步提高案件处理的效率。

四是服务保障。民营企业能否得到有效的法律服务是对民营经济法治环境评价的一个重要指标。它要求在我国市场上必须有足够的律师以及相关法律服务者提供法律服务。司法部门必须对现有法律资源进行整合，能为民营企业提供更优质的法律服务，并且利用大数据构建法律服务平台，利用大数据使得法律服务更加精准。同时进一步增强法律服务开放程度，提高法律服务质量，增强法律服务队伍素质，促进民营经济法治环境改善。

四　民营经济法治环境的指标构造

（一）三级评价指标的设计

三级评价指标是对民营经济法治环境评价的具体内容的细分，在二级指标的构建下进行再度细化，具体的三级指标构建如表 2-1 所示。

表 2-1　　三级评价指标内容

一级指标	二级指标	三级指标		
立法环境	构成体系	支持民营经济发展法律法规总量	支持民营经济发展法律法规的涵盖面	
	内容科学	民营企业法律法规内容的科学程度	民营企业对法律法规内容的满意度	
	实施效果	民营企业法律法规的废改立情况	民营企业对法律法规实施的满意度	
执法环境	依法行政	权责清单公开情况	执法决定是否规范	执法程序是否规范
	职能履行	行政审批效率	政商关系	政府诚信度
	权力监督	政务公开程度	执法廉政规范程度	执法错误纠偏
	民企保障	民营企业权益保障满意度	民营企业平等权保障程度	民营企业社会法治保障程度
司法环境	司法公正	结果与程序公正满意度	平等权益保障满意度	
	司法透明	审理公开程度	执行公开程度	
	司法高效	立案的便捷度	审理时长	执行到位情况
	服务保障	法律服务便捷度	法律服务满意程度	法律服务创新机制

（二）评价指标的权重分配

指标的权重是民营经济法治环境评价的重要内容，就某一个指标来说，该指标的权重既体现了其在整个指标体系的比重，也体现出它与其他指标相比的重要程度，权重系数越大，说明指标越重要。在民营经济法治环境评价中，各个指标都有其重要性，要具体给到每一个指标的权重系数是非常困难的，但为了便于研究，从整体上把控综合指标所反映的法治环境状况，本书采用主观赋值法对不同指标的权重进行分配，具体情况如表 2-2 所示。

表 2-2 各级评价指标权重

一级指标	二级指标	三级指标		
立法环境（20%）	构成体系（5%）	支持民营经济发展法律法规总量（2%）	支持民营经济发展法律法规的涵盖面（3%）	
	内容科学（7%）	民营企业法律法规内容的科学程度（4%）	民营企业对法律法规内容的满意度（3%）	
	实施效果（8%）	民营企业法律法规的废改立情况（3%）	民营企业对法律法规实施的满意度（5%）	
执法环境（48%）	依法行政（12%）	权责清单公开情况（4%）	执法决定是否规范（4%）	执法程序是否规范（4%）
	职能履行（12%）	行政审批效率（4%）	政商关系（4%）	政府诚信度（4%）
	权力监督（12%）	政务公开程度（4%）	执法廉政规范程度（4%）	执法错误纠偏（4%）
	民企保障（12%）	民营企业权益保障满意度（4%）	民营企业平等权保障程度（4%）	民营企业社会法治保障程度（4%）
司法环境（32%）	司法公正（8%）	结果与程序公正满意度（4%）	平等权益保障满意度（4%）	
	司法透明（8%）	审理公开程度（4%）	执行公开程度（4%）	
	司法高效（8%）	立案的便捷度（3%）	审理时长（1%）	执行到位情况（4%）
	服务保障（8%）	法律服务便捷度（3%）	法律服务满意程度（3%）	法律服务创新机制（2%）

可以看出，三个评价指标内容的权重为：立法环境（20%）、执法环境（48%）和司法环境（32%），其中权重系数最大的是执法环境，因为民营经济发展过程中，涉及的法律关系最多的也是与政府之间的各种经济管理和规制关系，民营企业最直观的感受也是政府的各种执法态度和行为，所以，执法环境所占的比重最大。其次是司法环境，所有的纠纷最终都以个案的形式体现出来，个案的审理不仅仅是具体当事人权利得到救济的依据，也是社会民众受到教育的典型案例，同时也是民众评价司法和政府的参考系，为此，也设定了较大的比重。而立法环境，对于普通的民众来说，不太有直接的感受，因为它是处于相对静态的位置，对其评价更多要靠专家和具有一定判断力和专业能力的人才能做

出，且法律法规一旦颁布实施，修订和废除的概率较小，具有较强的稳定性，所以被赋予了较小的比重。

（三）评价指标的计分标准

在具体的评价指标当中，不同指标都应有自己相应的计分参照标准，依据标准对每个评价对象进行评价时，每个指标的得分都不同，最终每个评价对象的得分也会有差别。计分标准直接影响到各个指标的得分以及评价的依据，因此，各个指标计分标准的确定都是指标体系的重要内容。

计分标准是在具体评价过程中，针对评价客体进行评价的尺度以及产生量化结果的依据，可以说，计分标准是评价体系中最重要的构成要件，它为各个参与评价的主体提供了一套统一的尺度，各个指标根据不同的计分标准得分不同，是量化评价的必备要件。从理论上讲，指标的计分标准可体现法治思想当中的量化思想，使依据主观评价的指标或者有客观实际的指标都可以量化，最终的评价结果也可以通过数字体现出来，在设计计分标准时，本着尊重客观规律的理念，实现科学、合理与可量化。同时，计分标准要体现民营经济法治环境评价的主观目的以及价值取向，这不仅要考虑客观依据，还要考虑主观因素，评价的目的不能仅指向某个地区现存的民营经济法治环境，更要通过评价了解全国的状态，如立法环境就能反映全国情况，这便于实现民营经济的更好发展。因此，确定计分标准的过程是一个谨慎思考的过程，既要注重标准的规范性，还要注重内容的合理性，要体现公平正义的价值取向，要涵盖民营经济的各个方面。具体来说，不同指标的计分标准也不同，此处，民营经济法治环境评价指标的计分标准采用分档计分法，即在进行指标评价时，将指标分为不同档次进行评分，各个一级指标下分为几个二级指标，二级指标下又分为若干个三级指标，每个档次的分值都有所不同，各个评价客体的评分也会不同。鉴于一、二级指标的分值最终取决于三级指标的分值，为此，三级指标的计分标准一旦做好设计，就直接可以得出二级、一级最后的评价分数，根据这个方法，具体的三级指标评价标准如表 2-3 所示。

表 2-3　　三级评价指标计分标准

一级指标	二级指标	三级指标	计分标准
立法环境（20%）	构成体系（5%）	①支持民营经济发展法律法规总量（2%）	地方制定量总数高于全国平均值则计满分，低于则计1分
		②支持民营经济发展法律法规的涵盖面（3%）	80%以上的专家评议认可计满分；60%—80%的专家认可计70%的分值；60%以下的专家认可则计50%的分值
	内容科学（7%）	③民营企业法律法规内容的科学程度（4%）	同②
		④民营企业对法律法规内容的满意度（3%）	80%以上的受访民企认可计满分；60%—80%的受访民企认可计70%的分值；60%以下的受访民企认可则计50%的分值
	实施效果（8%）	⑤民营企业法律法规的废改立情况（3%）	同②
		⑥民营企业对法律法规实施的满意度（5%）	同④
执法环境（48%）	依法行政（12%）	⑦权责清单公开情况（4%）	同②
		⑧执法决定是否规范（4%）	同②
		⑨执法程序是否规范（4%）	同②
	职能履行（12%）	⑩行政审批效率（4%）	同④
		⑪政商关系（4%）	同④
		⑫政府诚信度（4%）	同④
	权力监督（12%）	⑬政务公开程度（4%）	同④
		⑭执法廉政规范程度（4%）	同④
		⑮执法错误纠偏（4%）	结合②和④的标准
	民企保障（12%）	⑯民营企业权益保障满意度（4%）	同④
		⑰民营企业平等权保障程度（4%）	结合②和④的标准
		⑱民营企业社会法治保障程度（4%）	同④

续表

一级指标	二级指标	三级指标	计分标准
司法环境（32%）	司法公正（8%）	⑲结果与程序公正满意度（4%）	同④
		⑳平等权益保障满意度（4%）	结合②和④的标准
	司法透明（8%）	㉑审理公开程度（4%）	同④
		㉒执行公开程度（4%）	同④
	司法高效（8%）	㉓立案的便捷度（3%）	同④
		㉔审理时长（1%）	同④
		㉕执行到位情况（4%）	同④
	服务保障（8%）	㉖法律服务便捷度（3%）	同④
		㉗法律服务满意程度（3%）	同④
		㉘法律服务创新机制（2%）	结合②和④的标准

第三章　民营经济发展的立法现状及改进

为了更好地发展民营经济，国家通过立法的方式对民营经济进行保障，从国家的根本大法——《宪法》，到各部门法律，再到行政法规、部门规章、地方性法规以及政策性文件，对于民营经济的保护性立法不断完善，但由于不同时期国家经济发展的形势和重点不同，导致不同时期的立法也存在一定的差异，前期立法规范与后期的立法规范之间存在一定的矛盾之处。随着社会经济的快速发展，这些滞后的法律条款和规定，会形成对民营经济发展的桎梏和限制。因此，必须通过立法和修订法律的方式，对民营经济的法律法规实施修订和完善，甚至对于严重滞后的部门法律应当通过重新立法来实现对民营经济发展的保障，为民营经济发展营造良好的法治环境，让民营经济的发展进一步促进我国整体经济的转型。

第一节　民营经济发展的立法概况

一　我国宪法对民营经济的规定

新中国成立之初，民营经济作为公有制经济的对立面，不仅不被法律认可，反而受到国家的打压和限制，接受国家的改造。随着社会经济的发展，民营经济成为我国经济的重要组成部分，这一重大转变与宪法对民营经济的定位和保护有着十分重要的关系。1954 年宪法、1975 年宪法和 1978 年宪法对民营企业的态度是“改造”，对其加以限制，且引导民营经济逐步走上社会主义集体化的道路；1982 年宪法明确了民营经济是社会主义公有制经济的补充，这是民营经济发展法律保障层面上的重要转折点。之后，宪法多次修订，几乎每一次都对民营经济的发展起到夯实和加固作用；1988 年的宪法修正案规定私营经济是社会主义公有制经济的补充，国家保护私营经济的合法权利和利益；1993 年修改宪法，放弃了计划经济体制，确立了市场经济体制的地位；1999 年的修正案明确个体经济、私营经济等非公有制经济是社会主义市场经济的重要组成部分；2004 年确认了国家保护个体经济、私营经济等非公有制经济的合法的权利和利益。[①] 具体的规定见表 3-1。

表 3-1　宪法对民营经济规定一览表

宪法及修正案	宪法中关于民营经济的规定
1954 年宪法	第五条　中华人民共和国的生产资料所有制现在主要有下列各种：国家所有制，即全民所有制；合作社所有制，即劳动群众集体所有制；个体劳动者所有制；资本家所有制。
1975 年宪法	第五条　中华人民共和国的生产资料所有制现阶段主要有两种：社会主义全民所有制和社会主义劳动群众集体所有制。国家允许非农业的个体劳动者在城镇街道组织、农村人民公社的生产队统一安排下，从事在法律许可范围内，不剥削他人的个体劳动，同时，要引导他们逐步走上社会主义集体化的道路。
1978 年宪法	第五条　中华人民共和国的生产资料所有制现阶段主要有两种：社会主义全民所有制和社会主义劳动群众集体所有制。国家允许非农业的个体劳动者在城镇或者农村的基层组织统一安排和管理下，从事法律许可范围内的，不剥削他人的个体劳动。同时，引导他们逐步走上社会主义集体化的道路。 第七条　在保证人民公社集体经济占绝对优势的条件下，人民公社社员可以经营少量的自留地和家庭副业，在牧区还可以有少量的自留畜。
1982 年宪法	第六条　国家在社会主义初级阶段，坚持公有制为主体、多种所有制经济共同发展的基本经济制度，坚持按劳分配为主体、多种分配方式并存的分配制度。
1988 年宪法修正案	第一条　第十一条增加规定："国家允许私营经济在法律规定的范围内存在和发展。私营经济是社会主义公有制经济的补充。国家保护私营经济的合法的权利和利益，对私营经济实行引导、监督和管理。"
1993 年宪法修正案	第七条　宪法第十五条："国家在社会主义公有制基础上实行计划经济。"修改为："国家实行社会主义市场经济。"
1999 年宪法修正案	第十六条　宪法第十一条："在法律规定范围内的城乡劳动者个体经济，是社会主义公有制经济的补充。国家保护个体经济的合法的权利和利益。""国家通过行政管理，指导、帮助和监督个体经济。""国家允许私营经济在法律规定的范围内存在和发展。私营经济是社会主义公有制经济的补充。国家保护私营经济的合法的权利和利益，对私营经济实行引导、监督和管理。"修改为："在法律规定范围内的个体经济、私营经济等非公有制经济，是社会主义市场经济的重要组成部分。""国家保护个体经济、私营经济的合法的权利和利益。国家对个体经济、私营经济实行引导、监督和管理。"

① 贾清：《宪法与时俱进是民营经济发展的根本保障》，《实践》（思想理论版）2019 年第 9 期。

续表

宪法及修正案	宪法中关于民营经济的规定
2004 年宪法修正案	第二十一条　宪法第十一条第二款："国家保护个体经济、私营经济的合法的权利和利益。国家对个体经济、私营经济实行引导、监督和管理。"修改为："国家保护个体经济、私营经济等非公有制经济的合法的权利和利益。国家鼓励、支持和引导非公有制经济的发展，并对非公有制经济依法实行监督和管理。"

我国的经济所有制结构从公有制的单一形式演变为非公有制多种经济成分共同存在的局面，经历了非公有制经济从"补充"到"重要组成部分"的飞跃发展，彰显了民营经济地位在我国逐渐提高的历程。我国宪法经历过五次修正案，其中四次修正案都对民营经济的规定内容进行了修改，一方面体现了我国经济发展形势变化较快，不同时期的经济形势存在较大差异，民营经济的社会背景发生了重大变革；[①] 另一方面是民营经济的数量以及体量，在我国经济总量中不断上升，其社会功能不断被丰富，在国计民生方面发挥的作用越来越重要。现行《宪法》第 11 条规定："在法律规定范围内的个体经济、私营经济等非公有制经济，是社会主义市场经济的重要组成部分。国家保护个体经济、私营经济等非公有制经济的合法的权利和利益。国家鼓励、支持和引导非公有制经济的发展，并对非公有制经济依法实行监督和管理。"宪法不仅明确了民营经济的性质和地位，同时也确立了法律对于民营经济的保障职能，成为民营经济立法保护的重要法律渊源。[②]

二　民商法律对民营经济的规定

民商事法律是民营经济最为关切的法律规范，在民营经济的市场主体规定方面，从已经废止的《民法通则》《民法总论》到如今的《民法典》都确立了民营经济作为民事权利主体的权利义务范围；《公司法》《合伙企业法》和《个人独资企业法》为民营企业的成立提供了法律依

① 贾清：《宪法与时俱进是民营经济发展的根本保障》，《实践》（思想理论版）2019 年第 9 期。

② 奚金才、周利海：《我国非公有制经济保护不足的宪政思考》，《特区经济》2014 年第 9 期。

据。《公司法》的多次修订为公民个人设立公司提供了法律支持和保障，公司这一主体的法律创设为个人从事经济活动提供了身份支持，也是目前在民营企业中的主力军，可以使个人投资的风险降至最低，为更好地促进民营经济发展提供了制度保障。《公司法》还规定了一人公司，降低了公司成立的门槛，让更多的民营经济纳入到公司法的规制当中。《合伙企业法》和《个人独资企业法》则为小微民营企业提供了更为丰富的组织形式选择，《合伙企业法》规定了设立合伙企业的条件，《个人独资企业法》也规定了设立个人独资企业的条件。[①] 这为民营企业的设立和市场准入提供了明确的法律规定。作为我国数量最多的个体工商户，也有《个体工商户管理条例》予以明确，该条例第二条就明确规定：有经营能力的公民，可登记个体工商户从事工商业经营，个体工商户可以个人经营，也可以家庭经营，其合法权益受法律保护，任何单位和个人不得侵害。可见，《公司法》《合伙企业法》《个人独资企业法》和《个体工商户管理条例》基本上涵盖了市场主体的各种组织形式，为民营经济市场主体的设立和经营提供了法律保障和约束机制。

民营企业的设立只是民营经济的组织形式，民营经济最重要的内容是经营和发展，经营过程中的行为则要受到政府的依法监督和管理。因为民营企业经营的内容和范围十分广泛，对民营经济的规制涉及各个部门法，从市场交易的《民法典》《票据法》《证券法》《海商法》等商事法律，到《保险法》《企业破产法》等市场主体的监管法律，针对民营经济发展还制定了相应的法规、规章和其他制度规范。在程序方面，《民事诉讼法》《仲裁法》则为民营经济发展过程中存在的经济纠纷、贸易纠纷的解决提供了程序依据。民商法律体系的构建则为民营经济的发展提供了重要的日常经营法治环境。让民营经济从设立到经营，从正常贸易到纠纷解决，再到企业破产和消亡，每个环节都有法律规范予以规制。民营经济的长足发展与我国法治环境的健全有很大的关系，但是

① 《合伙企业法》第 8 条规定，符合下列条件的可以设立合伙企业：有二个以上合伙人，并且都是依法承担无限责任者；有书面合伙协议；有各合伙人实际缴付的出资；有合伙企业的名称；有经营场所和从事合伙经营的必要条件。《个人独资企业法》第 8 条规定了设立个人独资企业的条件：投资人为一个自然人；有合法的企业名称；有投资人申报的出资；有固定的生产经营场所和必要的生产经营条件；有必要的从业人员。

随着我国社会经济的进一步发展，民营经济在国民经济中的所占比重越来越大，原有民商事法律规范的一些条款内容已经不能完全适应民营经济的发展，国家为了更好地促进民营经济发展，更好地发挥民营经济在国民经济中的地位和作用，相继出台了一系列的政策法规，各地也针对自身的经济状况制定了促进民营经济发展的政策文件，但是政策文件不能与法律法规相抵触，使得政策文件的制定受到法律规范的限制，这就使得民商事法律规范在民营经济的发展过程中，出现各种各样的问题，限制了民营经济的发展。

为了更好地发展民营经济，也为了更好地促进我国市场经济的发展，国家顺应时代经济的发展要求，编纂和颁布了《民法典》，对于民营企业的设立、资格确认以及权益保障进行了明确的法律规定。《民法典》的颁布不仅完善了保障民营经济的法律体系，同时也为民营企业的法律权益保护提供了体系化的法律依据。由于我国民法在发展过程中，掺入了大量的商法因素，而我国当下又面临着紧迫的营商环境的改善，因此，民法典在立法过程中对民商法体系布局做了较为科学的统筹，明确了我国民商合一的基本立法体例，其所确定的一些基本原则和基本制度对于商事活动同样具有适用性。《民法典》的颁布实施为完善我国社会主义市场经济法律体系起到了重要的作用，不仅从宏观层面上完善了我国民事法律制度和行为规则，进一步健全了我国现代产权制度、合同制度等，有利于营造更好的法治环境；还从微观层面优化了民事主体的分类、丰富了民事权利种类、平衡了民事责任等，这些都对民营企业的经营活动产生诸多的影响。[①] 但徒法不足以自行，法律的生命在于实施。《民法典》对我国民营经济的影响应当在其不断实施中得以体现。

《民法典》规范了市场主体之间的交易关系，进一步厘清了国家干预市场的合法基础，为营商环境建设和创业创新奠定了坚实的法律保障。《民法典》用七编确立不同的法律规范，为我国经济高质量发展提供了制度供给与法治保障。总则编确立了平等、自愿、公平、诚信、合法、合乎公序良俗和绿色等基本原则，为市场经济有效运行提供了必须

① 赵国伟：《民法典与企业息息相关》，《企业管理》2020 年第 7 期。

遵循的法治原则。① 并对市场主体的形式做了规定，为各主体的平等地位提供了制度依据。物权编设立了多元化的权利保护体系，有利于保障包括民营企业及企业家权利在内的市场主体的权益，有效激发了市场主体发展经济、改革创新、大胆投资的活力和激情，有利于民营企业财产权利的保护，调动民营企业从事生产经营活动的积极性和创造性。合同编为民营经济日常运行提供了交易规则，充分发挥市场在资源配置中的决定性作用，为合法交易、公平交易、高效交易提供了契约保障，并且在原《合同法》的基础上扩大了适用范围，增设了部分商业合同类型，有利于促进市场交易的效率，也有利于维护市场交易的安全。② 侵权责任编为保护和救济民营企业权益提供了有力武器，在总结实践经验的基础上，对侵权责任制度做了必要的补充和完善，如完善了损害赔偿制度和网络侵权责任制度，增加了侵害知识产权和破坏生态环境的惩罚性赔偿制度等。

市场经济本质上就是法治经济，《民法典》扎根于中国市场经济体制这片沃土，在过去 40 来年的不断实践和修正中，最终形成法典，这使得市场经济更有深厚的法治基础。《民法典》中一系列关于财产保护、债权保护和侵权责任追究的规定，都是对我国经济发展中客观规律的总结和提炼，也是对我国市场主体不断革新和拓展的概括，为当前多元市场主体并存发展提供了法治保障，为提高市场主体之间的交易效率赋予了成文规范，为持续优化民营经济法治环境奠定了重要基础，为政府对民营经济的立法及相应政策的出台划定了界限，必将有力推动我国民营经济高质量发展。

三 经济法律对民营经济的规定

我国市场经济发展不断趋于成熟，市场经济在为民营经济提供竞争和发展机会的同时也在不断完善，市场固有的缺陷导致了其通过自身的调节无法实现资源的优化配置，市场失灵已是一个毋庸置疑的现象，正因如此，政府的干预已经在过去 100 多年的经济发展史上得到价值认

① 雷兴虎：《民法典推动经济高质量发展》，《人民日报》2020 年 7 月 3 日（第 5 版）。

② 黄薇：《民法典的制度创新与发展》，《旗帜》2020 年第 7 期。

可，这期间的政府失灵也被无数学者和现实实践所确认，法律规范化的干预为政府找到切实可行的路径。为此，以《谢尔曼法》为发端的经济法治在经过多年的完善后，现在已经凸显出其应有的价值，经济法的诞生源于市场主体的过度逐利，随着经济主体多元化和行为逐利的异化，经济法的相关规定与民营经济的快速发展永远处于亟待修缮的状态。目前，我国经济法律规范对于民营经济的发展促进存在不相适应的问题，正如习近平总书记形容民营经济面临的“三座大山”（市场的冰山、融资的高山、转型的火山）一样，的确形象地说明了当前民营经济发展面临的严峻形势。民营经济存在规模小、结构单一、税费重、政策落实不到位等诸多矛盾和问题，资源占有不足，生产经营存在困难。经济法律需要不断改善现状，为逐渐削平“三座大山”提供法治强力。《反垄断法》对建立统一、开放、竞争、有序的市场体系做了规定，国家制定和实施与社会主义市场经济相适应的竞争规则，为引导市场主体公平竞争、合法联合经营列出了标准。《反垄断法》还规定了对行政垄断的规制，禁止行政机关及其具有公共管理职能的机关不得滥用权力排除竞争。[①] 可见，《反垄断法》的立法目的和功能就是防止企业在市场竞争中通过兼并等手段形成独占地位或垄断优势，进而破坏竞争机制。通过《反垄断法》的实施，鼓励、支持和引导民营经济的发展。为了更好地保障《反垄断法》对民营经济发展的促进作用，原国家工商行政管理总局通过制定实施《工商行政管理机关禁止垄断协议行为的规定》《工商行政管理机关禁止滥用市场支配地位行为的规定》《工商行政管理机关制止滥用行政权力排除、限制竞争行为的规定》三个部门规章，完善《反垄断法》的法律规范体系。[②] 2016 年国务院发布《关于在市场体系建设中建立公平竞争审查制度的意见》，要求建立公平竞争审查制度，以规范政府有关行为，防止出台排除、限制竞争的政策措施，逐步清理废除妨碍全国统一市场和公平竞争的规定和做法。为了更好地发挥《反不正当竞争法》对民营经济发展的促进作用，营造公平

---

① 参见《反垄断法》第 4、第 5 条。

② 张志伟、应品广：《中国反垄断法实施的现状评析与路径探寻》，《求实》2013 年第 1 期。

正当的竞争秩序，2019年4月对《反不正当竞争法》做出了修改；2019年10月国务院出台了《优化营商环境条例》，目的在于加快建立统一开放、竞争有序的现代市场体系，依法促进各类生产要素自由流动，以此保障各类市场主体公平参与市场竞争。这些法律法规及规范性文件都为民营经济平等参与市场竞争提供了较为完善的法律支撑。

另外，国家通过制定和实施宏观调控法引导市场主体的经济行为，在金融法、财政法、税法等领域出台一系列法律法规、政策以直接调控或间接调控的方式，引导企业改变和调整经济行为，为弱势地位的民营中小微企业减税降费，践行经济法向弱势群体进行“权利倾斜性保护”的理念，减轻民营企业的负担，保障民营经济能健康发展。在绝大多数民营企业面临的资金困境方面，通过完善民营企业政策性担保基金和纾困救助基金，支持金融机构加大对民营企业的融资支持，解决民营企业融资难、融资贵、融资慢等问题，凸显经济法社会整体利益保护的本位原则。[①] 通过深化商事制度改革，打破行政性垄断；通过公平竞争审查制度，破除市场准入、招投标、经营运行等方面的政策壁垒，激发民营经济的市场活力，这些普惠性经济法律制度都是传统民商私法所难以达成的立法目的，通过经济法的倾斜性保护弥补了民商私法的不足，提升了民营经济的竞争力，为助推民营经济发展和真正实现实质公平奠定了良好的法治基础。

四　行政法律对民营经济的规定

民营经济作为市场主体，其经营和运行必然受到国家行政机关的监督和管理，只有通过国家机关的行政管束和监督，民营经济市场主体才能在法律框架内行使自身的权利，谋求自身的发展。对于政府的公权力，法律明文规定皆禁止，政府机关的行政执法权由行政法律规范赋予，无论是行政审批权还是行政处罚权，都必须有法律的明确规定。

为了保障民营经济的健康发展，更好地规制行政权力，我国颁布了《行政许可法》《行政处罚法》和《行政复议法》等行政法，规范、限

① 文富恒：《用宪法精神助推民营经济高质量发展》，《人民之友》2019年第1期。

制和约束行政权力。[1]《行政复议法》规定民营企业遭受行政权力侵犯时的法律救济途径。除《行政许可法》外，《政府投资条例》（2019年）明确规定政府安排投资资金，应当平等对待各类投资主体，不得设置歧视性条件。这为民营经济平等参加市场竞争提供了明确的市场准入法律规范。国家还通过相关的政策，简政放权，为民营经济的发展创造宽松的市场经济法治环境。《优化营商环境条例》（2019年）彰显了国家对营商环境建设的重视程度，从制度层面为营商环境的优化提供了顶层设计。[2] 行政法律规范体系的完善，既让行政权力为民营经济的发展营造良好的市场法治环境，同时也让行政机关的行为受到行政法律法规的规制和约束。行政法律规范不仅赋予行政机关相应的执法权，同时依据行政权力法无规定皆禁止的原则，使得政府的职权被限定在市场难以自发调整的范围内，为行政权力的行使划定了边界。政府的行政权力受到法律体系的规制，对于民营经济的权益保障提供了法律依据，具体而言，是通过《行政许可法》《行政复议法》《行政处罚法》《行政诉讼法》《行政强制法》《行政监察法》《公务员法》《政府采购法》等对政府的经济管理行为予以规范。然而，目前我国在行政执法程序方面还没有建立起统一的程序法，政府机关的执法行为未能得到有效规范，这不利于对政府滥作为、不作为、失信行为等加以调整、规制和惩治。

五 刑事法律对民营经济的规定

刑事法律因为其刑罚的严苛性和惩戒性，使其成为调整社会经济法律关系的最后且最为严厉的屏障。为了更好地维护我国市场经济的秩序，我国通过刑法对经济犯罪行为进行严厉打击，专列一章“破坏社会

---

① 《行政许可法》第五条：设定和实施行政许可，应当遵循公开、公平、公正、非歧视的原则。有关行政许可的规定应当公布；未经公布的，不得作为实施行政许可的依据。行政许可的实施和结果，除涉及国家秘密、商业秘密或者个人隐私的外，应当公开。未经申请人同意，行政机关及其工作人员、参与专家评审等的人员不得披露申请人提交的商业秘密、未披露信息或者保密商务信息，法律另有规定或者涉及国家安全、重大社会公共利益的除外；行政机关依法公开申请人前述信息的，允许申请人在合理期限内提出异议。符合法定条件、标准的，申请人有依法取得行政许可的平等权利，行政机关不得歧视任何人。

② 傅政华：《为民营企业发展营造良好法治环境》，《人民论坛》2019年第36期。

主义市场经济秩序罪”规定了关于市场经济相关的犯罪，在维护市场经济秩序方面起到了良好的效果。在这一章的刑法条文中既有专门对民营经济进行保护的条款，也有对所有市场经济主体进行一体化保护的条款。虽然这些犯罪类型并不只是针对民营经济市场主体，但是通过具体的罪名可以看到，民营经济在经营过程中有可能涉及的犯罪罪名众多。刑事罪名的规定不仅是对民营企业及民营企业家权益的保护，也是对违法行为的严厉制裁，具有两面性，刑事政策对经济生活、经营行为的干预，使得诸多企业家受到的损失得到保护，同时也使一些企业家因为自身的违规和犯罪行为遭受牢狱之灾。根据《2016 年度中国企业家犯罪报告》，602 起企业家犯罪案例中，民营企业家犯罪或涉嫌犯罪的案件有 267 件，占 44.35%。[①] 而改革开放以来至少有上百位有影响力的民营企业家落马，其中 20 多人曾名列福布斯或胡润百富榜，刑事法律风险已经成为企业，特别是民营企业在发展过程中面对的最大风险。一旦民营企业主因为犯罪问题进入监狱服刑，该民营企业的效益必然受到打击，严重的甚至会导致民营企业直接陷入破产境地。根据我国司法裁判的数据统计，民营企业家在企业发展过程中极易触犯的刑法罪名主要包括虚报注册资本罪、抽逃注册资本罪、挪用资金罪、职务侵占罪、单位行贿罪、非法吸收公众存款罪、集资诈骗罪、偷税漏税罪和虚开发票罪等。

当前，民营经济的刑事立法保护落后于民营经济宪法地位的变迁，更滞后于国家促进民营经济发展的政策导向，《刑法》对民营经济的保护方面并未及时回应宪法的指引。以投机倒把罪为例，1978 年我国实行改革开放政策，中央陆续出台了一系列鼓励和扶植城镇个体经济的政策，但 1979 年《刑法》仍然对相关商业行为设置层层壁垒，将长途贩运、私商批发等违反计划经济的贸易行为均规定为犯罪，并配置了最高法定刑死刑，致使刑法规制与政策导向严重脱节。直至 1997 年投机倒把罪才从《刑法》中被废除，但该罪名实质上则被分解为若干新的罪名，饱受争议的非法经营罪便是其中之一。由于该罪名极具扩张性，民营企业家触犯此罪的频率一直居高不下，2016 年还出现了将农民收购

① 《国企贪腐占比最重 融资类犯罪突出》，http：//china.cnr.cn/xwwgf/20170405/t20170405_523693591.shtml，2020 年 7 月 20 日访问。

玉米以非法经营罪论处的荒诞情形。[①] 在不断开放民营经济成长空间的新形势下，《刑法》中类似的罪名已经变成民营企业家的悬顶之剑。刑法与市场经济发展的显赫作用不合时宜，尤其与党的十八大以来，党和国家对民营经济在稳定增长、促进创新、增加就业、改善民生等方面充分肯定，并为此出台了一系列保护政策，《刑法》保护却显“滞后”，形成了强烈的反差。2016 年 11 月，中共中央、国务院发布《关于完善产权保护制度依法保护产权的意见》，针对实践中存在的利用公权力侵害私有产权、违法查封扣押冻结民营企业财产等现象时有发生的问题，提出了具体的保护要求。[②] 中共中央、国务院发布的《关于营造企业家健康成长环境弘扬优秀企业家精神更好发挥企业家作用的意见》（2017 年）高度肯定了企业家的作用，要求全社会要营造良好的社会环境，以此激励和尊重企业家；要建设好法治环境，依法保护企业家的合法权益，促进企业家诚信经营和公平竞争。可见，我国已从法律和政策等全方面营造起适宜的环境，为民营经济的发展持续向好奠定基础。但因为刑法具有强烈的严厉性，在适用中未能充分反映民营经济发展的政策导向，其保障性还未有效发挥出来。

民营企业家作为民营经济的代表，其开展经营活动的空间大小受制于法律的限定。民商法、经济法、行政法对于民营经济的调整范围有限，对于违反法律规定的处罚措施相对轻缓。但是刑法作为司法保障的强制性屏障，对市场主体的经营活动范围实现了全覆盖，不仅限定了民营企业活动的最终边界，并且涵盖了企业从设立、运营直至破产清算的全过程。刑事规制过严，介入民营企业违法行为过早，会让民营企业家的创新活力遭遇严重的阻碍，民营企业家推动经济发展的活力与创造力就会受到严重的影响。尤其在当前经济下行压力巨大的背景下，很多民营企业的生存遭受最大困境，在融资、用工等领域的行为，只要在不触及社会稳定，不破坏经济秩序的情况下，要从实际出发给予企业容错的

---

① 《农民收购玉米被判非法经营罪 最高法指令再审》，https://news.qq.com/a/20161231/000884.htm，2020 年 7 月 20 日访问。

② 汤涛：《完善财产强制措施 提升产权保护实效》，《检察日报》2017 年 4 月 9 日（第 3 版）。

弹性限度；在涉及某些政府本身存在过错的情形下，对民营企业和企业家的违法行为更应斟酌处理。当然，在企业经营过程中，民营企业家自身不能只顾低头拉车，必须提高法律风险和法律防范意识。具体到每一个项目，不要急于求成，要避免因为没有注意到的失误影响整个项目，不能触碰刑法的“高压线”，创新的举动和行为都应在法律的框架下而为。

第二节　民营经济立法存在的问题

民营经济的发展日新月异，但国家法律却具有一定的稳定性，尽管法律规范会随着民营经济的发展而进行相应的修订，但为了维护法律的稳定性，修订的过程始终具有阶段性和滞后性。唯有如此，才能让民营经济的发展具有合理的预期。即使民营经济的法律规范在制定之初具有一定的前瞻性，但随着经济和社会的发展，关于民营经济的法律规范都会产生一定的滞后性。而且不同部门法律的制定时间不同，有关民营经济的规定内容也有差异，使得上位法与下位法，各部门法之间会存在一定的矛盾。新的法律制定时，通常会在新法实施之日起，规定旧法的废止日期，但是一些政策文件并没有规定明确的失效和废止日期，使得很多政策性文件名存实亡，但还保持着一定的效力，导致关于民营经济的立法繁多。由于法律规范及政策文件清理不及时，导致关于民营经济的规范文件数量较多，但真正在行政执法和司法实践当中运用的法律规范并不多，甚至可能出现关于民营经济的规范性政策存在相互矛盾的情况。

地方政府部门在实施具体行政行为时，主要的依据是地方政府部门的规章，甚至是将红头文件作为具体行政行为的操作流程。这就使得各地关于民营经济的规范存在地域差异，而互联网经济的快速发展，早已打破民营经济经营的地域限制，一些偏远地区的特殊限制会导致民营经济的发展受到政策法规的限制，不利于民营经济的发展。另外，市场监管部门为了刺激市场发展，只注重民营企业的准入机制和审批程序，不注重民营企业的破产和市场退出机制，导致民营经济的立法体系不均衡，尤其是民营经济融资失败，资金链断裂之后，民营企业缺乏有序合法的市场退出机制，企业家只能等待企业的被动破产，一些融资企业甚至会触犯刑事法律，为了平息公众舆论怨气，政府部门和司法机关往往采取刑事法律的方法解决民营经济的问题，使得民营企业家往往因为经济陷入牢狱之灾，而公众的利益并没有得到有效维护，最后导致民营企业家身陷囹圄，公众投资亏损、血本无归，出现市场经济秩序紊乱的局面。

一　民营经济市场准入立法存在的问题

民营经济在新中国成立之初并没有得到足够的重视，那个时候，国家百业待兴，经济体制为公有制经济，经济模式为计划经济，国家优先发展公有制经济，并且对经济发展有较深的干预，国营企业作为国家经济发展的主要力量，占据了绝大部分的市场份额。对于民营经济的忽视使得这个阶段的民营经济法律规范相对较少，随着社会经济的发展以及改革开放的不断深入，民营经济地位持续高涨，市场份额、主体数量以及各方面的贡献快速增长，呈现“五六七八九”的特点，即数据表明民营经济税收贡献超过 50%，国内生产总值占比超过 60%，技术创新和新产品占比超过 70%，城镇就业占比超过 80%，对新增就业贡献率超过 90%，民营经济在国民经济体系当中占据了重要的市场地位，关于民营经济的立法内容也不断趋于完善。①

（一）《宪法》对民营经济性质确认的跟进不及时

《宪法》作为国家的根本大法，其中关于民营经济的规定决定了民营经济在我国经济体系中的地位，从 1982 年《宪法》对个体经济的认可，到 1988 年宪法修正案允许民营经济存在和发展，再到 1999 年宪法修正案承认民营经济是重要的组成部分，再到 2004 年宪法修正案进一步明确国家对民营经济的保护，宪法规定关于民营经济地位的变化充分体现了不同历史阶段民营经济在我国市场经济中所处地位的变化，同时也体现了民营经济市场准入制度的变迁。② 但由于我国法律制度体系不

① 叶英波：《民营经济发展的法制演进和立法探思》，《人大研究》2019 年第 10 期。

② 贾清：《宪法与时俱进是民营经济发展的根本保障》，《实践》（思想理论版）2019 年第 9 期。

够健全，关于民营经济市场准入的法律规定并没有专门的法律规范，而是散见于部门法以及地方性法规当中。对于民营经济市场准入机制的法律规范还存在诸多问题，民营经济在很多领域还有壁垒，尤其是关于国家能源和民生等领域，仍然由国有企业垄断，一些行业甚至存在允许外资企业进入，却将民营经济排除在外的情形，对于民营经济的发展以及市场经济主体的发展存在限制。2018 年宪法修正案当中并没有涉及民营经济的具体内容，自 2004 年宪法修正之后，到现在已经近 15 年的时间没有对民营经济的宪法规定进行修改，这 15 年的时间内，互联网经济的发展促进了民营经济的发展，民营经济的专门立法迫在眉睫，宪法应当对民营经济的地位和性质进一步作出调整和规范，使其成为制定民营经济专门法律的宪法依据，为民营经济的发展提供完善的法治保障。

（二）法律对民营经济市场准入的范围规定不明确

《宪法》对于民营经济的规定是对其性质和地位的肯定，是法律规范的立法渊源和立法方向。但是宪法只会给出指导性原则，且由于篇幅局限，对于民营经济的准入制度不具有可操作性。因此，对于民营经济准入制度的构建和完善，还需要部门法律和单行法律做详细规定。在现行法律规范体系中，没有专门法律对民营经济可以进入的领域和范围予以确认，市场准入的立法规范还需补足。

《民法典》的出台对于民营经济准入机制的完善提出了宏观的指导和规范。总则编确立了平等、公平、诚信、绿色等民法基本原则，将民商事法律制度中具有普遍适用性的规范纳入其中；《民法典》规定国家、集体、私人的物权和其他权利人的物权受法律平等保护，任何组织或者个人不得侵犯。民法通过建立多元市场主体制度，确立了民营经济的市场地位，构建起民营主体与其他经济主体平等的法律人格，《民法典》实现民营企业与国有企业的平等保护，对于民营企业发展而言是最大的利好，这是党和国家鼓励、支持民营经济发展的决心在立法上的体现。《民法典》为人们进入市场从事生产经营活动提供了更多更自由的法定组织形式，这些原则和制度成为民营经济市场准入的法律依据。①

经济法和行政法也为民营经济进入市场提供了法律保障，行政许可

① 殷晓莉：《为民营经济营造良好营商环境》，《甘肃日报》2020 年 7 月 21 日（第 7 版）。

一直是民营经济进入市场的法律障碍，行政许可门槛高、条件苛刻、办证时间长等现象严重阻碍了民营经济在特殊行业和领域的市场准入。笔者通过对10家商协会会员企业的调查表和线上小程序问卷调查，收回调查表1500份，涵盖农业、教育、建筑工程、房地产开发、进出口商贸、计算机信息技术、物流、餐饮、旅游、工业生产、销售等各个行业，主体类型涵盖个体工商户、有限公司、股份公司、上市企业，资产总额从数十万元到数亿元不等，可以说调查对象涵盖面广，具有代表性。问卷列举了审批程序复杂程度、审批时间长短、审批费用高低、审批材料多少、审批办理便捷度、审批服务态度及其他问题。问卷就民营企业在以上事项中遇到的问题进行调查得出以下数据，见图3-1。

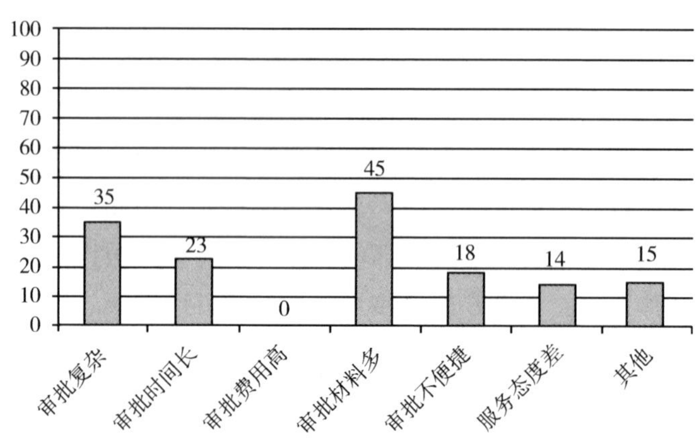

图3-1 民营经济市场准入遇到的问题

通过图3-1发现，调查中有企业同时填写几项的情况，反映出的问题也很明显：民营企业在行政许可的办理过程中较为显著的问题是审批申报材料多、审批复杂、审批时间长。

法律法规规定的前置审批曾有100多项，规章规定的行政许可更是数以千计，《行政许可法》修订生效之后，大量删减了行政许可审批的项目，并且规定地方性法规和规章不得设定企业设立登记及其前置性行政许可，这些规定为民营经济公平进入市场提供了法律保障，进一步保证了市场开放和公平竞争。① 从笔者调研的情况看（见图3-2），也可

① 刘东涛：《法治视野下民营经济市场准入研究》，《人民论坛》2016年第5期。

看出国家对市场准入的放开已经取得成效，但 1500 个民营经济体中有 270 个遇到了被限制进入某个行业的情况，说明仍有进一步再放开的空间。

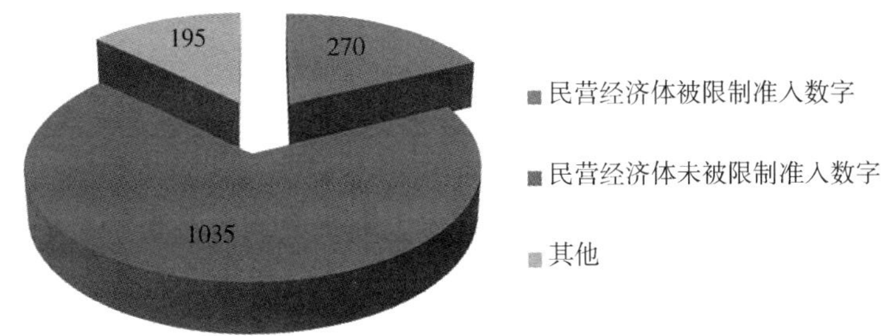

图 3-2　民营经济限制准入数额调查情况

长期以来，进口经营权总是掌握在国有企业和外资企业手中，民营企业不得从事进出口业务，2016 年《对外贸易法》修订时，扩大了对外贸易经营者的范围，将对外贸易经营活动的审批制改为备案登记制，民营企业也被赋予了对外贸易经营权，获得了市场准入资格。当然，并不是所有的法律对于民营经济的准入机制都是有利的，如《反垄断法》第七条就对有关国家安全和关乎国民经济命脉的行业排除在外。① 这样一来，国有经济就得到了垄断保护，使国有经济与民营经济的主体地位在某些领域和行业存在落差，进而形成对民营经济市场准入的限制。总体来看，有关市场准入的法律法规还缺乏系统性，较为散乱。近些年，几乎每年都在缩减行政许可事项，但统合性规范少，无法形成破除垄断的合力，使得民营经济市场准入缺乏保障。②

（三）政策性规范对民营经济市场准入的规定缺乏稳定性

为了确保民营经济的健康快速发展，国家制定和发布了大量的政策性文件，《中共中央关于完善社会主义市场经济体制若干问题的决定》（2003 年）要求及时清理和修订限制非公有制经济发展的法律法规和政

① 《反垄断法》第 7 条："国有经济占控制地位的关系国民经济命脉和国家安全的行业以及依法实行专营专卖的行业，国家对其经营者的合法经营活动予以保护，并对经营者的经营行为及其商品和服务的价格依法实施监管和调控，维护消费者利益，促进技术进步。"

② 刘东涛：《法治视野下民营经济市场准入研究》，《人民论坛》2016 年第 5 期。

策，放宽市场准入，使民营经济可以进入法律没有明确禁止的领域和行业，与其他企业享有同等待遇。[①] 国务院发布的《关于鼓励支持和引导个体私营等非公有制经济发展的若干意见》（2005 年）是我国第一部促进非公有制经济发展的文件，提出了平等准入、公平待遇的原则，强调放宽民营经济的市场准入。[②] 这些政策性文件充分表明国家为民营经济发展努力创造公平的法治环境，2010 年国务院对“非公 36 条”进行了改进和完善，进一步完善了民营经济的准入制度。虽然这些规定只是政策性文件，并没有上升到法律位阶，其法律效力等级较低，但是这些政策在制定过程中，更具有针对性，适用范围较广，具有全国性的指导和引领作用，能够让地方在制定政策时更具有可操作性。这些政策在现实当中，确实发挥了促进民营经济发展的作用，但不同政策之间却存在相互矛盾之处，如旧版“非公 36 条”鼓励民营经济以独资等方式建设公路、机场等项目，但 2006 年出台的《关于推进国有资本调整和国有企业重组的指导意见》则限制民营经济独揽七大行业，互相矛盾的政策让民营经济无所适从。要真正促进民营经济的发展，必须强调法治，以宪法、法律等取代政策。[③] 另外，随着社会经济的快速发展，一些政策性文件制定的经济基础已经不存在，继续适用将会对民营经济产生局限性，而且这些政策并没有法律明文规定的失效期限，一些政策没有得到及时清理，成为地方保护的合理性依据。

二　民营经济市场退出机制的立法不足

由于中国经济增速放缓，民营经济整体发展不好，部分产业进入高质量发展的镇痛调整期，民营企业风险不断加大，很多民营企业资不抵债、经营困难，出现民企负责人“跑路”的现象。以“跑路”的方式来退出市场，却留下了大量债权债务难以处理，严重扰乱了市场经济秩序，给民营企业带来不良信用。民营企业主“跑路”的主要原因很多，

① 冯建生、张庆侠：《民营经济市场准入的立法完善研究》，《河北师范大学学报》（哲学社会科学版）2011 年第 5 期。

② 因该文件只有 36 条，被俗称为“非公 36 条”。

③ 刘东涛：《法治视野下民营经济市场准入研究》，《人民论坛》2016 年第 5 期。

但归结起来，其中重要的原因之一是民营企业市场退出机制不完善，民营企业主对破产流程不熟悉，认为破产清算将耗费巨大的物力、财力，甚至误认为个人还要承担无限连带责任。近年来，放宽了对公司设立的法律条件，市场监管部门更多的是关注民营企业的设立数量，但疏于对民营经济的事中和事后监管，对于民营企业的市场准入机制规范较多，而对于民营经济的退出机制规定较少，导致我国民营企业市场退出机制相对欠缺。任何企业在发展过程中，所遇到的市场风险都不可预期，企业有设立程序和机制，就应当有破产和退出市场的机制，这样才能使市场经济秩序相对稳定。因此，在放宽民营企业准入条件以及出台更多扶持民企的优惠政策时，也要秉持优胜劣汰的理念健全市场化退出机制，建立公平、开放、透明的市场退出规则，完善企业破产制度，健全社会征信体系，褒扬诚信、惩戒失信，让濒临破产的企业负责人不再用“跑路”的非正常方式退出市场，而是通过合法的破产程序，完成民营企业的市场退出流程。关于退出机制，目前还存在以下两个方面的问题：

（一）退出机制的程序性立法不足

对于退出机制，我国《民事诉讼法》对企业破产做了较为详细的规定，符合情形的，人民法院应当依法做出裁定，宣告企业破产。[①] 民诉法放宽了退出机制，允许具有法人资格的民营企业申请破产，但个人还不能依法申请破产，有关自然人的破产制度还在试点探索之中。虽然民诉法将具有法人资格的民营企业纳入到破产程序当中，有利于民营企业的破产申请，对于完善民营企业市场退出机制提供了法律依据。但是因为范围受限，大部分民营企业仍然不具备申请破产的资格，尤其是小微企业，这不利于民营企业的市场退出，需要进一步完善退出机制。再加上退出时间周期长，需要的成本支出太大，很多企业主不愿意主动申请退出，宁愿消极搁置，社会上出现了大量的“僵尸企业”，这不利于市场经济秩序的构建，长此以往，会严重影响民众对企业经营的信心，诚

① 我国《民事诉讼法》规定：企业达到了破产界限，债务人申请破产的；或债权人申请宣告破产而债务人不申请和解，或者不能与债权人会议达成和解协议，或者和解协议被人民法院驳回的；或整顿期满，债务人不能按照和解协议清偿债务的；抑或企业在整顿期间，不执行和解协议的；或者财务状况继续恶化；或者实施了严重损害债权人利益的行为，从而引起整顿程序非正常终结的。

信度的失去对法治经济的破坏性不言而喻。

（二）退出机制的实体性立法不足

我国《企业破产法》对企业退出市场做了相应的规定，即当企业资产不足以清偿全部债务，或者清偿能力显著缺乏，不能清偿到期债务时，债务人可以向人民法院提出重整、和解或者破产清算申请。但我国的《企业破产法》仅适用于具有法人资格的国有企业、外资企业与民营企业，而不包括合伙企业、个人独资企业和个体工商户。[①] 也就是说，不是所有的企业因经营管理不善造成严重亏损都可以依照《企业破产法》宣告破产；不具有法人资格的企业无法申请破产。另外，对债权人申请企业破产的，也存在一定的限制，如与国计民生有重大关系的企业、政府有关部门给予资助或者采取其他措施帮助清偿债务的企业，都不予宣告破产。我国民营企业数量规模巨大，占据数量最多的是合伙企业、个人独资企业和个体工商户，其中个体工商户 8261 万户。[②] 但却没有“个人破产法”，因投资者要承担无限连带责任而无法达到破产的法律条件，这为大量民营经济主体带来了沉重的经营负担，近年来，大量因为经营不善的“无限连带责任者”从过去的“富翁”变成了“负翁”，这充分暴露出我国民营经济在市场退出方面的实体性立法存在缺失。

对民营经济立法环境的评价，其中办理破产案件的情况是重点指标之一，允许所有市场主体适用统一的市场退出机制才是公平竞争的体现，也才符合优胜劣汰的经济发展规律。我国为了健全民营企业市场退出机制，发改委、最高院等十三部、委、局共同发布了《加快完善市场主体退出制度改革方案》，推动建立公平竞争的市场退出机制，倡导构建可统一适用于国有企业与民营企业、法人组织与非法人组织、自然人的市场退出制度。[③] 该方案通过顶层设计来构建营商环境的法治规则

---

① 王丽美：《企业破产原因应然内涵新探——兼论〈企业破产法〉的完善问题》，《法学杂志》2014 年第 2 期。

② 习近平：《在企业家座谈会上的讲话》，http：//www. xinhuanet. com/politics/leaders/2020-07/21/c_1126267575. htm，2020 年 7 月 28 日访问。

③ 《个人破产制度破冰　市场主体退出改革提速》，https：//baijiahao. baidu. com/s？ id = 1639267148598055655&wfr = spider&for = pc，2020 年 7 月 29 日访问。

体系，重视市场主体的破产退出，完善府院联动机制，提升破产审判的专业化水平，提出完善破产重整制度和清算制度，鼓励设立破产案件援助基金，大力培育破产管理人队伍，大幅提高办理破产的能力。同时还提出建立个人破产制度，解决自然人在破产企业中承担连带责任问题，推动符合条件的自然人负债可依法免除，适时出台个人破产法。通过一系列法律制度的构建和完善，民营企业破产问题将会逐渐得到解决。

目前，一些省市积极制定并颁布了《关于支持民营企业发展的若干意见》，简化民营企业破产退出机制，如建立网上注销服务区，通过“云端”即可注销企业，精简注销材料，简化注销流程，大大降低了成本。这些政策规定极大简化了民营企业退出的程序和流程。但问题是，13 部委局的方案以及各省市的做法都只是政策性的规定，很多甚至只是“纸上”的倡导，没有具体的可操作性，更没有转化为立法，其宣扬了一种改革的方向，而现实的需求要得以及时适用还为时过早，从立法上真实体现仍需要长时间的等待。

三　民营经济刑事法律规制存在的问题

民营企业在经营过程中，容易遇到各种各样的纠纷，这是市场经济的逐利性和竞争性决定的，对于民营企业的纠纷，既可以通过企业之间协调解决，也可以根据民事领域的法律规范进行解决，如果民营经济在经营过程中违反合同法或行政监管，按照相应法律规定承担违约责任或接受行政处罚即可，民营企业家通过调整企业经营方式或策略，就可以让企业重新走上正轨，这不会严重影响民营经济的发展。但是，民事法律规范和行政法律规范的处罚措施只是针对那些侵权或民事违约较轻的行为，民事法律制裁和行政处罚并不能遏制那些严重的违法行为。针对破坏市场经济秩序等违法犯罪行为，必须依靠刑法才能打击，但刑法的制裁结果会造成系列问题，一旦刑法介入民营经济的违法行为，就会使企业家进入监狱服刑，丧失人身自由，其所掌控的企业就可能濒临倒闭或破产，企业经营过程中的上下游关联企业都会受到相应的影响，企业员工也陷入失业的困境。为此，在针对民营企业违法行为的刑法制裁上，要秉持谨慎的司法适用理念，避免刻板套用法条。在现实中，常常存在不顾及民营企业和民营企业家成长的特点及其对国民经济的贡献，忽视法律规范缺失导致的边界模糊问题，刑事过早干预市场主体之间的民事经济纠纷。虽然通过刑事惩戒的方式解决了法律纠纷，但是并没有真正解决社会矛盾和衍生问题，并且严重打击了民营企业家创新发展的动力。

由于刑法是最具强制力的法律，制裁手段非常严厉，过早或过度介入民营企业的经营行为，则会严重扼杀市场创新。[①] 一般情况下，一旦企业经营者被司法机关采取强制措施，银行就会催还贷款，上下游供应商就会打破与涉案民营企业的正常贸易关系，对企业和企业主家庭都是致命的打击，引发一系列危机。[②] 通过对近几年民营经济涉及犯罪的情况进行研究发现，民营经济的刑法规制出现了新的特点，主要表现为以下三种情况：

一是融资犯罪成为民营经济犯罪的高发领域。特别是集资诈骗、非法吸收公众存款等经济类犯罪，涉案金额大，牵涉人数众多，对社会的稳定带来巨大负面影响。在此类经济犯罪案件中，大多都是由于企业在经营过程中缺乏资金所致，企业通过传统的银行贷款无法实现融资，则采用向社会融资、民间借贷、项目众筹等方式进行，一旦出现资金链断裂，数量规模众多的投资者就到处举报、信访，企业负责人就涉嫌集资诈骗、非法吸收公众存款等犯罪。如国内较为典型的“e租宝”非法吸收公众存款案、云南泛亚诈骗案、安徽利华房地产公司非法吸收公众存款案等。这些案件都有一个共同的特点，即涉案金额特别巨大，受害人众多且来自于各个行业、阶层。

二是涉及土地环境的犯罪逐步凸显。随着国家倡导“绿色”发展以来，对破坏生态环境资源、土地资源犯罪打击力度的空前巨大，涉嫌环境资源类、破坏土地类案件呈上升趋势。过去长期的经济发展历程中，很多企业习惯于粗放式的发展模式，将企业应该担负的排污治理成本直接转嫁给社会，向社会肆意排污，造成社会治理成本的剧增，给国家、社会、民众造成了不可挽回的损失，这些年，国家经济发展的理念从追

① 刘宪权：《涉民营企业犯罪案件的刑法适用》，《法学杂志》2020年第3期。

② 李永红：《论非公经济刑事司法保障中的政策指引》，《经济师》2019年第4期。

求高速发展转为高质量发展，那些还习惯于过去随意排放污染物的行为就遭到刑法制裁。同时，在土地的利用上，国家采用严格管控的态度，对于未经批准的违法使用行为都将受到严厉制裁，且在被判处自由刑的同时，还处以巨额罚金。

三是涉税案件增多。税收是国家财政的重要来源，很多民营企业将追求企业和个人经济效益作为唯一目标，或为了追逐个人利益最大化而损害了企业利益，以致不择手段，走上犯罪道路。如指使财务人员利用做假账偷逃税，自己虚开增值税专用发票或为他人虚开增值税专用发票等，隐瞒经营收入，虚列支出，减少纳税，使国家税收征管制度遭到严重破坏，这些行为看似是个体行为，但对整个社会经济秩序的正常构建产生不良影响，严重歪曲了公平的竞争秩序，践踏了国家税法的强制性尊严，不利于民营经济发展的法治环境塑造。

从这些刑法规制的新特点来看，有一些行为是民营企业本身逐利所致，必须予以制裁，如涉税犯罪，就要通过严厉的制裁构建其有序的法治经济秩序。但有一些犯罪行为，却是制度缺失原因导致，如企业传统融资渠道不畅导致的自身融资行为，在未出现资金链断裂时，司法机关对该行为不予以提醒和警示，甚至很多地方政府还出面站台招商引资，一旦资金链断裂就定性为犯罪，这就需要谨慎对待，要从立法上严格对各种情形加以区分。

第三节　支持民营经济发展的立法完善

民营经济的发展受到政策的影响较大，政策变动过于频繁，不利于让民营企业对于政府产生足够的信赖。为了更好地发展民营经济，通过立法方式，将政策文件当中有益于民营经济发展的制度措施进行法治化。因为法律具有一定的稳定性，通过法律的确定性和稳定性，让民营经济能够安心发展，同时通过法律规范的形式，对民营企业的成立、审批、交易以及纠纷解决方式进行全过程规制，让民营企业与其他社会经济主体具有同等的法律地位，保障民营企业参与市场公平竞争，从而为民营经济的发展提供更为健全的法制保障和更为广阔的市场发展空间。

一　民营经济市场准入法定化

习近平总书记提出，要营造良好的营商环境，促进民营经济快速发展，立法必须先行。只有通过立法方式，不断完善民营经济的法律体系，充分发挥法律的引导和规制功能，让民营经济在发展过程中有法可依。民营经济面临的普遍问题还是市场地位的公平对待问题，其中一些行业最大的壁垒是垄断经营和特许经营，由于国家经济安全和部门利益的多种原因，民营经济在国计民生和重要行业中，存在严重的垄断壁垒。虽然一些部门规章规定民营经济可以参与部分垄断行业的业务竞争，但是由于部门保护主义，对民营企业设立各种限制条件，使民营企业与国企竞争过程中，明显缺乏竞争优势。归结起来，其重要原因之一就是规定民营经济参与竞争的法律规范效力层级较低，应通过立法，将民营企业具备竞争特殊行业的规定纳入法律层面，通过法律规定切实保障民营经济的法律平等权。

立法机关是我国的权力机关，立法机关重视民营经济发展的表现方式就是通过立法手段，完善有益于民营经济发展的法律规范体系。从纵向关系来看，立法机关分为中央立法机关和地方立法机关。根据我国立法法的规定，中央立法机关包括全国人大、国务院及其各部委等国家层面有立法权的中央领导机构，地方立法机关主要是指各省（自治区、直辖市）的人大、省政府和具有立法权的较大的市人大。中央立法具有全国统筹性，目前《宪法》已对民营经济的法律地位予以明确和保护，而各个部门法律的颁布实施，也对民营经济的发展提供了越来越完善的法律保障，无论是《民法典》对民营企业地位的确立，还是行政法中对民营企业行政许可的简化，抑或是刑法对民营经济轻微犯罪的非刑罚处理，都凸显出中央立法机关对民营经济发展提供了十分宽松的法律环境。一方面完善的法治环境为民营经济运行提供了规范性程序，同时为民营经济运行过程中产生的法律纠纷提供法律解决途径；另一方面宽松的法律环境为民营经济提供法律支撑，通过对刑法中有关市场经济的罪名及量刑进行修订完善，让民营经济发展尽可能摆脱严刑酷法的桎梏，让民营企业家能够放开手脚，在市场经济竞争环境中大有作为。

为了更好地建立民营经济市场准入机制的法律体系，可以更加明确地制定民营企业市场准入的统一条件。长期以来，民营企业在一些领域被禁止或限制进入，公平进入市场参与竞争是给予民营企业最大的保护，目前法律层面却对民营经济进入的行业和领域未做明确规定。尽管当前已经出台了很多消除歧视性规定的准入政策，但实际操作中，民营企业仍被“隐形”阻隔，应当围绕审批许可、招投标、经营运行等方面，通过立法规定市场准入实行负面清单制度，清单之外均可平等进入，为民营企业打造公平的竞争环境。针对调研中民营企业反映受到不公平对待的问题，除国家另有明文规定外，应允许民营企业与国有企业公平竞争，鼓励和支持民营资本参与国有资本混改；在基础设施、公共服务领域让民营企业也可以平等进入、平等经营，在招标投标、政府采购活动中禁止出现限制或者排斥民营企业行为，对此要建立相应的追责机制，保障准入制度的平等执行。① 更重要的还有，要让负面清单及混改落到实处，不能只停留于纸质文本，将类似规定公诸于世，让民营企业清晰了解。

由于我国地域范围广阔，各地经济发展水平参差不一，民营经济发展状况也存在较大区别，立法机关在做出全国范围的统筹立法之后，各地方立法机关根据当地的经济水平可以制定适合当地民营经济发展的地方性法规和地方规章。如 2020 年 1 月 16 日浙江省制定了《浙江省民营企业发展促进条例》。地方性法规和地方规章一方面是对法律实施的细化；另一方面也是针对当地具体经济发展水平，制定适合当地民营经济发展的法律规范体系。通过地方立法细化民营经济的准入规则，让行政机关带头守信，确保准入政策的稳定性和连续性，不得以政府换届、行政区划调整、机构或者职能调整以及相关责任人更替等为由违背承诺，不能让民营经济在发展过程中因地方政府主要领导调整和政策法规的变化而受到不利影响。②

---

① 袁红艳：《浅析民营经济可持续发展的法律保障机制》，《中国集体经济》2020 年第 6 期。

② 《浙江出台条例促进民企发展》，《人民日报》2020 年 4 月 14 日。

二 民营经济政策措施法治化

要想完善支持民营经济发展的法律制度，一方面是将原政策和地方法规当中较好的经验做法和制度规范上升到法律层面，利用法律效力的升级，让该制度规范能够惠及更为广泛的民营企业；另一方面则是针对当下社会环境和经济条件下，民营经济面临的法律困境，进行深入探析，通过问题的剖析解决过程，实现法律经验的积累，将法律制度体系化。

民营经济的各项要素都是经济制度中的重要组成部分，从企业家主体到保障企业家权益的各项制度设计，都应围绕法律关系的构成要素来展开，权利要充分彰显，政府各项义务要明文记载，让服务于经济环节的各类政务部门都认真履责、尽责，才能真正营造出一个促进民企发展的良好营商环境。长期以来，党都把民营经济发展放在重要的位置来抓，通过立法方式，将党对民营企业的支持通过法律进行制度化、程序化，通过法治化确保程序与实体的正义，让民营企业的行为能够有法可依，遇到纠纷时不是向政府反映，到政府信访，而是可以通过合理的法律救济途径，维护自身的合法权益。

商业活动最重要的就是诚信，而国家对于民营企业最重要的利益维护就是信赖保障，让政府的政策承诺转化为法律法规，转化为有规律性的法律规范，只有国家通过法律制度的形式，让民营经济发展的政策环境以及发展方向有合理的法律预期，民营经济才能在稳定中求得持续性发展。① 通过政策的法治化，可以让民营企业的经营行为在法律规制的范围内，通过合理合法的经营行为，带动企业的快速发展，同时促进社会整体经济秩序的稳定。

党的十八大以来，中央为支持民营企业和民营企业家密集发声，专门就支持民营企业或民营企业重大关切的问题先后出台了《关于完善产权保护制度依法保护产权的意见》（2016 年 11 月）、《关于营造企业家健康成长环境弘扬优秀企业家精神更好发挥企业家作用的意见》（2017

① 刘艺灵：《“民营经济”：寻求一种确定性的解释》，《福州大学学报》（哲学社会科学版）2020 年第 3 期。

年9月)、《关于充分发挥职能作用为民营企业发展营造良好法治环境的意见》(2018年11月)、《关于营造更好发展环境支持民营企业改革发展的意见》(2019年12月)、《关于构建更加完善的要素市场化配置体制机制的意见》(2020年4月)、《关于新时代加快完善社会主义市场经济体制的意见》(2020年5月)、《最高人民法院、国家发展和改革委员会关于为新时代加快完善社会主义市场经济体制提供司法服务和保障的意见》(2020年7月)等。这一系列的文件可以看出国家对民营经济发展的重视，文件从市场要素的建立、民营企业自身以及全方位的法治保护都做了规定，但要注意的是，这些都只是政策文件，在执法、司法中无法直接援用，不能内化为政府各界以及民营企业自觉遵守的规范，不能起到法治的强制力作用。我国民营经济自中共十一届三中全会后随着改革开放的脚步逐渐从无到有、从弱到强，尊重市场经济发展规律，通过法治规范政府和市场的边界，在法治框架内调整各类市场主体的利益关系；通过依法平等保护各类市场主体产权和合法权益，以产权保护激发生产力；通过法治构建起统一开放、竞争有序的市场体系，打造出公平公正的竞争环境，保障民营经济行稳致远。[①] 如今，密集型的政策已经营造出全国上下对民营经济发展给予支持保障的热潮，要借此热烈的狂潮转化为一条条可以适用的法律条文，形成从市场准入、经营管理、市场规制到破产退出的系统性法律法规体系，让民营经济发展不是在倡导中发展，而是在既定的轨道上不需要出台诸多文件就可以规范发展。

三　民营经济规范文件适时化

无论是民营经济的准入机制还是退出机制，无论是民营经济的设立程序还是破产程序，民营经济自诞生成立之日起，到破产清算之日止，其行为都必须受到法律的规制和保障，只有利用法律将民营企业的行为框定在法律的范围内，法律才能对民营企业的行为予以保障和维护。法律具有稳定性，正是法律的稳定性使得公众对于法律规定下的行为具有合理的预期，但同时也是法律的稳定性使得法律具有滞后性。民营经济

① 甄奇：《给民营企业更多安全感》，《中华工商时报》2019年12月31日(第3版)。

发展至今，相较于以前，已经发生翻天覆地的变化，不管是在组织形式的设立上，还是在经营行为的变化上，抑或是在政府保障的边界方面，都产生了巨大变化。这就要求对于一些不合时宜的法律规范，要及时进行清理，要么是通过修订法律，及时将存在漏洞的法条进行修改，让法律规范能够与时俱进，对于当下存在的问题能够有效进行规制；要么是通过立法的方式，颁布实施新法，有效弥补既有部门法律存在的空白。也可以通过立法的方式，将旧法予以废止，让符合当下时代发展的法律作为民营经济发展的法律依据。改革开放初期，我国制定了《私营企业暂行条例》和《城乡个体工商户管理暂行条例》，《私营企业暂行条例》允许私营企业存在和发展，但采取限制性监管，民营企业的自主权限范围十分有限。随着我国宪法的修改以及民营企业相关法律的出台，《私营企业暂行条例》的规定与新制定的上位法存在矛盾和冲突，虽然该条例被搁置，但是长期未被废止，直到 2018 年才被国务院清理废止。而《城乡个体工商户管理暂行条例》则在《个体工商户条例》制定后被同时废止。国家应当针对民营经济的法律规范进行筛选，对于已经不符合当下社会经济发展实际的法律规范和已经有新的法律规定予以取代的政策法规，进行及时清理，保障民营经济发展中适用最新的法律规范，保障民营经济健康有序发展。

经济基础决定上层建筑，法律在保障民营经济健康发展的同时，民营经济也会促进社会整体经济的发展，进而对国家法律产生影响。① 一方面是随着时代的发展和进步，法律需要不断立法完善，使法律保持与市场创新的同步性；另一方面不合时宜的法律规范会对社会经济的发展产生阻碍，不能起到促进和保障作用，因此，要将那些不合时宜的法条或者法律规范予以废止，及时清理不利于民营企业发展的规范性文件，防止存在冲突的法律文件导致民营经济在发展过程中受到不利影响。在具体清理过程中，对市场准入、产权保护、投融资、公平竞争等重点领域，就民企反映强烈的“堵点”“梗阻”和“瓶颈”问题持续推进清理修改工作，将现行法律法规和规范性文件中有悖于平等保护原则、不利于民营经济发展的相关内容，及时予以废止或者调整完善，避免让一些

① 汤新华：《民营经济发展法治保障亟待加强》，《新湘评论》2015 年第 14 期。

过时的法律法规条款成为营商环境优化的“绊马索”。如在 2018 年，司法部将是否存在对民营企业的歧视性问题进行合法性审查，组织地方和部门开展“放管服”改革和制约新动能发展涉及的规章、规范性文件专项清理，废止或宣布失效规章 379 部、修改规章 284 部，废止文件 43722 件、修改文件 4398 件。[①]

① 傅政华：《为民营企业发展营造良好法治环境》，《人民论坛》2019 年第 36 期。

第四章　民营经济发展的政府职能转变

民营经济发展至今，我国已涌现出一大批规模大、技术含量高、效益好的企业，如华为、小米、阿里巴巴等，但是民营经济在经营中依然有着很多困难，一些困难制约了民营经济的整体发展。如民营经济市场面临着无法扩大的局面，产能过剩、同质低价竞争突出，企业利润率低，国外市场开拓阻力强大，甚至被国外实施针对性的制裁等。再如面临融资困难，民营企业与国营企业的融资并不公平，一些国有企业融资低廉，而民营企业融资难、融资贵，缺少相关法律的支持与保障，甚至部分企业家的财产和人身安全无法得到保障的情形。面对诸如此类的困难，需要政府积极有为，从多方面入手实际解决。从政府职能视角看，要求行政许可公开透明，规制和管理民营经济和公有制经济采用统一法律规范；政府在依法规制市场行为时，要维护好市场经济秩序，定好位、行好权。同时，政府支持民营经济的发展，应建立“亲”“清”的政商关系，政府和民营企业之间不应存在权钱交易等现象，不应该违反法律追求自己不当的利益。

第一节　民营经济发展与政府职能转变

一　民营经济发展的行政许可及改进

（一）民营经济发展的行政许可现状

行政许可是行政行为的重要内容，在社会行政管理过程中广泛存在，行政许可具有维护社会利益、保护企业权益的功能，可通过法律的规定对行政许可申请人的行为进行有效管理和控制。许可制度派生的一项重要立法就是行政许可法，其对社会经济进行规范，在经济社会中被广泛实施。在一个市场不能完全放任发展的经济时代，行政许可是国家干预经济的重要体现，行政机关接受行政相对人就有关参与市场经营的准入申请后，依据现行法律所设定的条件对相对人的申请事项进行全面审查，判断相对人是否具备从事特定经济活动的资格。通过审核许可，将不符合要求的主体隔阻在行业之外，尽可能筛选出合格的主体参与到市场竞争之中。我国早在2003年就通过了《行政许可法》，并于2019年进行修订。

长期以来，我国在计划经济体制下政府对市场的干预很深，其中行政审批是过度干预的鲜明体现，滥用行政审批权屡见不鲜，腐败在行政审批领域中不断滋生。《行政许可法》秉持高效、便民的立法原则，为行政机关划定了自由裁量的范围，具体事项的准入条件被固化，对行政许可事项进行规范，行政审批权被大幅削减和弱化。审批制度通过立法被不断修改、调整和完善，行政许可事项大幅减少，行政审批权受到限制，行政许可内外部环境得以改观，如此一来，政府行为被有效规范，腐败概率大大减小。在目前的行政许可准入规定中，对市场主体的许可实行负面清单模式，仅在部分经济领域内不向民营企业开放，除了清单上的禁区外，其他领域和行业民营企业都可自由准入。[①] 长期以来，“弹簧门”“玻璃门”“旋转门”这“三重门”一直困扰着我国的民营经济发展，市场准入负面清单制度的实行对各类市场主体，尤其是民营企业具有十分重要的意义，是一项针对民企改革的巨大进步和制度促进。以《市场准入负面清单（2019年）》为例，共列入禁止准入类和许可准入类事项131项，减少事项20项，缩减比例为13%。如将“消防技术服务机构资质审批”“职业技能考核鉴定机构设立审批”等10余项事项放开，进一步放宽市场准入门槛。[②] 同时，进一步提升清单使用的便捷性，梳理合并部分事项，将不符合清单定位和不属于市场准入需要审批的事项移出，进一步突出准入边界的法定化。可见，我国的市场准入清单不但越来越短，而且增加了相当多的信息公开内容，公布清单主管部

① 董成惠：《“权力清单”的正本清源》，《北方法学》2017年第2期。

② 《新版市场准入负面清单再“瘦身”缩减比例达13%》，https://baijiahao.baidu.com/s?id=1650952968298359607&wfr=spider&for=pc，2020年8月5日访问。

门，市场主体可清晰知晓相关信息。目前，政府还在不断清理违规设立的准入事项，产业结构、政府投资、互联网、主体功能区等全国性市场准入类已经被全部纳入，力图构建全国一张网的负面清单，对清单事项统一编码，为实现清单事项“一目了然、一网通办”奠定基础。[①]

市场准入负面清单制度的重要价值和功能就在于将市场准入环节的管理综合化、条理化和规范化，形成一张明晰的清单，公布于社会，大大提高市场主体的预期。通过市场准入清单的实施，统一公平的市场准入体系逐渐被构建起来，对民营企业来说，创业投资的空间越来越大，清单也对政府部门合法行使权力起到了巨大的监督作用。市场准入清单实施“非禁即入”，这就使民营企业的自主经营权和决定权得以充分实现，这也是民营企业翘首企盼的愿望，对进一步发挥市场在资源配置中的决定性作用十分有利，为激发民营经济提供了巨大活力。当前，我国的外商投资准入负面清单与市场准入负面清单已经共同编织成国家统一的市场准入规范体系，无论是境内民营投资者，还是境外投资者，只需查阅负面清单，就可以了解到哪些行业和领域业务能否投资，不再像过去那样从大量的法律法规及规范性文件中去找寻，大大降低了民营企业的时间成本和决策成本。以重庆市为例，2020 年 6 月发布了《关于支持民营企业改革发展的若干措施（征求意见稿）》，明确支持民营经济进入铁路、油气等领域，一些原来民企较少涉足的如铁路建设、水电气经营等行业将会有更多民间资本注入。[②] 同时，“放管服”改革的推进，也极大地便利了企业的办事进度。以云南为例，早在 2018 年开始就实施“放管服”改革“六个一”行动，即实施“企业开办时间再减一半”“项目审批时间再砍一半”“政务服务一网办通”“企业和群众办事力争只进一扇门”“最多跑一次”“凡是没有法律法规依据的证明一律取消”

① 《新版市场准入负面清单再缩减 多个领域许可放开》，https：//baijiahao. baidu. com/s? id=1650950332689584915&wfr=spider&for=pc，2020 年 8 月 5 日访问。

② 《关于公开征求〈关于支持民营企业改革发展的若干措施（征求意见稿）〉意见的通知》，http：//fzggw. cq. gov. cn/hdjl_167/yjzq/202006/t20200602_7534036. html，2020 年 8 月 5 日访问。

六个行动。[①] 又如江苏南通市从最大限度方便企业和群众办事角度出发，推行以“网上办、集中批、联合审、区域评、代办制、不见面”为主要内容的“不见面审批”改革，加快形成“不见面审批、零缺陷服务、精准化监管”的办事理念。[②] 再如江苏盐城市，引入信用承诺审批，通过引入行政契约，把遵守社会规范的责任传导给企业和社会中介机构，政府回归到监管地位。可见，对民营经济行政许可改革已经取得了巨大的改变，这为民营企业从事经济活动拓展了便利空间。

（二）民营经济发展行政许可的问题及改进

行政许可是对市场主体从事经济行为的限制与干预，是政府在现代经济社会行使权力的具体表现，加强对行政许可制的改革其实就是对政府干预权的限制，这也是“有限政府理论”的要求，要对政府行使审批权进行法治约束。尽管各级部门都在实施“放管服”改革，建立“一站式”政务服务平台，降低企业获得行政许可的时间和精力成本，各级政府也取消了许多审批事项，放宽了民营经济进入市场的门槛，对政府的权力滥用予以有效限制。[③] 但根据调研的情况反映，目前还存在一些问题，如一些部门仍存在不当许可的情形，国务院部门规章和规范性文件还是秉持“利于监管”的观念，为审批设置了太多太细的门槛，要求提供一些不必要的证明文件，导致地方部门在操作中想清理或改革，但却没有权限，致使市场主体不满意。另外，由于行政许可事项大多由部门单独立法设定，导致缺乏统一的具体法律标准，各地方、各部门在实际操作中标准各异、执行混乱、自由发挥，市场主体在面对各部门的要求时难以应对，调研中有企业反映在同一个市的不同区申请许可出现不同的要求，致使企业对政府的信任度下降。鉴于此，针对民营经济发展的行政许可问题还有改进的空间。

---

① 《云南省实施“放管服”改革“六个一”行动》，http：//special.yunnan.cn/feature16/html/2018-05/31/content_5230747.htm，2020 年 8 月 5 日访问。

② 《加快推进全市“不见面审批（服务）”改革实施方案》，http：//www.nantong.gov.cn/ntsrmzf/2017ndlq/content/50af83fe-3b29-43c1-ba9d-26905ba72975.html，2020 年 8 月 6 日访问。

③ 黄少卿、王漪、赵锂：《行政审批改革、法治和企业创新绩效》，《学术月刊》2020 年第 6 期。

一是进一步完善市场准入制度。减少不必要的审批事项，尤其是放宽民营企业进入公共服务、基础设施建设等领域的准入条件，公平对待各类市场主体，不分国有企业和民营企业，在公共服务和市政基础设施项目招投标等领域切实做到公平对待，提高各类市场主体的获得感和满意度，消除针对民营企业的歧视性对待。另外，要公平对待大企业和中小企业、个体工商户，在解决大企业市场准入问题的同时，要关注个体工商户、中小企业等市场主体的准入问题。我国地区经济发达程度不一样，避免地区差异，要对不同地区的企业公平对待，做到本地企业与外地企业一视同仁。[①] 让更多民营企业有机会参与市场竞争，提升整个市场的有序竞争格局，改进服务或产品的整体质量状况。

二是进一步优化行政许可的流程。随着现代科技手段的提高，尽管很多地方已经通过无纸化、不见面等方式改进了行政许可申请及办理的方式，但在实际材料的要求上，要尽可能细化，给予申请人明晰的解释，让申请人能清楚理解材料要求，便于准备和提交；另外，在许可办理的时间规定方面，尽可能列明每一个环节的时限，明确每个部门的具体办事流程以及所需时间，让申请人有较为直观的预期，增加政府部门的服务流程透明度，申请人也可享受到程序化的服务体验。[②] 甚至要避免相关部门利用申请人不到场的“隐形办公”方式拖延或敷衍办事，耽搁申请人的事务；同时，要在流程中规定时限到期后的处理后果与后续处理的流程和方式，对于不予许可的，部门自身要给出充分的论证，即详尽解释为什么不许可，或者需要补充什么材料，不至于让申请人走到尽头，无路可走。在实际操作中，尽量通过现代科技手段如微信公众号、便民服务 APP 等及时发布信息和服务资讯，拓展互联网模式下的服务渠道，促进并联审批与统一审批，实现网上一个入口对公众，一个入口对部门，让公众与部门有机链接起来，最大限度地让企业少跑

① 赖先进：《改善优化营商环境的举措、成效与展望——基于世界银行〈营商环境报告 2020〉的分析》，《宏观经济管理》2020 年第 4 期。

② 阳军、刘鹏：《营商环境制度完善与路径优化：基于第三方视角》，《重庆社会科学》2019 年第 2 期。

路。[1] 充分彰显现代服务型政府的外观服务模式，增强申请人对政府服务的认同感和体验感，改变长期以来政府服务过程中的“自我”感觉良好心态，转变被动服务、消极服务的“公权作祟”理念。

三是进一步加强一定范围内的许可统一。尽管在国家层面对许可的事项已做了规定，但各地方在实务执行中存在理解偏差，且由于上下位法或政策规定的不一致，导致在操作层面存在差异，给申请人造成政府不统一的直观感受，毕竟在申请人看来，任何一级政府部门都代表政府，而各级政府部门不同的要求和做法只会减损整个政府本身的信誉和形象。为此，在法律层面、政策层面要尽可能统一，尤其区域范围内同一层级部门之间需统一，如一个城市不同区（县）不应该有区别，一个州（市）在辖区范围内的县要统一。中国地域广袤，东西部省份地区有一定的差异可以理解，但在省内不应有太大的差异，这是维护政府诚信的基本要求。

二　民营经济发展的政府监管及改进

现代法治政府的基本要求首先在于政府职能的彻底转变，做到简政放权、依法行政；政府在不断创新监管，文明执法，为突出服务型法治政府，不断提升政府本身的公信力。[2] 2018 年 11 月，习近平总书记在中国国际进口博览会开幕式主旨演讲时强调中国正在“营造国际一流营商环境”。[3] 2019 年，李克强总理在全国深化“放管服”改革优化营商环境电视电话会议上指出，我国的营商环境要与国际先进水平对标。[4] 中共十九届四中全会进一步明确指出，要深入推进简政放权、放管结合、优化服务，深化行政审批制度改革，改善营商环境，激发市场

① 阳军、刘鹏：《营商环境制度完善与路径优化：基于第三方视角》，《重庆社会科学》2019 年第 2 期。

② 姜明安：《推进落实法治政府建设新要求》，http://theory.people.com.cn/n1/2018/0115/c40531-29765006.html，2020 年 8 月 7 日访问。

③ 习近平：《共建创新包容的开放型世界经济》，《人民日报》2018 年 11 月 6 日（第 3 版）。

④ 赖先进：《改善优化营商环境的举措、成效与展望——基于世界银行〈营商环境报告 2020〉的分析》，《宏观经济管理》2020 年第 4 期。

各类主体活力。[①] 归结起来，其中的核心内容之一就是要创新政府的监管方式，营造良好的营商环境。

我国的营商环境目前已经有较大的改善，但与世界一流标准比较，还需要做出努力、完善相关制度，进一步落实“放管服”工作。关于“放”的内容在前文已经专门做了讨论，在此不再赘述；“管”即公正监管，促进公平竞争；“服”即高效服务，营造便利环境。总的来说，就是要使政府的主导作用得到充分发挥。虽然简政放权已经取得了巨大改进，但不能放松政府的规制和监管，民营经济在发展中政府监管仍然是克服市场失灵的重要内容，有效的政府监管是营造良好经济秩序的重要保障。因此，在现代经济社会中需要放管结合，创新监管方式。具体来说，有以下几点需要注意：

（一）科学全面统筹政府监管

民营企业涉及的监管部门较多，现实中多部门监管导致民营企业为应对检查和监管将耗费大量的精力和时间成本，在面临经营压力的同时，很多企业本身还忙于各种经营管理和市场创新，政府监管之手不能再把更多的压力放在企业，而是为企业提供宽松的监管环境。针对一些领域存在各自为政、放管脱节、分散监管等问题，政府应制订更为科学、系统、全局的监管方案。协调不同部门的力量，通过放管衔接、信息共享、联合奖惩等方式，整合成一个有机衔接、通力配合、网格化、分布式的全链条系统，统筹推进政府监管，促进多网融合、多平台合一，避免多头管理、一拥而上的现象，切实提升政府监管效能。要实现监管有更高层面的统筹，有必要吸收部分“强势”职能部门人员参与，对监管工作进行科学性、立体性和系统性的统筹规划。在这种大统筹的模式下，注意设置好统筹部门及具体参与人员的监管职责。[②]

（二）多渠道优化政府监管结构

当前，很多行政部门监管力量不足，工作人员数量太少，专业人员

---

① 赖先进：《哪些优化营商环境政策对经济增长影响更有效？——基于全球 162 个经济体的证据》，《中国行政管理》2020 年第 4 期。

② 阳军、刘鹏：《营商环境制度完善与路径优化：基于第三方视角》，《重庆社会科学》2019 年第 2 期。

相对紧缺，在编制规模不能及时改变的情况下，要解决监管能力提升的问题，可考虑通过优化整合部门内部人员结构，对一些经验丰富的部门所作出的监管示范全面推广，进而整体上实现监管能力的提升。在全国大一统的局面下通盘考虑政府监管效能的提高，欠发达地区可以向发达地区学习，中西部地区可以向东部沿海地区学习，加强国家层面的资源整合，发挥监管渠道的功能示范效应。目前，市场经济环境复杂，市场在不断发生变化，市场主体的行为也出现各种异化，政府的监管更加综合、更加专业，这就需要强化对监管人员的专业和综合技能培训，改善监管人员的素质结构，重点培养一批“一专多能”的监管人员，确保综合监管与专业监管有机整合和协调配合，如加强市场监管、城市监管和土地监管的有机结合。在现实操作中，可以建立综合监管部门或者联席监管机制，构建和细化不同模式下的监管流程、监管职责和监管救济机制。①

（三）科技赋能助力政府监管效能

现代政府监管已经跨越了传统的现场监管，随着科技化程度的提升，很多地方已经建立起较为先进的监管手段，充分发挥科技手段、智慧数据在政府监管工作中的作用，如当下税务部门采用“金税三期”“金税四期”，功能之强大、监管之严密就是税务监管的典型代表。再如，交管部门在城市各个路段安放的智能拍摄系统，对维护良好的交通秩序起到了重要的监管作用，节约了大量的现场交警执法人员。针对复杂多变的市场经济环境，要创新政府监管，将科技监管、综合监管与信用建设有机结合起来，充分发挥市场主体的参与性，全面提升监管水平。政府部门要充分借助现代互联网、云计算、大数据的资源，切实加强同科技公司的合作，发挥科技赋能的作用，构建政府的大数据监测系统，实现数据资源的共享与合作，整体实现科技监管。当然，在利用科学技术助力政府监管的过程中，要充分做好法律制度的改进与构建，注重隐私保护与政府监管的统一，做到数据保护、科技资料的证据合法化，使监管的手段和监管结果法治化。

① 程波辉、陈玲：《“放管服”改革视域下社会治理创新：一项研究框架》，《理论探讨》2020 年第 4 期。

（四）结合信用建设增强政府监管

信用是企业最有价值的隐形资源，很多企业非常珍视自身的信用状况，希望保持良好的信用记录。笔者在调研中，一些被列入失信人名录的企业主或企业对此非常重视，特别是那些还想继续经营的企业或企业主，信用对他们尤其重要。鉴于信用存在的巨大价值，目前，市场监管部门将有问题的企业列入“异常名录”就是发挥信用监管价值的举措，包括法院系统采用的“限制高消费”“失信人名单”制度等。虽然这些是司法执行中的举措，但也彰显政府信用监管的重要性。在理论上，将信用纳入监管内容，进而触动被监管对象的监管痛点，让被监管对象主动调整经济行为，实现监管的“回应性”。政府通过信用建设引领广大的市场主体尊重信用价值，探索将广泛的信用要素纳入信用体系建设，增强信用体系的广泛度和覆盖面，让民营企业自主珍视信用，使政府的信用监管能充分发挥作用。当前，为了加强信用监管在民营企业中的实效性，需不断加强信用的教育宣传力度，继续提升信用监管的执行力度，增强信用建设的可操作性和实践性，提高失信成本，提升信用监管的震慑性，改变市场主体的预期结果，从而实现市场主体的自我监管。①

三 民营经济发展下的政商关系改善

政府与企业是推动我国经济发展的“两个车轮”，政府与企业的关系影响着企业的发展，企业在市场经营中需要与政府保持良性互动来获取企业所需的信息和技术，政府为企业的发展能营造良好的外部环境，从宏观上保持经济的健康和稳定发展；同样地，企业的发展可增加政府的税收来源，为社会公共产品、就业和公共福利提供保障。

政商关系是政治关系与经济关系的联结，是政府与企业的互动。有学者从政府干预与法律遵循的维度，将政商关系分为四种模式：政企分治型、政企合作型、政企伤害型和政企合谋型（见图4-1）。②

政企伤害型和政府合谋型都是政府与企业通过违法违规的手段来达

① 阳军、刘鹏：《营商环境制度完善与路径优化：基于第三方视角》，《重庆社会科学》2019年第2期。

② 彭向刚、马冉：《政企关系视域下的营商环境法治化》，《行政论坛》2020年第2期。

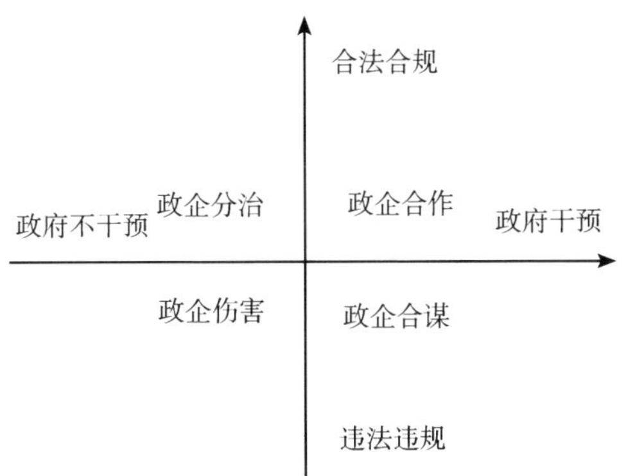

图 4-1　政商关系模式

到获取利益的目的；随着反腐倡廉的高压监管，这两类关系得到很大遏制。政企合作包括三种关系："父子式"的政府强、企业弱的依附型合作关系；"手足式"的政府和企业对称的合作关系；政府弱、企业强的不对称合作关系。政企分治型中，合法合规的政府和企业只是在分工上有所区别。对于经济运行中的不正当关系，主要就是要通过法治来规范和调整"政企伤害型"的市场与政府的行为，让其朝着良性合作型政商关系迈进，尤其是要形成一种"手足式"的对称合作关系，改变地位不平等的状态。

（一）法治保障政商关系的必要性

全面依法治国，建设社会主义法治国家，是中国特色社会主义的本质和要求，是人类文明进步的重要标志。[①] 法治是最好的营商环境，作为影响营商环境建设中最重要一环，政商关系当然需要用法治来予以保障，就当前的政商关系而言，还存在许多问题，如一些部门滥用权力侵害民营企业的合法权益，或是法治观念落后、缺乏平等意识和诚信观念等问题，这都需要法律来进行规制和保障。

政商关系首先是一种市场经济关系，法治是市场的基础，作为上层建筑的法律，对经济具有反作用，通过法律来选择、确认、促进和保障经济基础的发展，法律调整市场经济的同时，也规制和平衡了市场关

① 袁莉：《新时代营商环境法治化建设研究：现状评估与优化路径》，《学习与探索》2018 年第 11 期。

系。法治是政商关系良性发展的保障，法律能有效制约国家权力，以法律来规定政府部门的权限和职责范围，保障在政商关系中政府公权力的合理合规使用，转变政府的意识，打造服务型政府，促进企业的发展。[①] 法治是民营企业权益的保护网，法治可以保障民营企业的合法权益不受侵犯，当权益受到侵害时法治给出恰当的救济手段；法治是维护市场竞争的公平之秤，通过法治才能保障市场主体的利益在市场中得到公平合理分配。[②]

政商关系也是一种政治关系，是政府对企业的管理和指导，以及企业对政府政策和法律的遵循。法治是规范政府和企业关系的边界线，政府发挥对市场的指挥棒作用，对企业加以规制和宏观调控，不直接干预企业的经营，企业遵守国家的政策规范，积极履行社会责任，政府为企业的发展提供合法合规的帮助，在企业发展的同时促进政府的财政收入及社会治理，实现企业与政府的良性合作。

对政商关系的法治保障也是经济全球化发展下的必然要求。一方面有助于打破当前发展过程中遇到的瓶颈，从而更好地释放出内生动力，实现企业与政府的良好互动关系，政府与企业携手以便更好地应对国内外的风险和挑战，更好地适应经济全球化；另一方面，通过政商关系的法治保障，才能更好地促进企业“走出去”和“引进来”，为我国的社会经济发展提供不竭的动力，促进企业的改革创新。[③]

（二）法治保障政商关系存在的不足

政商关系不是水火不容的关系，正如前文所述，政府和企业的分治与合作只要建立在合法规范的基础上，就能促进社会经济的和谐发展，保障民营经济的合法权益，彰显政府服务职能的发挥。但目前对政商关系的规范还存在一些法治上的不足。

一是行政职能转变滞后。一些部门在经济建设中承担了大量的职能，仍然习惯于用市场准入、行政审批等手段插手干预企业正常的经营活动，在企业的经营管理中经常越界、越权，以政府为主导，职能转变

① 闫冬：《浅析法治是最好的营商环境》，《科技与企业》2013 年第 19 期。

② 陆娅楠等：《法治是最好的营商环境》，《公民与法》（综合版）2019 年第 5 期。

③ 李弘雯：《构建新时代法治化营商环境》，《中国经贸导刊》（中）2020 年第 6 期。

滞后，缺乏对自己职权的正确定位，服务型政府意识不强。依法治理能力与经济发展需要不适应和不匹配，很多时候一些部门的经济管理行为过于功利和短视，只注重当前的经济效益而忽略长久的利益，导致经济缺乏可持续性。在市场经济规制或行政执法方面，没有做到合理合法、公平、公正，使得对政府的认同感降低，企业获得感不足，企业难以认同政府的执法行为、指导行为和引领行为，政策难以施行。在矛盾解决上，大多依靠行政强制手段解决矛盾问题，柔性执法、行政指导使用不当，使得矛盾被激化，处理矛盾的效率及效果较差。

二是法治平等意识缺乏。当前，尽管政府的法治意识整体上有很大提高，但仍有政府部门及工作人员观念没有切实转变，特别是一些基层政府的法治化程度较低。政策缺乏相对稳定性，朝令夕改，民营企业在发展自身的同时还要疲于应付时常变动的政策，使企业发展也动荡不安，经济基础薄弱、应变力较弱的企业在变动中很可能趋向于消亡。另外，一些政府官员的更替对于政府工作的连续性造成影响，“新官不理旧账”使企业求诉无门，同时新任官员更替后，通常会推行新的执政改革，政治环境的改变使企业赖以存在的营商环境也随之改变，不把企业当作平等关系下的主体来对待，企业经营随政策改变而发生决策动荡，信赖利益受到侵害。再有，一些部门平等法治观念落后，强权干预企业的经营行为，甚至剥削企业，无视企业合理的诉求。在政商关系中，政府多处于权威地位，公权力明显高于私权利，很多民营小微企业依附于政府才能得以生存和发展，但政府不把企业当作法律意义上的平等主体来尊重和对待，在招商引资过程中，承诺没有考虑是否符合实际以及可行性，导致项目在实施过程中遇到资金困难，使得招商承诺难以兑现，政府成为企业眼中的失信者。笔者调研中，政府招商引资承诺兑现情况也不容乐观（见图4-2），其中有26%的承诺不能兑现，另外26%是顾虑重重难以言表，也说明情况不是很令人满意。

还需强调的是，平等法治观念的薄弱导致政府在进行决策和行为时，忽略法律的规定，过度追求本部门甚至私人的经济效益而违法违规侵害国家、集体和企业的权益，违法出让土地、侵占商业用地等行为频频出现。在政企互动中出现越权和越界的行为，在行政执法过程中有法不依、执法不严、程序不规范。在行政处罚上经常超过企业的承受能

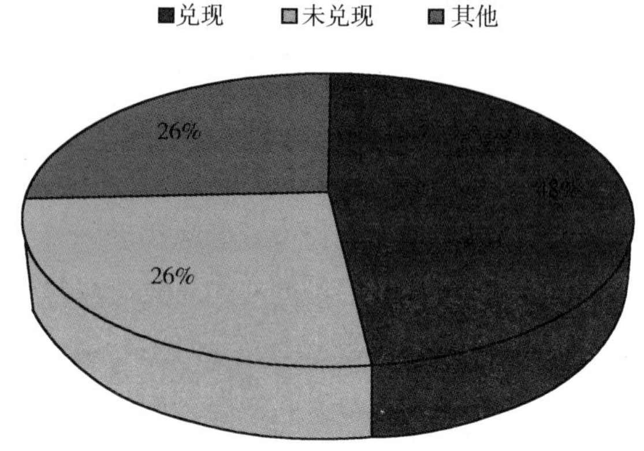

图 4-2 政府招商引资承诺兑现数据

力，缺乏合理性和比例性。

三是政府行政缺乏规范。在现实涉企政策制定中，一些政府部门未充分考虑实际情况及执行时的可行性，不考虑上下级政府的政策协调性，出现下级政府制定出的政策与上级政府制定的政策相冲突，导致依据下级政府政策而与政府有合同关系的企业利益受损，损害政府的诚信度。政府在制定政策时制定内容或是制定程序不合理，损害政府的权威性。在笔者调研中，就出现一家企业在区级政府的招商引资政策吸引下投资建盖了康养基地，但上报到市级相关部门办理相关产权证件时遭到阻碍，市级部门说该康养基地所在区域没有市政规划，导致该企业的产权办理拖延 10 年之久，企业资金链断裂，已经被搁置 10 多年。另外，政策的执行直接关系到企业经营的决策和政策的实际落地，部分政府在制定政策时仅作原则性规定，缺乏细致的程序性规定来切实规范执法主体的执行行为，政府对政策的理解出现偏差，导致执行有误；或政策赋予政府的自由裁量范围较大，使执法人员在贯彻执行时滥用权力。

四是政企沟通机制不健全。政企缺乏有效的沟通机制，形式大于实质，沟通大多演变为检查和走访，出现走而不访、访而不回，带回去的问题如石沉大海，沟通主观随意化，缺乏实际有效性，时间一长，很多企业不屑与政府部门进行交流。在笔者调研时，一些企业提出，政府部门基本都是以开会的形式传达政策，文件传达完，会议就结束，很多时候企业已经不愿意去参加一些部门通知的会议，或是随意委派企业员工去应付。体现出在政企沟通中，一些地方政府部门依仗强权蛮横行事，难以真正放下身段去服务和关怀企业，为企业发展提供有效信息，或进行有效的行政指导，或是认真听取、合理采纳企业所提出的诉求或建议。信息不公开、不透明，企业若不近距离接触政府部门的工作人员，就很难得到及时准确的信息；另外，由于缺乏行之有效的信息集中机制或高效的信息集中平台，导致企业在与政府沟通时，获取信息缺少系统性、完整性和有效性。

（三）政商关系的法治改善

2016 年 3 月，习近平总书记在全国政协十二届四次会议上明确提出构建“亲”“清”新型政商关系。[①] 政治和商业密不可分，如何构建“亲”“清”的政商关系，最重要的是要强调政府和企业的交往不能够超越法律和违法，不能掺杂着腐败，要推进政商关系的规范化，保持政商关系的纯洁性。具体而言，构建“亲”“清”的政商关系可从以下几个方面着手：

首先，切实转变政府职能。政府人员在与企业的交往中，要避免“经济人”式的政府行为，从直接的经济管理行为模式转变为积极主动的服务型政府模式，从政府主导转变为政府与企业互动合作模式，深化“放管服”改革，简政放权，压缩行政行为自由裁量的范围。[②] 制定涉及企业相关利益的政府决策和行政立法时，要提升民营企业作为市场主体的参与性，政府要主动倾听企业的诉求以及他们对市场情况的判断和反映，依法帮助民营企业解决生产经营中遇到的困难和问题，杜绝权力寻租。[③] 转变政府职能还要特别注重治理能力的提升，运用法治思维和法治方法去提供政务服务，平衡好国家利益与企业利益之间的关系，引导企业依法表达诉求、依法理性维权并且服从于法律的规定。强化政府的市场监管职能，建立起制度化、规范化、法治化的市场监管体系，创

① 《习近平谈治国理政》（第 2 卷），外文出版社 2017 年版，第 264 页。

② 李旭东：《营商环境建设中的政府角色转变》，《黑龙江社会科学》2019 年第 3 期。

③ 成协中：《优化营商环境的法治保障：现状、问题与展望》，《经贸法律评论》2020 年第 3 期。

新各类监管方式，形成多元共治的市场化、法治化监管新格局，依法加大对各类不正当竞争和垄断行为的处罚。

其次，提升政府法治意识。营造良好的政商关系，重在增强政府工作人员的法治观念，秉持“法无授权即禁止”的理念开展行政工作，做到任何行政部门都不法外设权，任何行政行为都于法有据，从源头上遏制和预防政府任何违法违规的行为。厘清政府与市场的边界，确立有限政府，做到依法行政，严格规范执法。在涉企行政行为中，要明确执法主体的权限、程序和内容，将行政执法活动具体化、公开化，尽可能通过法律来规范和细化自由裁量权。行政处罚要遵循审慎宽容的原则，要遵循合法性、合理性以及比例原则，以警示教育在先，重教轻罚。在处理经济管理职权与法律规范的关系上，通过完善立法和强化司法威慑力来控制行政权力的滥用。[①] 加强政府内部对权力行使的控制力，将行政自制与立法、司法相结合，突出政府自我预防、自我发现、自我纠错的内部控制机制。落实简政放权，完善约束机制，公布权责清单和负面清单，强化对于清单执行情况的监督以及落实责任追究机制。[②] 注意以上各项机制的融合与协调，让制度更具合理科学、富有效率，最终促进民企健康发展。

再次，规范涉企行政行为。涉企政策的制定必须以法律为依据，坚持不侵害企业的合法权益为底线，不得妨碍市场主体的公平竞争，更不得干预市场主体的正常经营活动。在制定政策时，政府要积极履行决策法定程序，尤其在制定涉企重大决策时，可邀请相关企业参与，安排企业代表列席并发表意见，认真听取企业的意见和建议；建立政策统筹协调机制，避免政策之间发生冲突，保持涉企政策的稳定性，注重诚信理念，推动各级地方政府所出台的政策要履约到位，勇于接受民企和其他社会公众的监督，建立起以“信用”为核心的监管机制，增强政策制定的信任度，做到“旧账”也是账，不因官员的更替而遭受搁浅。[③] 培

① 崔卓兰、刘福元：《论行政自由裁量权的内部控制》，《中国法学》2020 年第 4 期。

② 雪珥：《新型政商关系的根基》，《董事会》2014 年第 4 期。

③ 王建沂：《优化营商环境需要分四步走》，《中国中小企业》2018 年第 4 期。

养官员的责任意识和诚信，建立起对失信政府的惩罚机制。[①] 在涉企政策的执行方面，让政策切实准确地落实到位，强化政策的宣传和推广，对政策的受众提供政策解读、咨询服务，提升政策在民企中的知晓度；建立政策反馈机制，在政策的施行过程中，收集企业的建议，注重政策之间的协调性；尽可能细化政策的执行措施，行政执法人员能严格依照政策来执行，同时给予企业一定阶段的调整期，避免企业应变不力和接受能力受限的问题。

最后，创新政企沟通机制。在现代科技社会，可以运用大数据、云平台等技术手段，创新立体沟通平台，打破部门壁垒，畅通信息渠道，推动涉企各项优惠政策和服务透明化，构建和完善政府信息的公开制度，整合政府内部的信息，建立起跨地区、跨部门、跨层级的政府信息互动系统；打破政府与企业间的信息不对称。[②] 对企业提供技术支持，增强企业的信息化水平，提高企业自身准确获取信息的能力，把政府所掌握的信息输送到企业，实现政府与企业间数据的共享，从法律层面落实数据的开发规则，明确数据开放的各种要素，如内容、权限等，建立起以大数据为基础的“一站式”信息系统，实现企业与政府间信息的无缝对接，为帮助民营企业解决各种实际困难和问题畅通信息渠道。另外，政府应建立制度化、常态化的政企沟通机制，健全企业诉求表达机制和对政府的互动反馈机制，使民营企业能及时向政府反映问题，政府也能及时解决困难。[③] 组织鼓励民营企业家参加各种协会、商会和座谈会，搭建政企沟通平台，让制约民营经济发展的问题得到及时的反映。建立直接联系企业制度，政府定期或不定期深入联系企业，广泛收集企业在发展中存在的问题和企业对政府政策的反馈，畅通企业反映问题和政企交流的渠道。[④]

---

① 袁曙宏：《深化行政执法体制改革》，《行政管理改革》2014 年第 7 期。

② 姜丽华：《国家治理现代化视角下构建亲清政商关系的五个维度》，《江苏省社会主义学院学报》2020 年第 2 期。

③ 刘建华：《政府服务职能亟待优化》，《施工企业管理》2013 年第 10 期。

④ 乔羽、李炳：《构建“亲”“清”新型政商关系 助力民营企业健康稳定发展》，《经济师》2019 年第 5 期。

第二节 民营经济发展与政务公开

政务公开是行政机关为了提高服务社会的质量和效率，便于让包括民营企业在内的社会公众获取信息，为公众提供信息的一项政府基本服务工作，是建设服务型政府最基本的要求，也是民营经济外部环境的重要保障。民营企业在经营发展过程中，要与很多行政部门发生联系，行政部门的政务信息对于民营企业而言十分重要。公开是权力的防腐剂，民营企业可以依据公开的权责清单寻求政府部门帮助，或者政府部门接受企业的监督。

一 政务公开对民营经济发展的价值

落实政务公开，就是以制度安排形式把政务活动贯穿政务运行全过程，权力运行到哪里，公开和监督就延伸到哪里，以公开促落实、促规范、促服务。① 政务公开能够提高政府工作的透明度，规范权力运行，能够使政府公信力、执行力增强，提升国家治理能力，加强政府和民营企业之间的联系，优化法治环境。这些年来，各级政府已经充分意识到政务公开对本地区经济社会健康发展的重要性，为了提高政务公开的质量，让权力在阳光下运行，各地政府从政府组织体系架构到法律层面都做出了不少努力。政务公开为政府职能转变和服务提升发挥了积极作用，为打造和优化法治环境奠定一定基础，有利于促进经济高质量发展和营商法治环境的优化。

（一）政务公开有利于保障民营企业的监督权

营造民营企业发展的良好法治环境关键是要全面建设好法治政府。② 法治政府构建中重要内容之一就是政务活动必须公开，市场经济本质上就是法治经济，如果无法将政务活动放在阳光下接受公众的监督，不能做到政务运行的全流程公开，就很难根除权力寻租、权钱交易

① 姜明安：《论政务公开》，《湖南社会科学》2016 年第 2 期。

② 刘俊海：《营商环境法治化的关键》，《中国流通经济》2019 年第 8 期。

和“暗箱操作”等损害民营企业的情形。[①] 国家治理法治化是国家治理现代化的必由之路。[②] 政务信息的全过程公开就是法治的应有之义，有利于避免吃拿卡要、推诿扯皮、“踢皮球”等恶劣现象，有利于民营企业打消对政府的怀疑，提振投资者信心，降低交易成本。[③] 政务公开是影响法治环境的关键因素，是营商环境的重要指标，也是一个地区或者国家经济健康快速发展的基本保证。[④] 政务公开要将政府权力的启动、运作以及监督的全过程向社会依法及时公开，促进政府工作人员依法行政，有效减少政府内部部分人员搞“权钱交易”，可有效防止政府的权力失控、决策失误以及行为失职，政务信息公开直接关系到民营企业的监督程度。

（二）政务公开有利于提升民营企业办事的便利性

政务公开可以让民营企业更方便地了解到政策动态及涉企信息，减少民营企业审批手续的时间，节约信息收集成本。世界银行每年发布的《营商环境报告》，均把开办企业、办理施工许可证等事项的手续、时间、成本指标作为首要衡量依据。我国力图全面推进政务公开，打造标准化、一体式的政务服务平台，下放行政审批权限，缩短行政审批流程和业务办理时间，如将各个事项的办理所需材料文件提前在本部门网站公示，保持各部门服务电话畅通等。这样可以倒逼行政部门提高办事效率，改掉官僚习气，使行政审批流程缩短，使民营企业办事的便利性不断提升，真正做到服务型政府。

（三）政务公开有利于提高民营企业的国际化水平

在全球化贸易的今天，国际水平较高的经济贸易都极度重视民营企业走出去，良好健全的政务公开系统是民营企业了解国际事务、国际贸易政策的重要前提，也是国际投资的重要参考。世贸组织明确表示：透明度是世贸组织成员国贸易活动的基本原则。要想实现信息透明度，就要求世贸组织成员国及时对外公布其所制定和实施的贸易措

---

① 姜明安：《法治国家》，社会科学文献出版社 2015 年版。

② 张文显：《法治与国家治理现代化》，《中国法学》2014 年第 4 期。

③ 顾艳辉等：《交易成本视角下的法治化营商环境分析》，《技术经济与管理研究》2019 年第 3 期。

④ 辛华：《用法治打造良好营商环境》，《中国市场监督报》2019 年 5 月 21 日（第 3 版）。

施及其变化情况，使相关贸易方能够充分应对可能出现的贸易情况。这就意味着，全面推进政务信息公开，有利于政府提升经济服务能力，朝国际发达国家政务公开标准、惯例及其规则看齐，将政府的权力运作标准、流程及政务服务的过程、结果向外界公示，通过简单、高效、便捷的政府信息公开制度来打造优良健康的营商环境，对我国民营企业参与国际高标准贸易投资、继续提高融入经济全球化水平具有重大意义。

二 涉企政务公开目前尚存在的问题

尽管我国的政务公开已经取得了巨大的进步，但还存在着一些需要解决的问题，目前仍有提升和优化的空间。

（一）责任清单形式混乱

当前，政府内部政务公开责任清单并没有如同权力清单那样有较为清晰的规定，在实践中，出现各种各样的责任清单，导致追责较难，有时政府行政人员对于违反政务公开规定缺乏预期性。我国一些省份采用的是单一的职务清单，如江西，只简单规定了政务部门的义务性事项，并没有明确规定对政务公开失职人员的追责问题。① 而云南等省份则采取截然不同的追责性清单模式，这种清单的特点是既在责任清单中明确规定了政府的职责性和义务性事项，还明确规定了对违反规定的政府工作人员的追责性和惩罚性事项。② 毫无疑问，选择单一职务性清单还是追责性清单将会产生两种截然不同的结果，单一职务性清单没有规定对违反规定的政府工作人员的惩罚内容，出现工作人员违反规定追责时则显得“苍白无力”。所以，单一职务性责任清单无法有效提高政务公开水平。不管是单一的职务性责任清单还是追责性责任清单，清单的内容有各种各样的设计构造，如“部门职责+职责界限”二元型或“责任事项+追责情形+追责依据+救济途径”多元型等。从全国范围来看，责任清单构造不一致对于政务公开人员的管理作用也不同，没有统一、合理

① 江西政务服务网，http：//www. jxzwfww. gov. cn/? flag=1，2020 年 8 月 7 日访问。

② 《云南省各级部门权力清单和责任清单》，http：//qingdan. ynbb. gov. cn/show_list. html? departmentId=01dd5d2d493d491aa651342be473ccab，2020 年 8 月 10 日访问。

的责任清单，民营企业难以便捷查看和监督。

（二）政务公开平台不健全

在当前科技发达的背景下，政务活动的很多信息基本都是通过线上进行公开。国务院已明确要求各级政府优化服务功能，加强公开平台建设。[①] 尤其 2020 年以来，受新冠肺炎疫情的影响，全国各地大力推行政务公开信息尽可能利用互联网，让群众少跑腿。各级部门要求简化审批流程，让政府服务更加优化，利用互联网方便快捷的优势使政务公开流程更加清晰透明，既方便民营企业及时了解信息，又节约了政务公开成本。然而，在实践中出现了各种各样的问题，如一些政务服务大厅面临着多套系统办公、多个办事流程、用户反复登录、信息重复录入等问题；政务公开网站上有些事项根本无法查到，有些事项虽然可以查询，但是查到的只是一个事项名称的"空壳"，无法点击获取详细内容。有的政务公开网站，不及时更新信息，网站成为摆设；或线上线下信息不匹配，实体政务窗口可以查询到的信息在政务公开网站上却无法查询，民营企业有时候为了查询、获取信息，必须到实体政务大厅窗口才能了解到。另外，一些政务公开线上服务平台虽然设置了在线访谈、便民信箱、民意征集、在线答疑等栏目，但基本都无法联系，反映的问题大多也是如"石沉大海"，政务平台流于形式，功能没有真正体现出来。

（三）政务公开信息共享不足

一些政府部门仍存在各自为政、互不沟通的情况，部门之间的政务系统不兼容，各个部门的信息共享率较低。各个部门只对上级单位负责，本部门的信息也只对上级主管部门公布，平行部门之间信息彼此独立，且由于对信息安全的顾虑和对本部门利益的考虑，有的部门并没有将本部门的某些关键信息纳入部门之间信息共享的范围之内。尤其一些年纪较大的工作人员抗拒政务公开，对政府各部门之间信息共享重要性认识不足，不愿意主动和其他部门共享本部门信息和资料数据，导致部门之间出现"信息孤岛"现象，跨单位、跨层级、跨区域的共性或综

① 《国务院办公厅关于印发 2019 年政务公开工作要点的通知》，http：//www.gov.cn/zhengce/content/2019-04/29/content_5387400.htm，2020 年 8 月 10 日访问。

合性信息资源共享存在问题，严重影响了民营企业办事效率的提升。政务公开信息优化是政府机构从臃肿的层级制转向高效的扁平化的重要途径，由于政务公开流程的不断优化，必然会涉及政府部门权责的重新分配，触动某些部门的利益，一些政府工作人员受到部门主义思想影响，对政务公开信息改革产生不小抗拒情绪，所以，政务信息公开的推进必然会面临来自政府内部的不小阻力。

三 涉企政务公开的进一步优化建议

（一）完善政务公开权责清单

政府涉企行政既包括政务公开内容的制定、政务公开的决策，也包括政务公开的监督等，这些行政内容都将影响政务公开的进程，决定政务公开的基本方向。目前，我国各个省份建立的各式各样、不相统一的政务公开权责清单导致政务人员责任承担不一致，有些地区权责清单甚至没有规定具体的追责程序和惩罚机制，权责清单变成一纸空谈。对此，要完善政务公开权责清单，将政务公开决策权、政务公开内容和公开规则的制定权等重要权力进行梳理和规范，确保政务公开精细化、科学化。利用权责清单依法规范政务公开主体的权限，提高政务公开的质量和效率。

另外，在政务公开权力运行的流程中，要明确所有行使政务公开权力的组织、部门和关键工作人员，明确公开的权力种类，如审批权、监督权等，明确政务公开权力运行的具体流程，规范政务公开权力运行的关键环节，同时要根据政务公开权力种类、具体流程以及相应的政务公开环节来确定政务公开权责清单，丰富权责清单的内容和范围。通过权责清单规范办事程序、决策过程、结果评估、监督问责等措施，确定各部门应承担的责任。同时，根据政务公开权力行使的顺序、步骤和程序，制定出完善权力运行从决策、执行、检查到问责等诸多环节的制度体系，建立起更符合民营企业发展的服务型政府，优化民营企业法治环境的建设，助力社会主义市场经济迅速发展。

（二）政务公开法定化

通过立法明确规定政府单位之间以及单位内部之间政务信息公开的主体，明确各个主体政务公开的职责和权限，分工明确、责任到人，避免主体之间在政务信息公开上“踢皮球”“耍滑头”。在实践中，一些部门掌握的信息相互重叠，在公开这些重叠信息时，有些部门偷懒耍滑，避免增加本部门工作量，故意不公开重叠部分信息，坐等其他部门公开。为了规制这种不作为，应该以立法形式明确各部门职能范围，划定各单位的职能界限，同时对可能存在交叉职能的单位，规定政务信息公开的具体解决方法和细则，使政务公开主体法定化，从源头上解决政务信息无人公开的困局。另外，只要是涉及民营经济的政策信息，都应该依照程序予以公开，对符合要求的信息如果不加以公开，要受到严格惩罚，通过立法进一步规范政务公开流程，促进服务型政府建设，为民营企业提供简单明了易于查询的政务信息，使民营企业对当地政府政策具有预期性，提高民营企业获取政务信息的效率，优化民营企业营商环境。

（三）统一政务公开机构

改革创新体制机制，进一步优化民营企业发展法治环境，是建设现代化经济体系、促进高质量发展的重要基础。全国上下都聚焦简政放权、转变政府职能、打造服务型政府，一些地方政府对外成立了专门的政务公开机构，负责各个政府部门信息的收集、整理和公开，民营企业只需要在该政务公开机构就可以了解到本地区任何政府部门发布的政务信息。这样可以极大地提高民营企业获取政务信息的效率，不需要民营企业再东奔西跑。[①] 更为重要的是，所成立的政务公开机构不仅应是一个政务信息公开机构和管理机构，还应是一个信息发布机构或政务宣传机构，要将各种政务信息予以公开，民营企业可自由获取信息，这个机构可通过听取民企反馈的信息，对反馈信息进行汇总整理后向相关政府决策部门汇报。该机构承担着连接政府与民企之间信息沟通的重要作用，为政府决策提供重要的信息支撑，可推进政府高效管理，是重要的参谋机构，为民企发展提供便捷化的环境保障。[②]

（四）完善政务信息获取救济机制

在获取政务公开信息的过程中，民营企业的一些诉求可能会被政府

① 李洪雷：《营商环境优化的行政法治保障》，《重庆社会科学》2019 年第 2 期。

② 后向东：《论营商环境中政务公开的地位和作用》，《中国行政管理》2019 年第 2 期。

部门驳回，政务公开部门对驳回是否合法合规，民营企业在被驳回后如何获取救济，这是完善政务公开的重要环节。为了回应现代行政的法治要求，需畅通民企信息获取的救济机制，具体而言，民营企业可遵照“同级复议，上级复核”的原则在第一次获取政务公开信息受阻时，向原申请政务信息公开部门申请复议，也可以向上级部门申请复核，给予民营企业灵活的救济渠道，依法保护民营企业获取信息的权利。另外，要赋予民营企业拥有起诉政务信息公开部门的权利，简化诉讼流程，最大限度缩短维权时间，降低民营企业起诉成本，不仅要做到让民营企业“可以诉”，还要做到让民营企业“敢于诉、放心诉”，畅通民营企业用法律获取政务信息的权利。

第三节　民营经济行政执法及改进

一　涉企执法的现况概览

民营经济发展要遵守现行法律的各项规定，法律的实施却要通过各个政府部门来完成。市场的千变万化以及市场主体经济行为的复杂性决定了执行法律的自由裁量空间较大，法律真正得到合理有效执行取决于政府具体工作人员法治水平以及法律的理解力，现实中很多不合理、不合法的执法行为都是对民营经济发展的阻碍。长期以来，我国一直通过立法、修法等来规范执法活动，2017 年国务院办公厅印发了《推行行政执法公示制度执法全过程记录制度重大执法决定法制审核制度试点工作方案》，目前，实施效果比较明显，让行政执法的公示做到了有法可依。2019 年国务院办公厅发布的《关于全面推行行政执法公示制度执法全过程记录制度重大执法决定法制审核制度的指导意见》要求，设立一个统一的执法信息公示平台；行政执法机关须严格按照“谁执法、谁公示”的原则，公示的内容要明确，信息公示内容的标准与格式要规范；对于不适合公开但根据法律法规确实需要公开的，应该进行适当处理后再公开；当发现已经公开的行政执法信息内容不准确，事后应及时予以更正。在执法全过程记录制度方面，规定通过文字、语音、音像等进行记录，确保对行政执法的全部过程进行全记录，要求系统归档保存，确保执法全过程管理有迹可查。[①] 此外，《关于加强和规范事中事后监管的指导意见》（2019 年）明确了监管对象、监管范围和监管事权，依法对市场主体进行全面的事中、事后监管，维护良好的市场秩序，并规定监管规则和标准，创新和完善监管方式，实施“双随机、一公开”，对食品、药品、医疗器械、特种设备等重点产品进行重点监管；对监管中发现的违法违规问题，综合运用行政强制、行政处罚、联合惩戒、移送司法机关处理等手段，依法进行惩处；规范政府涉企行政检查和处罚行为，推进执法公开，健全尽职免责、失职问责办法。

目前，各地针对涉企执法问题纷纷出台相关文件，创新执法理念和执法方式，如河南省兰考县构建“服务+处罚”的执法模式，采取集中培训、上门培训、邀请专家培训等形式开展法制教育，力求通过检查促进整改，通过检查形成威慑，通过处罚达到警示的效果，提升行政执法效果和社会效果，为企业经营发展创造良好的安全稳定环境；[②] 南京浦口区采用企业分类分级管理制度，制定符合本部门、本行业实际的执法检查管理办法，实行差别化监管，减少扰企扰民，节省行政成本，实施合理高效的执法检查。[③] 根据笔者在网上收集的资料来看，目前，我国民营经济的综合执法情况呈现出：东部比中西部执法状况良好，执法状况与经济发展的状况呈正相关性；执法状况好的地区营商法治环境就好，能促进经济的良性发展。对此，笔者在下文以东部、中部和西部某一个或者两个城市为例，探讨民营经济的综合执法现状。

东部地区以浙江省嘉兴市为例。嘉兴 2017 年建立了“四平台”，向各镇包括街道共计开出 1073 项行政处罚权，定期召开案件审查会，充分发挥案件审查委员会的监督作用。2018 年进行综合执法改革，严格杜绝行政处罚“一刀切”现象，实行阳光政务工作，把行政执法公开、

① 《关于全面推行行政执法公示制度、执法全过程记录制度、重大执法决定法制审核制度的指导意见》，http：//www. gov. cn/zhengce/content/2019-01/03/content_5354528. htm，2020 年 8 月 12 日访问。

② 《严格规范涉企行政执法行为》，http：//blwb.kf.cn/html/2019-10/29/content_412494. htm，2020 年 8 月 12 日访问。

③ 《浦口区五举措规范涉企行政执法行为》，http：//zwfw. nanjing. gov. cn/njszwfwglbgs/201905/t20190508_1531594.html，2020 年 8 月 15 日访问。

执法全程备案、重大执法决定法律审查三项制度落到实处，加强行政执法的法治化和透明度，实行“弹性化”规范执法，推进自查制度。嘉兴市综合执法局还充分发挥“易公正”办案平台的作用，有效解决民营企业遇到的纠纷和难题；录音、录像、拍照等现场调查取证工作可全部在“易公正”平台完成，并上传形成完整的电子证据链。在当事人拒不签字、发生执法纠纷的情况下，执法人员可直接采用该平台生成的、合法有效的电子公证书，大大提高了执法效率。2020 年，嘉兴市共划转实施了 12 个领域 633 项处罚事项，首创“综合查一次”执法模式；创新建立“马路办公”“警城联动”“大巡查”等工作机制。①

中部地区以湖北省为例。近年来，湖北省在全省范围内探索实行跨部门、跨领域综合执法，通过理顺职能配置，整合执法队伍，减少执法层级，着力解决机构重叠、职责交叉的重复执法等问题。2019 年初，湖北出台了《关于深化综合行政执法改革的实施意见》，将多个具有行政执法功效的部门，统一整合形成一个大的综合执法机构，有效解决了之前各个部门相互推诿的问题，提升了执法效率，加大了执法力度。湖北省还在省内每个乡镇设立基层执法分局，补齐一线行政执法薄弱的短板。②

西部地区以云南昆明为例。为改善民营经济的发展环境，助推民营经济发展，昆明市根据省级出台的《关于进一步改善民营经济发展法治环境 10 条措施》，制定实施意见，加强事中、事后监管，全面推行“双随机、一公开”；推广运用行政指导、劝导示范、说服教育、行政奖励等非强制性执法手段，创新执法方式；推进涉企行政执法全过程记录和执法文书电子化；加强政府合同管理，规范政府履约行为；及时清偿政府欠款；严厉打击价格违法行为、限制竞争行为；推动形成统一开放、竞争有序的市场体系；坚决打击不正当竞争行为。

二 涉企执法存在的问题

各地的民营经济综合执法虽取得一定成效，但在执法过程中也存在

---

① 嘉兴在线，https：//www.cnjxol.com/49/202003/t20200320_279111.shtml，2020 年 8 月 15 日访问。

② 《让基层执法“接得住”“管得好”》，http：//www.gov.cn/xinwen/2019-12/16/content_5461549.htm，2020 年 8 月 15 日访问。

一些不可忽视的问题，如执法方式简单、依法办事落实不到位等，使民营企业权益受损；一些人员官本位思想严重，难以维护民营企业合法权益；政府官员频繁更替使民企无处实现合理诉求；过度干预使民营企业的经营如履薄冰，有的执法人员往往忽视事前监督机制，等企业已经产生巨大投入后才强制执法，造成严重损失；还有的执法人员执法过程中不顾实际情况强制执法等。

（一）执法方式趋于简单

部分行政机关在对待民营企业的问题上，常以“一刀切”的态度来对待，强调惩罚，轻视教育和指导，在实际执法过程中没有过多关注企业的实际情况，使得民营企业不得不承受重罚。在一定程度上虽然重罚的确可以达到减少民营企业违法违规的现象，但行政执法方式的简单化，并不能从根本上解决问题，甚至还会导致市场的僵化、经济的停滞。若只处罚而不对民营企业进行正确的教育和指导，会使民营企业在经营活动中保持过于谨慎和小心翼翼的态度，不利于激发市场活力，同时也可能导致民营企业难以认识到自己的错误而在往后的生产经营活动中“屡教不改”。再有，民营经济范围宽泛，构成主体复杂，部分主体甚至不了解相关法律法规，在经营过程中容易出现一些违法现象，此时，行政机关需要通过行使公权力来进行合理的教育和适当的处罚。

（二）行政处罚不合理

部分行政执法机关在处理民营企业的行政违法活动的过程中，不注重实际，只在乎形式，导致出现“用力过猛”的现象，使得处罚幅度和主体承受度不相匹配，让一部分轻微违法的民营企业承受了过重的行政处罚。这不仅违背了行政执法所应遵循的合理性原则，也加大了民营企业发展的困难。如江苏一培训学校由于在其网站上发布了“最高级”的字样广告而被人举报，市场监管收到举报后进行立案调查。随后，根据《广告法》的相关规定，对该培训学校处以 10 万元的罚款。[①] 在此案例中，市场监管局直接对该培训学校科以如此严重的处罚，确有不妥。不可否认，广告不能以夸张的方式来进行产品和服务宣传，但也不

① 《江苏一教育机构因一词“最佳”招致十万处罚》，http：//jsnews.jschina.com.cn/kjwt/201708/t20170817_939142.shtml？from=singlemessage，2020 年 8 月 8 日访问。

至于处以如此高的罚款，可责令禁止、批评教育或处以适当罚款。

（三）救济渠道不完善

对于民营企业，尤其是微小型民营企业来说，因为受到自身财力和能力的限制，当其遭受到行政机关执法行为的侵害时，难以找到合适的救济渠道。即使向法院起诉，也由于一些法官对行政执法内容的不熟悉，而难以得到适当的救济和帮助。除此之外，民营企业在权益遭受损失后，虽可通过司法渠道救济，但救济成本较高。行政复议或起诉都需要较长的时间，而民营企业在经济、人员、财力等方面抗风险能力较差，即使救济成功，实际遭受的损失也难以弥补，甚至在得到救济以后，也将面临倒闭停业的风险。尤其在我国行政执法普遍存在的背景下，作为以经营为目的的民营企业不太可能因为某一权益受到行政侵害就直接诉诸法院解决。① 加之，我国的行政救济体系还不完善，对于很多小微型民营企业来说，想要“民告官”并不容易。一些民营企业本身欠缺法律知识，难以通过自己的经验获得有效救济。而寻求法律专业人士的帮助，会让他们觉得似乎事态过于严重，且浪费时间、财力、物力，只好放弃救济。当然，正因为我国的社会救济体系不全面，很多民营企业遇到困难时就企图通过网络曝光来达到救济的目的，这样的方式不可避免地会带来一些新的不公正，当公众会将心理的天平自然地向弱势一方倾斜时，一些公正、合理的执法行为反而受到舆论压力的威胁，致使执法难度加大。

三　涉企执法的改进建议

要帮助民营经济解决发展中的困难，就是要不断为民营经济营造更好的发展环境，让民营经济创新源泉充分涌流，变压力为动力，让民营经济的创造活力充分迸发出来。② 为营造良好的法治营商环境，针对目前行政执法所存在的问题，可从以下几个方面加以改进：

（一）规范行政执法行为

行政执法是一项规范化的法律行为，有严格的法律规范予以指引，

① 董彪、李仁玉：《我国法治化国际化营商环境建设研究——基于〈营商环境报告〉的分析》，《商业经济研究》2016 年第 13 期。

② 谢鹏程：《加强企业家人身和财产安全的司法保障》，《人民论坛》2019 年第 9 期。

从立案、调查、分析、定性、处罚到送达都必须遵循既定的法律程序，不能随意进行推理和演绎。[①] 涉企行政执法要严格坚持“法定职责必须为、法无授权不可为”的原则，根据公开的权责清单、执法事项和相应的流程依法进行。[②] 如果没有法律依据就绝对不能开展执法检查，严格防止执法打扰企业；若有新增加的执法事项，要依法逐条审查其合法性、合理性和必要性；虽然有法定依据，但没有必要实施的，就要及时清理、取消或调整。[③] 严禁不分青红皂白对民营企业采取“一刀切”等简单粗暴做法，不能只通过罚款就此了事，要以教育为主。在具体执法过程中，要推进综合执法，加强跨部门、跨地区的协同执法，特别是在食品、药品、质检、公共卫生、环保等领域推进综合执法，提高执法效率，避免多部门轮番碎片化执法，切实减轻企业负担。

（二）落实行政执法三项制度

“三项制度”指的是重大执法决定法制审核制度、行政执法公示制度和执法全过程记录制度，这是深化行政执法体制改革、创新行政执法方式的重要体现，也是加快建设法治政府、阳光型政府的外在体现。三项制度通过公示政府执法行为、记录执法现场、对重大执法事项审核等关键环节，加强行政执法事中和事后的监管，可以有效反作用于行政执法行为，使其规范化、法治化和程序化，不仅可以提高行政执法人员职业素养和依法行政、文明执法的能力，而且可以缓和行政执法过程中社会公众反映强烈的问题和维护经济秩序。要落实行政执法三项制度，严格按规范记录执法行为归档，以传统公示渠道为基础搭建信息公示网络平台，充分应用网络媒体，实时公开执法信息；同时加强对各级政府执法人员的业务培训，提高执法人员的职业道德素养及文明执法能力，实

① 尹凤英：《“以罚代管”行政执法方式形成机制研究》，《哈尔滨师范大学社会科学学报》2016 年第 5 期。

② 司法部：《关于充分发挥职能作用 为民营企业发展营造良好法治环境的意见》，《中国司法》2018 年第 12 期。

③ 宋振威、熊文钊：《新中国法治政府建设的回顾与展望》，《行政管理改革》2019 年第 7 期。

现对执法人员职业化和资格化管理。[①] 各执法部门要切实做三项制度的践行者和推动者，大幅度提升政府部门的行政执法能力，显著提高行政执法的公众满意度，提高法治政府建设水平，改善民营企业的法治发展环境。

（三）完善行政执法责任制度

行政执法责任制是促进政府部门依法行政、文明执法、规范和监督行政执法活动的一项长期性制度保障。[②] 行政执法不仅仅是行政机关根据法律、行政法规的规定进行行政管理的手段，也是行政执法人员理解法律和社会的过程。[③] 严格执法、规范执法，不仅需要行政执法人员理解法律和社会，还需要执法人员进行价值判断，当发生利益冲突时寻找合适的解决方法。这就要对执法人员进行职业教育，建立职业标准制度，健全行政执法权力和利益相分离的制度，制约执法人员滥用行政自由裁量权的行为，引导执法人员理性执法。明确规定执法人员的职责范围和责任标准，进一步把责任终身制落到实处，让行政执法主体有错必究，增强行政执法主体的责任意识。

（四）完善行政执法纠错机制

当涉企行政执法行为出现不当、违法现象时，各级监察机关要对企业所控告或投诉的行政人员违反行政纪律的行为进行调查，并就一定的事项向相关行政部门和人员提出处理建议，作出行政制裁，从而纠正错误执法行为；另外，当企业对行政执法不服时，可以依法提起行政复议，行政复议机关要对错误的执法行为进行纠错，依法维护企业的合法权益；司法机关也要对企业的控诉行为公正处理，对错误执法行为要裁定撤销，使行政审判做到司法公正；检察机关要充分利用检察权，畅通检察服务，保障民营企业的法律咨询和司法救济服务。

---

① 解志勇、王晓淑：《行政执法三项制度：法治政府建设的加速器和稳定器》，《中国司法》2019 年第 2 期。

② 李洪雷：《营商环境优化的行政法治保障》，《重庆社会科学》2019 年第 2 期。

③ 曹达全：《行政执法行为选择失范问题探析——从实证角度和制度层面上加以分析》，《南京大学法律评论》2012 年第 1 期。

四　涉企收费及规范建议

(一) 涉企收费现状

涉企收费指的是国家机关、企事业单位和社会团体等组织根据相关规定向企业收取的费用，一些费用是由法律法规的强制性规定所要求的，一些则是根据各部门的内部规定确定的。一些地方政府和部门2016年以来公布了收费清单和减费事项，但各地清单和收费项目却不统一。[①] 当前，民营企业在市场上的竞争压力越来越大，还要面临涉企收费的压力，对此，国家加强企业违法收费治理，减轻企业负担，为企业减税降费，保障企业轻装上阵。国家多次强调涉企收费的深化改革，国务院的《政府工作报告》已连续5年提出清理规范涉企收费。

经过多年的收费清理，行政事业性和经营服务性收费得到大幅减少，但仍然存在一定程度自然垄断的领域，出现不合理涨价的现象。[②] 各级市场监管部门也大量查处违规收费行为，解决了一大批事业单位、行业协会、中介机构等组织的超标准、违规收费问题，并使之日益规范化；对行政机关不正当的市场干预行为、中介组织利用行政权力违规收费行为等乱象，从源头上推动理顺政府与市场关系；各级政府部门依托信访平台、实地查处等方式深入核查违规收费线索并依法处理。例如，2020年6月，市场监管总局下发《关于坚决整治涉企违规收费切实减轻企业负担的通知》后，各地纷纷通知开展涉企收费专项治理行动，加大对涉企违规收费行为的查处力度。重点抽查行政审批中介服务、行业协会收费项目，严格整治收费乱象。疫情期间，各地还针对企业的税费减免政策是否落实到位进行专项整治。2020年7月，国务院办公厅下发了《关于进一步规范行业协会、商会收费的通知》，为全国各地民营企业大幅度减轻会费负担；随后，各地进一步加以落实，如安徽省级行业协会、商会主动减免会费和经营服务性收费累计超过2100

---

① 蒋文超：《我国涉企收费的分类体系研究与政策优化》，《财会月刊》2018年第13期。

② 汤如军、范璞：《深入清理涉企收费 创优价费环境》，《价格理论与实践》2019年第8期。

万元。[①] 总体而言，各地政府都在积极落实中央清理规范涉企收费政策，按部门职责，各司其职、各负其责，切实为企业降费减税发挥了巨大作用。

（二）涉企收费治理存在的问题

尽管涉企收费目前已经得到政策的支持，确实为广大企业减轻了很大负担。然而，涉企收费治理是一项复杂的系统工程，涉及体制、法治、行业自身和监管方面的问题，目前，我国在涉企收费治理方面仍存在一些亟待解决的问题。

首先，预算收支矛盾突出。财政部门对行政机关和事业单位的财政拨款通常留有缺口，减税降费背景下，财政经费不足是当前很多财政预算单位的常态，地方预算收支矛盾变得愈加突出，进而导致一些政府部门将应由自身承担的费用变现转嫁给企业承担。如有的地方公安部门违反电子政务平台相关政策，将应由公安机关支付的治管信息系统运营维护费用转嫁给酒店承担。[②]

其次，涉企收费缺少法律统一。现实中经常出现“行政事业性收费”“经营服务性收费”和“涉企收费”等概念，它们在内涵、外延以及相互关系上存在不明晰现象，概念缺少统一、权威的法律语境，社会公众在概念层面对“收费”的理解也存在差别，相关制度、机制难以得到完善，实践中违规收费问题仍然存在。例如，某住建部门的“经济室”收取软件公司造价软件所需的建筑工程“定额”数据，对每家公司收取 5 万元到 15 万元不等的费用，类似费用在很多省份早已被取消。

最后，涉企收费管理不当。笔者调研过程中，很多企业提到自中介机构从政府脱钩后，部分收费项目转移到关联性中介服务机构，这些机构做了政府职能部门本应做的事，费用现在由中介收取，而且远比过去还高。根据调研，这种现象主要集中在环保监测、消防、建筑等事项上，导致企业隐性成本大幅增加。由于隐性成本涉及众多利益主体，利

---

① 《安徽省大力清理规范行业协会商会涉企收费行为》，https：//baijiahao. baidu. com/s?id=1674230475832626994&wfr=spider&for=pc，2020 年 8 月 20 日访问。

② 国家市场监管总局价监竞争局收费监管处：《涉企收费存在的主要问题》，《中国价格监管与反垄断》2020 年第 1 期。

益主体之间的利益勾结又纷繁复杂，企业的发展也因此受阻。可以看出，监管机制不健全导致中介机构违规收费，或者由于行业管理不完善、政策法规不配套等一系列原因导致事中、事后监管力度不够。

（三）规范涉企收费的建议

首先，抓好收费源头治理。为做好收费治理工作，应加强对部门和行业的整顿，实现从专项检查到综合治理的转变。切实消除政府部门与中介机构之间的利益关系，重点查处政府擅自利用行政职能间接加重企业负担等问题，关注中介机构和行业协会借行政权力之名强制为企业服务，向企业乱收取费用。通过出具自查报告、建立管理台账、随机抽样等方式，加大对变相行政审批收费、变相委托划转收费问题的惩处，减轻企业负担。比如，山东省部署开展全省涉企收费管理工作，明确“属地管理、分级负责、谁主管、谁负责”的工作思路，进一步巩固地方政府主体的行业管理责任。①

其次，公开涉企收费事项。各部门应在官方政务网站平台，统一公布涉企收费项目、收费性质、收费依据、收费标准和具体服务内容，自觉接受社会监督。无论是政策法规要求还是政府所委托的行政事项，以及行政审批中介服务，只要是因政府行为产生的所有涉企收费事项，都应予以公开，接受媒体和舆论的监督。此外，企业需接受第三方服务的事项，应当在相关部门的政务网或其他官方服务平台公布。例如，江西省制定全省统一的《保留为行政审批必要条件的中介服务事项》，取消无法律依据的行政审批中介服务项目，明确企业或审批部门承担中介服务费用，并对社会进行公布。②

最后，健全涉企收费监管机制。建立健全涉企收费的长效监管机制，重视事中、事后的监管效能。比如，将举报投诉查处机制、治理违规涉企收费成效评估机制和市场准入放宽机制结合，提高监管效率。引入第三方合理评估，加快市场培育的长效机制，切实回应企业的诉求。

---

① 蒋文超：《收费清单制、企业减负效应与营商环境关系研究》，《价格理论与实践》2019 年第 11 期。

② 《关于进一步加强违规涉企收费治理工作的通知》，《中国市场监管报》2019 年 8 月 13 日（第 8 版）。

对具有隐蔽性强、链条长特点的涉企乱收费问题，要充分调动社会和舆论进行监督。加强对财政政策执行情况的检查，确保资金到位，防止地方政府以预算资金为借口对民营企业违规收费，把对中小微企业乱收费作为检查突破口，通过各种形式向中小微企业宣传涉企收费减免政策，结合实际重点开展住建、国土、交通、环保等部门落实中小微企业收费、优惠政策情况的专项抽查，严防出现违规收费现象。

第四节　民营经济反腐治理及规范路径

一　民营经济的反腐败力度

民营企业作为市场经济中的重要主体，其腐败问题早已不仅是自身事务问题，而且事关整个经济社会的良性状态。党的十八大、十九大旗帜鲜明、态度坚决地提出反腐，民营经济领域频现反腐行动，与此同时，国家提出构建“亲”“清”型政商关系，高度重视民营企业的腐败现状。根据《2019年中国企业家法律风险报告》披露，建立了控制风险的合规程序和流程的民营企业占比46%，且以合规经营为公司目标的企业高达62%（见图4-3）；有专门的合规部门或人员的占比35%。①

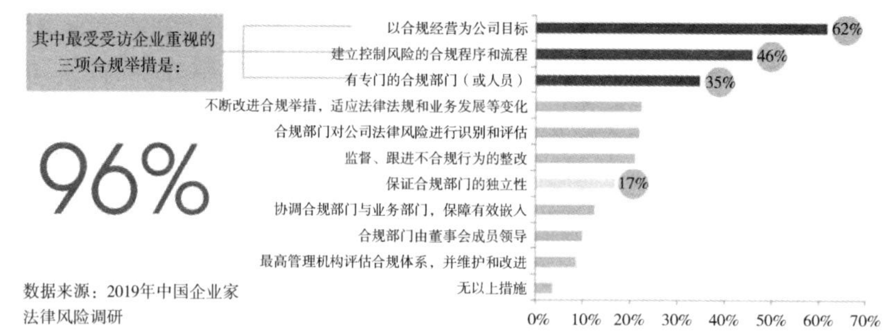

图4-3　受访企业对合规体系设立的各项措施的重视程度

近年来，很多民营企业发现腐败问题时，选择积极主动地向行政机

① 《2019年中国企业家法律风险报告》，http：//www.hengdulaw.com/，2020年8月4日访问。

关或司法机关举报、移送。一些企业通过建立现代企业制度完善公司治理机制，着力建立相对独立的管理和监督机制，特别设立单独的部门惩治内部腐败，采用审计、合规管理等综合手段加大查处力度，规制腐败行为。例如，阿里巴巴公司先是成立企业内部廉政机构，之后又设立首席风险官，把控企业内部风险；万达集团强化审计，其审计部门相对独立，不受任何人干扰；百度成立“职业道德建设部”，内设委员会，负责监督、核查公司内部员工的违法违纪行为；三只松鼠则设立松鼠廉署，下设生态关系组、合规检查组、调查执行组，建立预防、监察和调查三道廉洁防线。通过数据搜索发现，我国的民营企业在各大招聘平台发布的“廉政”“监察”“审计”“纪检”类岗位需求也在不断增加。近年来，司法机关、行政机关的反腐败也抓得特别紧，呈高压态势，一些民营企业家涉嫌犯罪，很多都是因对政府官员的反腐治理所牵连出来的，给整个民营经济领域也敲响了警钟。在笔者调研的企业中，普遍反映现在做政府工程项目已经比以前透明，在过去，一些相关项目主管人员会采用各种方式谋取利益，现在这种索贿、受贿的情形已经很少，且民营企业家本身也不愿意采用行贿方式获取项目，宁愿不做项目，也不去冒险犯罪。

二　民营经济中的反腐困境

我国民营企业虽然积极倡导反腐，但很多企业连审计都是流于形式，过度依赖“一把手”意志，主动建立廉洁制度的较少。民营企业涉腐败类犯罪常包括职务侵占罪、单位行贿罪、非国家工作人员受贿罪、行贿罪等。[①] 以 2019 年重庆市民营企业家犯罪数据为例（见表 4-1），基本可以看出全国民营企业家犯罪的形态。[②] 腐败犯罪多元化特征较为明显，管理层职务犯罪较为突出。而且，涉腐败企业的行业领域分布广泛，触及整个市场体系（见表 4-2）。概括而言，出现这种现象的

① 《企业家腐败犯罪报告：民企职务侵占罪比重大，国企受贿罪风险高》，http：//cecpc. bnu. edu. cn/newsshow-1-89-1. html，2020 年 9 月 1 日访问。

② 《2019 年重庆民营企业家涉罪大数据分析报告》，http：//www.acla.org.cn/article/page/detailById/27821，2020 年 9 月 1 日访问。

原因表现为以下几个方面。

表 4-1　　重庆民营企业家主要涉案罪名

涉案罪名	案件数量（例）	占涉案总数的百分比（127例）
非法吸收公众存款罪	37	29.13%
虚开增值税专用发票罪	25	19.69%
挪用资金罪	12	9.45%
单位行贿罪	10	7.87%
职务侵占罪	7	5.51%
重大责任事故罪	6	4.73%
集资诈骗罪	5	3.94%
非法经营罪	5	3.94%
合同诈骗罪	4	3.16%
骗取出口退税罪	3	2.36%
非国家工作人员受贿罪	3	2.36%
假冒注册商标罪	3	2.36%
骗取贷款罪	2	1.57%
拒不支付劳动报酬罪	2	1.57%
污染环境罪	1	1.57%
贷款诈骗罪	1	0.79%

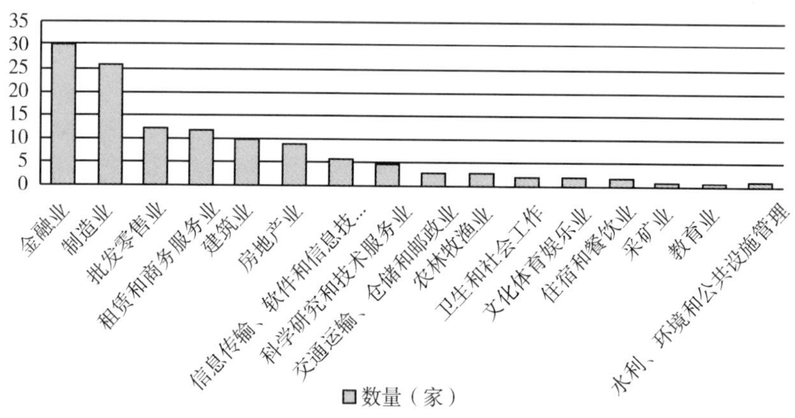

图 4-4　重庆民营企业家主要涉案经营领域

（一）反腐体系中民营经济的缺失

2018 年通过的《宪法修正案》从制度设计层面整合反腐力量，实现对公职人员监察的全覆盖，同时提出设立独立反腐机关——监察委员会。民营企业的反腐治理并未被纳入国家腐败预防和惩治体系建设，主要依靠自身力量，民企廉洁建设缺乏来自政府的必要支持。[①]

（二）民营企业内部监督乏力

根据我国《公司法》的规定，公司设立监事会，依法行使监督管理企业内部人员的职权，包括检查公司财务，监督董事和其他高级管理人员履行职务，并对其损害公司利益的行为提起诉讼；公司规模小不设监事会的，监事行使监督权。此外，还规定当企业利益受到损害时，公司监事有权提起代位权诉讼。然而，尽管法律层面上对监事的职权作出了较为完善的规定，但在现代公司制实践中并没有得到充分实施，公司内部制度没有充分按照法定程序运作，使得监事在企业中形同虚设，没有实权。再有，很多企业没有建立内部审计体制，依靠外部审计，审计人员的审计范围有限，且审计程序不规范时有发生，导致审计工作对揭露企业内部腐败尚不能起到应有作用，甚至沦落为管理层滥用职权的工具。法务部门缺失，或者即便有法务部，也未能真正发挥作用。

（三）行政权力监督不足

目前，我国的法律和经济政策对民营企业的平等保护还不够。民营企业面临着巨大的融资压力，经常徘徊在合法经营与违规违法之间。很多民营企业通过谋求政治关联的方式以获得生存空间，这种方式不仅成为民企生存发展的潜规则，也逐渐成为民营经济最重要的腐败方式之一。官商勾结可以使企业快速、便捷地获取融资渠道和项目支持，一些部门官员也可获取非法利益，双方受益的诱惑让这种腐败现象屡禁不止。对于行政权力的监督一直亟待解决，近年来的反腐败实践证明，政府采购、国有资金监管、政府投资、公共工程建设和财政资金分配使用等权力集中的领域，极易导致权力滥用和失控，腐败现象突出。[②] 虽然我国已初步建立了行政权力的制约和监督体系，然而由于监督内容复杂、监督对象广泛、监督主体多元，行政权力相互制衡机制不足，权力未能得到有效分解，内部纠错机制未能有效建立，对纠正违法或不当行政行为的层级监督和专门监督力度有待提高，须完善问责程序，提高腐

① 《民企反腐常态化》，《领导决策信息》2015年第30期。

② 李娟：《行政事业单位内部控制现状存在问题及对策研究》，《财经界》2019年第4期。

败问责效率，加大问责力度。[①]

三　民营经济廉洁规范路径

（一）健全企业廉洁风险防控

目前，很多大型企业为适应日趋激烈的竞争市场和规范发展需要，将合规管理作为企业的重要工作，在企业内部组织开展针对合规风险的管理活动，企业合规管理工作呈现法律化倾向，尤其是国企合规管理受到特别重视，但遗憾的是，民营企业仍未被纳入国家合规管理的制度层面。一些大型民营企业开始关注，因为其内部贪腐事件频发，反腐需求越来越强，同时有关部门对民企内部腐败问题的执法力度也不断加强，合规管理越发受到民营企业的重视，并被提升至战略高度。具体而言，从民营企业的规模来看，如果规模大的企业可以设置反腐合规专员岗位；在内部，应对股东会、董事会和监事会以及企业高管的权责加以重点规范，把权力“关进制度的笼子”，企业内部形成腐败预防预警体系，完善企业内部腐败查惩机制，堵塞腐败行为发生。[②]

（二）纳入国家反腐败体系

由于民营经济反腐缺少来自政府的重要支持，企业与政府官员的“利益勾结”和利益输送问题等腐败现象就难以得到有效制裁，不良的政商关系是诱发民营企业家腐败犯罪多发、频发的重要原因。虽然我国已经高度关注民企腐败问题，也出台相关政策努力回应这一现状，但完整的民营经济反腐制度目前尚未落实，政府与企业之间须厘清政商关系，明晰政府权力的边界，让行政人员和企业家之间的交往合乎法律的规定，从认识上提高公职人员的觉悟，通过法律制度加以规范和约束政府公职人员的行为，企业应从制度上规范经营行为。当前形势下，可充分发挥监察部门的监督职能，在制度安排和资源投入上加大力度，将民营企业纳入国家统一反腐败规划中，查处政商领域隐藏着的腐败问题，为民营经济发展创建一个风清气正的法治环境。

---

① 唐璨：《论行政执法内部监督体系的创新与完善》，《学术研究》2020 年第 3 期。

② 刘志远、张瀛之、张利：《国家腐败治理与企业风险承担——兼论政商关系的改善作用》，《经济与管理研究》2020 年第 5 期。

第五节　民营经济权益保护及其完善

一　民营企业产权保护的现实价值

《中共中央国务院关于新时代加快完善社会主义市场经济体制的意见》指出要以公平为原则，对公有制和非公有制经济的产权依法平等保护。正如有学者提出的，如果总是在所有制问题上争来争去，就很难突破公有制、私有制的思想束缚，改革就很难取得实质性突破，要淡化所有权，强化产权保护。[①] 关于产权的含义，有学者认为是从所有权关系中衍生出来的控制、管理、处理和转让的权利；也有学者从功能的角度认为，产权是界定生产资料权利和责任的一种方式。[②] 产权的流动和转换，能够优化配置企业资源。关于民营企业的产权，很多民营企业家总是把个人的财产与企业的财产发生混淆，而实际上，民营企业家的财产主要用于个人和家庭生活，而民营企业的财产主要用于企业的生产经营活动。企业财产主要来源于企业家出资，企业家将其货币、不动产、动产、知识产权等个人财产对企业进行出资时，这些财产就不再是企业家的个人财产，应属于企业的财产。企业家不得侵占或挪用企业财产，只有当公司解散和清偿债务以后，企业家才能按照出资或其他协议的实际比例，分配公司剩余财产，此时所获得的这部分剩余财产才属于企业家的个人财产。所以，当企业违法犯罪时，应当严格区分民营企业的财产和民营企业家的个人财产，杜绝利用公权力侵害私有财产，杜绝不合理查封、扣押、冻结民营企业家的财产，避免个人财产与家庭成员财产、个人财产与企业财产、合法财产与违法所得发生混淆，避免随意处置涉案财物等。[③]

民营企业家所积累的财富是我国市场经济的基础，为了推动我国经

① 黄振宇、李猛：《全面依法平等保护民营经济产权》，《学习时报》2020 年第 6 期。

② 乃东燕：《论民营企业产权制度创新》，《特区经济》2010 年第 9 期。

③ 柯明：《刑事诉讼视野下民营企业家犯罪涉案财物的处置》，《河北法学》2017 年第 12 期。

济持续稳定增长，应该重视对民营企业家财产权益的保护。正如2018年习近平总书记在民营企业座谈会上所指出的，民营经济是我国经济制度的内在要素，民营企业和民营企业家是我们自己人，要确保民营企业家人身和财产的安全。安全是稳定预期、促进创业的基本保障。[①] 改革开放以来，我国经济的飞速发展离不开民营企业家所带领的民营企业。民营企业家的财富是他们创业创新、努力奋斗的成果，如果民营企业家的个人财产权益得不到法律保障，就无法激发他们创业创新的积极性。现实中，部分民营企业家为了人身和财产安全，将其财产移往海外，在某种程度上折射出他们对安全的渴望，如果这种现象突出，则会对我国经济发展带来不利影响。为此，应该以有力的手段保护民营企业家的权益，营造公平的营商环境，增强民营企业家的安全感和自信心，从而推动我国经济持续健康发展。

民营企业家是企业的创造者和管理者，民营企业的发展方向是由民营企业家所决定的。民营企业是由人、财、物等各要素组成的经济组织，其所有经营活动都是由民营企业中的人来完成的，民营企业家作为企业的领导者，其意志和行为决定了民营企业的发展。[②] 在这一方面，民营企业的发展更多依赖于民营企业家的个人或家庭因素，在中国的民营企业中，绝大部分属于家族企业，创始人和高管具有同一性且高度集权，如果民营企业家的人身和财产安全得不到保障，必然会影响到企业的经营管理，甚至会导致企业破产。所以，民营企业和民营企业家的权益几乎是捆绑在一起的。

近年来，我国经济运行与全球经济形势一样，也处于低迷状态；目前又受当下新冠肺炎疫情的影响，民营经济面临诸多发展困境。客观上，民营经济应对市场风险的能力不强、利润水平不高，加之运营成本不断攀升，利润空间受到严重挤压，企业转型升级十分困难。[③] 加上疫情、中美摩擦、中印关系紧张等外部因素，市场预期不容乐观，市场需

① 习近平：《在民营企业座谈会上的讲话》，http://www.xinhuanet.com/politics/leaders/2018-11/01/c_1123649488.htm，2020年9月5日访问。

② 毕素华：《论我国民营企业家的社会责任》，《广东社会科学》2011年第2期。

③ 韩秀成：《用知识产权推动民营经济转型升级》，《中国科学报》2019年1月8日（第8版）。

求的降低压缩了民营经济的发展空间，在多重因素夹击下，加强对民营企业的产权保护，便显得尤为重要。

民营企业产权保护的首要问题是产权归属问题，这关系到民营企业积累产权和财产的积极性，产权权属不清晰、未来财产收益风险较大，可能直接造成民营企业发展的积极性降低甚至缺失，不利于社会主义市场经济的平稳有序发展。民营企业作为市场经济发展的重要力量，其发展需要有明确、清晰的产权作为支撑。产权的保护有利于促进民营企业创新发展，清晰的产权能够更好地发挥激励性作用，引导民营企业家将外部性内在化。现实中，民营企业为了生存和发展往往具有更强的创新能力，良好的法治环境，如知识产权保护法律制度，可以充分保障民营企业的创新成果，促进创新成果转化成经济效益，逐渐形成创新—发展—再创新的良性循环。另外，民营企业的竞争实力来源于产权状况，也决定着民营企业在市场中的份额和地位，法治保护好民营企业的产权，可以促进其形成和发挥自身优势，不断增强竞争实力，打造优势品牌，实现高质量发展。[①] 再有，通过法治加大对民营企业的产权保护力度，能有效弥补民营经济一直以来合法权益保护存在的薄弱之处，消除民营企业家的内心顾虑，彰显我国立法、行政和司法的法治理念。

二　民营企业产权保护存在的问题

中共中央、国务院发布的《关于完善产权保护制度依法保护产权的意见》（2016 年）从顶层设计上表明产权保护的国家决心，将对民营企业产权的保护提到了史无前例的高度。我国《宪法》规定国家依法保护公民的私有财产权，保护个体经济、私营经济等非公有制经济的合法权益，国家鼓励、支持和引导非公有制经济的发展等。[②] 此外，《民法典》《公司法》《反垄断法》《商标法》《专利法》《反不正当竞争法》等一系列的法律法规为民营企业的生产、经营各个环节以及财产权属做出明确规定。由此可见，我国立法层面上对民营企业产权的保护是较为

① 刘志彪：《法治化环境稳定市场主体预期扫清潜规则》，《法制日报》2016 年 12 月 23 日（第 5 版）。

② 参见《宪法》第 11 条、第 13 条。

全面的，但是在法律实施和司法适用中，民营企业产权受到不公甚至不当对待的情形偶有发生。主要体现为以下几方面：

（一）社会对民营企业认可度不高

目前，社会还存在国有企业优于民营企业的观点，很多大学毕业生优先选择国有企业就是典型的体现，说明对民营企业及民营企业家的认可程度不高。我国实行以公有制为主体、多种所有制经济共同发展的经济体制，尽管实践证明我国经济的发展离不开民营经济，但是现实中大型项目和重点工程的实施主体仍然是国有企业。这导致很多人认为国有企业的地位高于民营企业，对民营企业的社会地位存在认知偏差，挫伤了民营企业家的信心，甚至有部分民营企业家不认真经营企业，急功近利，短期机会主义行为常见，想方设法套取国家政策补贴等。[①] 此外，因为不公平的竞争环境，很多民营企业为了获得机会，对政府工作人员行贿或者采用各种手段。党的十八大后，反腐力度不断加大，不少与官员有过经济往来的民营企业家也被采取了强制措施，更加深了公众对民营企业家的偏见，降低了认可度，同时也影响了民营企业的声誉。

（二）民营企业遭受不平等对待

从理论上看，为了促进经济协调发展，民营企业理应与国有企业公平竞争，但在实践中，国有企业与民营企业相比具有更多的竞争优势，这些优势一定程度上来自于政府的支持。社会上甚至有“国进民退”的观点，如果这种现象加剧，必然会产生市场竞争的更加不公平，甚至会导致国有企业垄断市场，民营企业家的财产逐渐被侵蚀，民营企业将被迫退出市场。[②] 从刑法保护来看，民营企业遭受不平等对待也有体现，同样是侵占财产的行为，如果行为人侵占公有财产，则构成贪污罪；如果行为人侵占私有财产，则构成职务侵占罪。同样是挪用资金，如果挪用的是国有企业的资金，构成挪用公款罪；而如果挪用的是民企资金，构成挪用资金罪。同样的行为，发生在国有企业就构成犯罪，而发生在民营企业则不构成犯罪。在国家倡导混合所有制改革的当下，刑

① 栾贞增、彭征安：《合法性视角下中小民营企业发展面临的挑战与应对策略》，《江苏行政学院学报》2019年第6期。

② 齐素：《依法保护民营企业家产权》，《人民司法》2019年第1期。

法所持有的不同态度，使很多民营企业不愿意入股国有企业，民营企业家的安全感得不到满足。这种差别对待，不仅有违市场主体公平竞争机制，也忽视了民营企业产权应当受到的同等重视，明显加大了民营企业及企业家的刑事风险。①

（三）入罪量刑的宽泛化

当下，在国家加大司法保障社会安宁的总体环境下，从积极层面看，对社会稳定和安全的确起到了重要的作用，但是在司法实践中，很多企业的经济纠纷会被当作刑事案件处理，而不是通过民事调解、行政处罚等来解决，这对于民营企业家而言，风险极大。刑法是最为严厉的法律，一旦民营企业家被判处犯罪，其个人、家庭以及所控制的企业基本就处于极度惨烈的状态，现代经济社会中，民事法律关系、行政法律关系应该占据法律关系中的绝大部分，只要符合这两者关系的，就不能轻易归属于刑事法律关系之中。一些司法工作人员僵化地理解刑法条文，没有更加实务地深入理解现实经济关系中的行为性质，如最为典型的“非法经营罪”，若做宽泛的理解，现实中的很多经营行为都可入罪，但事实上，很多行为不可能真正影响或破坏到市场经济秩序。为此，对违法行为的刑事处罚要慎之又慎，否则就会使民营企业家丧失安全感，无法安心经营企业。

（四）不合理使用强制措施

民营企业家涉及的案件大多数是经济类犯罪，在该类案件中，对涉案财物基本都会采取强制性措施，这会对民营企业家造成沉重打击，可能直接危及民营企业的生存。我国《刑法》《刑事诉讼法》、相关司法解释和规范性文件均规定了涉案财物的处置方法，但这些方法不够具体和完善，导致司法实践中容易出现随意处分涉案财物的情形。在侦查阶段，侦查机关对涉案财物的处置权过大，处分涉案财物缺少司法审查监督，随意扩大查封、扣押、冻结的范围，“一扣到底”的现象严重。② 如在孙长松案中，孙长松涉嫌合同诈骗被当地公安机关立案侦

① 卢勤忠：《企业的刑事合规及刑事法风险防范探析》，《法学论坛》2020 年第 4 期。

② 熊秋红：《在刑事程序法上加强民营企业家人身财产安全保护的若干建议》，《法律适用》2019 年第 14 期。

查，公安机关查封了他的股份，导致其公司项目因缺少资金变成烂尾工程。[①] 另外，对于已经被查封、扣押、冻结的与案件无关的财产，司法机关在发现其与案件无关时，大多不会立即主动解除查封、扣押、冻结措施。对涉案财物处置程序不够规范，涉案民营企业往往因被不合理扣押财产而面临经营困难，甚至面临破产。[②] 司法机关在处置一些民营企业涉案财物时，没有严格区分企业财产和企业家个人财产，不合理使用查封、扣押、冻结制度，造成了一些错案，损害了民营企业家的财产权益。

三 民营企业产权保护的改进建议

（一）秉持平等的法治理念

民营企业为我国的经济发展、税收、就业都做出了巨大贡献，大部分民营企业家合法经营、遵守市场经济秩序，尽管有一部分民营企业家扰乱市场秩序、违法违规经营，影响了民营企业家的整体声誉，但不能因此而对民营企业及企业家抱有偏见，甚至攻击民营企业家，这不利于民营企业的发展。同样，国企也有部分负责人涉嫌违法，但却没有受太多人的关注。这就需要秉持平等的观念，将国有企业和民营企业同等对待。为民营企业营造公平的法治营商环境，不管是在市场主体准入、生产经营还是退出机制方面都要践行平等观，良好的法治营商环境有利于各类经济主体创造出更多财富。[③]

国有经济与民营经济应该是公平竞争的主体，共同为我国经济的发展做出贡献。要为民营企业营造开放公平的营商环境，各地政府需要保持市场准入的通畅性，完善市场规则，依法清理和废除妨碍统一市场公平竞争的规定，维持公平的市场竞争秩序，消除各类企业之间的不公平性。市场准入是反映政府服务理念、服务质量和市场环境建设总体水平的一大因素。现实中，市场准入门槛过高阻碍了民营企业家进行创新创

① 朱明勇：《2016 年度十大无罪辩护经典案例》，政法大学出版社 2019 年版，第 173 页。

② 周远征：《重庆“打黑”千亿资产处置问题凸显》，《中国经营报》2012 年 12 月 10 日（第 A9 版）。

③ 李洪磊：《营商环境优化的行政法治保障》，《重庆社会科学》2019 年第 2 期。

业活动，需要各级政府彻底消除不平等的市场准入要求，激发民营企业家的创新创业精神。市场经济的本质是规则经济，营造开放公平的市场竞争环境，需要完善的市场规则作保障，政府部门应建立健全相关规则。[①] 营造公平的市场竞争环境，政府要坚持“竞争中性原则”，在准入许可、招标和投标等方面，平等对待民营企业和国有企业，弱化国有企业、民营企业和外资企业所有制权属不同的管理办法，取消企业认定和管理等级，构建统一、有序、开放、协调的竞争性市场体系，在法律层面为民营企业扫除一切进入和退出壁垒，取消特权企业享有的特许经营权，对于不同所有制性质或规模的企业，无论是主动退出还是被动退出，都贯彻出入自由和出入平等的原则。严格落实公平竞争审查制度，清理各种不利于市场公平竞争的规定，最大限度保留关于各类产业补贴或扶持项目的优惠政策，推行信用监管和失信联合惩戒机制。[②]

平等的法治理念不仅体现在准入层面，在经营过程中也要一以贯之。具体来说，就是要保护好民营企业的经营自主权，尽可能减少对民营企业经营的干预，使企业能够独立自主地对自己生产和经营的活动做出决策，自我进行经营管理。自主经营权是市场机制发挥作用的基础，是企业生存和发展的根基，更是企业作为平等市场主体的基础性权利。[③] 企业的自主经营权如果不能得到保障，就难以对市场信号做出快速反应并进行决策，也不能对企业发展自主予以安排。现实中，在重要投资领域要充分吸收和引进民间资本，征询民营企业在重点领域的投资意愿和发展需求，结合各地经济发展水平和所部署的投资项目实际，切实放宽市场准入，破除隐性障碍，采取多种方式支持民间资本参与。

（二）严格区分罪与非罪

在民营企业的纠纷案件中，大部分属于经济类案件。从法律关系上来看，就完全有可能是由民事经济纠纷所引发，如果直接违反了经济

① 王新涛：《营造开放公平市场环境》，http：//www.cssn.cn/dq/hn/201904/t20190426_4870346.shtml? COLLCC=2777194941&COLLCC=1396435596，2020 年 9 月 18 日访问。

② 郑继汤：《习近平关于构建法治化营商环境重要论述的逻辑理路》，《中共福建省委党校学报》2019 年第 6 期。

③ 梁洪学：《激发释放企业家精神的制度环境——对企业家精神的再认识》，《学习与探索》2019 年第 2 期。

法、行政法等法律，完全可以通过行政执法解决，行政机关的依法行政是因为行政相对人的行政违法所致，要严格区分刑事违法，避免将轻微违法行为犯罪化。《全面推行行政规范性文件合法性审核机制的指导意见》规定，要加强行政规范性文件合法性审核，推动规范性文件合法性审核全覆盖，避免出台侵犯民营企业合法权益的不合理文件，防范行政权力太“任性”和“随意”，规范政府决策行为。同时，推动公正文明严格规范执法，确保公平合理地对待民营企业。深化行政执法改革，明确行政处罚标准，避免行政执法的任意性，增强执法结果的合理性，公平对待民营企业。通过行政手段能调整好的某种违法行为，就不必使用刑法手段。简言之，刑法的谦抑性意味着国家应该努力减少刑罚的适用。[①] 民营企业所涉纠纷只要能通过民事或者行政手段解决的，刑法手段就应慎用。即便是“情节严重”一定要追究刑事责任的，也需要综合考察民营企业自身因素和社会环境因素，避免过度运用刑事制裁手段。所以，在适用刑法的过程中，当民事违法、行政违法和刑事违法的区分度不明确时，不要轻易动用刑罚方法。对于经营涉嫌犯罪的民营企业家，当犯罪情节轻微不是必须被判处刑罚的，尽可能使其免于刑事处罚。

（三）理性使用强制手段

当民营企业家涉嫌刑事犯罪时，对民营企业家财产不合理的查封、扣押和冻结不仅会侵犯民营企业家的权益，还会阻碍民营企业的发展。为此，有关机关在处置财产的时候，应该严格遵守相关程序和规定。根据《刑事诉讼法》的规定，查封、扣押、冻结属于侦查活动中的措施，人民检察院审查案件的时候必须查明“侦查活动是否合法”，可以对查封、扣押、冻结行为进行审查。[②] 侦查机关对涉案财物的处置，检察机关应该加强监督，侦查机关采取重大处置措施需经检察机关批准。当检察机关发现侦查机关处置了民营企业家的个人财产时，检察机关要行使检察监督权，解除不合理的查封、扣押和冻结。不能超权限、超时限查

① 陈兴良：《刑法的价值构造》，中国人民大学出版社 2006 年版，第 353 页。

② 熊秋红：《在刑事程序法上加强民营企业家人身财产安全保护的若干建议》，《法律适用》2019 年第 14 期。

封、扣押、冻结，时间一到或者区分好是否属于犯罪涉案财产，只要不属于涉案财产，要及时解除，返还与案件无关的民营企业家个人财产。[①] 同时，在查封、扣押、冻结民营企业家和民营企业财产过程中，要坚持比例原则，减少对民营企业正常生产、经营等活动的影响，注意保护民营企业家的个人财产权益。唯有如此，才能提高民营企业家对法治环境的信心，提高民营企业家的安全感，使其安心经营企业，创造更多的财富，推动我国经济的发展。

① 柯明：《刑事诉讼视野下民营企业家涉案财物的处置》，《河北法学》2017 年第 12 期。

第五章　民营经济发展的司法保障

民营企业在经营发展过程中，除了自身法律意识薄弱外，外部的不稳定、不诚信等也是造成民营企业经常遭遇纠纷的原因。一个良好的外部司法环境，可以为民营企业营造良好的发展环境。使经营过程中的民事、经济纠纷能及时得到化解，权益可及时受到保障，责任可及时予以追究；使那些破坏竞争环境、扰乱市场经济秩序、侵犯民营企业财产权利的一切违法行为都被严厉惩处，为整个市场营造良好的司法环境，凸显司法保障的严肃性、强制性和威严性。

第一节　民企多元解纷机制实施及改进

一　司法服务民营经济调查分析

为深入了解、掌握司法服务与民营经济的整体状况，笔者以“司法环境+民营经济”为切入点开展广泛调研工作，受访1500个民营企业中有531个曾经涉诉、涉执或者正在涉诉、涉执。从调查表数据统计可以看出，民营企业的涉诉案件相对较多（见图5-1）。通过分析发现，目前存在以下几个方面的问题：

（一）民营企业法律服务需求与现有司法服务不匹配

每一个民营企业在经营过程中都会遇到法律问题，都需要法律为之保驾护航。现实背景下，民营企业，特别是小微型企业的企业主风险意识薄弱，管理较为粗糙，防范意识不强，企业在经营过程中累积了很多潜在的风险，稍有不慎就可能引发诉讼纠纷，很多纠纷仅靠民营企业本身很难得到协商处理，需要求助于司法机关的帮助。一般来看，民营企业中较为常见的纠纷往往集中在合同领域、劳资领域和产品质量方面。

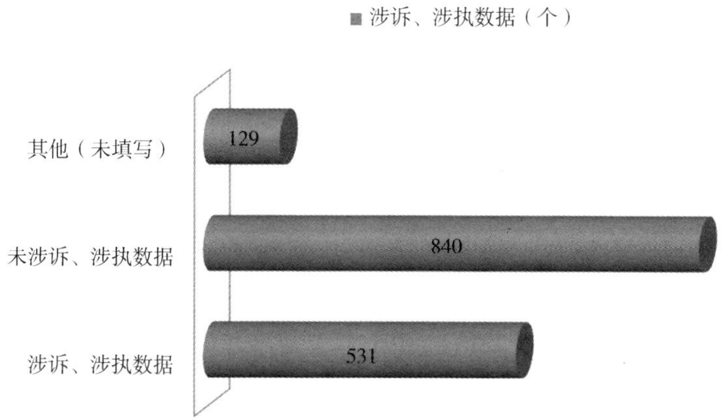

■ 涉诉、涉执数据（个）

其他（未填写）129

未涉诉、涉执数据 840

涉诉、涉执数据 531

图 5-1　涉诉、涉执数据

据调研数据统计，民营企业最需要三个方面的法律服务需求：合同法律服务、劳动争议风险化解和财税法律风险防范。在受调研企业中，曾经发生过诉讼或者正在经历诉讼的企业占半数以上，这部分企业反映最多的问题是诉讼周期长、执行难。当前，司法资源不足，我国法律人才较为紧缺，司法机关通常都在被动提供法律服务，案多人少现象突出，无论是公安机关对刑事案件的立案侦查、检察机关的审查逮捕和审查起诉，还是人民法院的案件审理，都充分体现被动性，“事后”救济色彩浓，诉讼成为无可奈何的补救。对于民营企业来说，很多案件的发生总是会带来巨大损失甚至灭顶之灾。司法机关由于案多人少，很难做到高效便捷服务，所提供的法律服务未能很好地满足民营企业的法律服务需求，要想真正做到前置性的法律服务，当前的人力、财力等还不具备，为民营企业，尤其是广大小微企业进行主动防范型指导或服务，还有很长的路要走。

（二）民营企业和民营企业家权益保障力度有待加强

近年来，司法机关加大对危害市场经济秩序犯罪的打击力度。根据裁判文书搜索统计，2017 年以来昆明市各类经济类犯罪案件，占比较大的类型包括非法吸收公众存款、集资诈骗、合同诈骗、非法经营、金融诈骗、串通投标、传销、职务侵占罪、挪用资金等罪名。[①] 现实中，司法机关办理涉民营经济的案件，由于很多都与企业经营相关，办案机关如何区分企业正常经营和非法活动、经济纠纷和经济犯罪、正常融资和非法吸收公众存款或非法集资等问题，即便办案机关内部也经常存在争议，公安机关、检察机关和辩护人之间也为此产生不同的理解，审判机关同样存在很多困惑。根据对企业的座谈和调研，民营企业中，认为财产保障“非常安全”的特别少，不足10%，可以看出，当前民营企业及企业家内心存在一定的“不安”，司法机关应予以高度重视，要使民营企业安心、放心、开心地从事经营活动，需要构建一个可以预期的外部司法保障环境，切实保障好民营企业和民营企业家的合法权益。

二 民企多元解纷存在的问题

随着民企纠纷的日益增多，司法资源无法完全满足纠纷的处理需求，我国正全力在诉讼外构建多元解纷机制。诉讼以其公信力作为保障，确实对纠纷的解决起到止纷作用，但诉讼并非万能，因为涉企商事纠纷往往发生在熟人之间，考虑到企业间长远的合作发展以及诉讼的时间成本等，多元纠纷解决机制通常有超越于诉讼的解纷效果。目前，我国初步构建起“国家主导、司法推动、社会参与、多元并举、法制保障”的多元纠纷解决模式。[②] 已形成和解、调解、仲裁、行政处理等非诉和诉讼共存的多维解纷格局。当前，各地法院，尤其是基层法院受理案件剧增，办案压力越来越大，很多商协会参与诉前调解化解了不少矛盾和纠纷，作用越发凸显，解纷效率也明显提高，成为减轻民营企业诉累的重要途径。[③] 但多元化的非诉解纷机制还没有与诉讼解纷机制有效衔接，其本身还有一系列的不足，如程序设置上的随意性、调解的组成人员素质不高，缺乏专业知识，没有统一的立法和相应的配套制度等。

① 根据裁判文书网的数据分析，中国裁判文书网，https://wenshu.court.gov.cn/，2020年10月3日访问。

② 龙飞：《论国家治理视角下我国多元化纠纷解决机制建设》，《法律适用》2015年第7期。

③ 杨怀荣：《商会调解更专业更高效》，《人民法院报》2019年2月16日（第2版）。

加之涉企商事纠纷数量多，解决难度大，要考虑到现实利益和长远利益，多元纠纷解决机制也暴露出一些不足。

（一）多元解纷机制运行保障不足

在我国，多元解纷机制包括：人民调解、仲裁、司法调解、商事调解等。多元纠纷解决机制作为成本低廉、偏大众化的替代性方式，有利于解决民事和商事纠纷，可缓解近年来涉企纠纷数量激增带来的司法压力，在实践中，已经得到了各级政府部门的高度重视。在商业领域，纠纷的解决更加注重效率，民营企业更愿意降低社会成本和时间成本，而且多元解纷方式一般不会使纠纷双方的关系完全决裂，纠纷各方的利益能最大化得到实现。在这一层面上，多元解纷带来的成效将比司法改革更快，其作用也会更加显著。

但当前多元解纷机制自身存在着一些不足，缺少配套的法律作为保障，程序上可能会面临着不公正、随意性强等问题，一方面，多元解纷方式以其效率高、成本低获得广泛应用；另一方面，却因为其缺乏公信力保障、制度约束而受到限制。所以，多元解纷机制的有效施行某种程度上取决于配套保障制度是否完善，有时各方在解决纠纷时刻意规避法律，缺少程序保障，可能导致不公平的结果。[①] 如实践中，人民调解或商协会调解协议经常出现不实际履行的情形，面对这样的现实状况，需要对调解协议的效力进行司法确认，取得强制执行力，才能防止“出尔反尔”。然而，目前调解协议与司法确认的有效衔接还不太畅通，尽管最高人民法院《关于进一步贯彻“调解优先、调判结合”工作原则的若干意见》明确了在立案阶段的调解期限，而立案前的具体调解期限却没有具体规定，很多案件往往在立案前就被拖延很长时间，尤其是年末一些法院为了完成年度办结案件，就采用诉前调解故意延缓立案；诉调对接的期限如何规定也没有体现。可见，多元解纷机制如果没有公权力作为保障，当事人对达成的协议拒绝履行，纠纷的最终解决还是要依赖于司法机关强有力的方式。现行法律关于多元解纷如何与诉讼程序有效衔接还存在制度不足，没有充分做到无限的多元纠纷解决资源与有限的司法资源之间的弥补，未发挥好多元解纷机构的最大效用。

① 陈艳恩：《浅议替代性纠纷解决机制》，《学术论坛》2010 年第 7 期。

诉讼中的调解也存在一些问题。虽然《人民调解法》第18条规定了诉调对接的程序，但该规定过于笼统和原则，导致在实践中各地法院对诉调对接程序的适用出现偏差。如一些法院对符合诉调对接的案件先行调解，调解不成的再由当事方向法院申请立案；有些法院规定对符合诉调对接的案件先调解，调解不成的直接立案；还有些法院立案后再进行调解，调解不成后及时判决。[①] 根据当前的法律规定，案件诉讼过程中，当事人申请和解或调解后迟迟没有签署调解协议的期限不占用审限，导致一些法官可能利用法律上的空白故意规避审限，弱化司法活动应受到的期限制约。

（二）商事调解机制存在不足

我国目前主要的调解方式有法院组织的调解、人民调解和律师调解。但是涉企业纠纷问题有一定的特殊性与专业性，采用普通的调解方式效果不尽如人意。在实践中，个别法官不顾当事人的真实意愿强制调解，甚至有法官由于办案压力大，采用明示或暗示方式施压，一些法院仍将调解结案率当作考核指标，进而出现一些法官主持调解的“积极性”高，不顾当事人的内心意愿，违背了调解自愿的法治精神，不利于保护当事人的合法权益。

除了以上法院自行组织的调解以及人民调解外，律师调解在现实中发挥作用甚微，商事调解在现实中基本就是法院与工商联、商协会建立的松散模式。一些商协会尽管建立了商事调解部门，但由于商协会调解法律依据不足、调解员素质要求较高，再加上商协会的重点工作是为会员提供商业服务，旨在提供商业磋商机会和建立行业规范，对会员企业的法律纠纷关注不够、参与热情不足，特别是部分商会对自身积极发挥纠纷调处职能方面的信心不足，对调处商事纠纷流程不熟、主动性不够，如果遇到会员企业之间有纠纷，也建议直接去法院解决。在实地调研走访中发现，出现经济纠纷的民营企业很少去求助于商协会的调解部门，宁愿另请律师直接诉至法院解决。

---

① 汤霞：《诉调对接机制下我国当前商会调处商事纠纷的困境与破解》，《现代法治研究》2019年第1期。

三　民企多元解纷机制的改进

（一）明确商事调解组织的运行规范

涉企纠纷的调解要兼顾调解的民间性与专业性，这就需要从立法上明确解纷机构的法律地位，建立权威的商事纠纷解决平台，增强公信力，增强当事人对商事调解机构调解的满意度。目前我国已经有了《人民调解法》，但是人民调解几乎不适用于涉企商事调解，需要在现行立法的基础上设立和提炼出商事调解的法律规范。在商事调解规范的制定方面，要加强信息披露、信息共享机制，保证调解在公平公正的环境下进行；制定义务负担机制，因为商事调解也必然产生一定的费用，借鉴诉讼法规定起诉方先行垫付诉讼费的方式，构设出一套费用承担机制，规定不配合或者不履行调解协议要付出的代价，通过增加成本代价来增强双方当事人对调解的重视。另外，由于涉企纠纷常含有商业秘密，纠纷解决要保障商业信誉，这样才能够获得信任，要做好相应的法律规范设定，注重商业秘密的严格保护，这样才能打消当事人的顾虑，愿意将纠纷提交到商事调解机构解决。

为此，需要全面研究商事纠纷本身的特点，明确商事纠纷解决机制的法律地位和适用原则，设定商事调解组织和职能部门的功能，完善诉讼与多元解纷的有效衔接，发挥多元解纷机制的积极作用。完善多元解纷机制时，除平等适用法律外，还要特别注重程序的公正，提高多元解纷机制的合理性和规范性。要考虑商事纠纷的复杂性，满足当事人的多元需求，实现纠纷解决的自愿选择，照顾到商事纠纷的特殊性，为不同类型的纠纷提供适宜的解决方法，更有针对性地去解决纠纷。提高纠纷解决机构的公信力及纠纷解决的能力，提升纠纷化解的满意程度。尤其在民营企业之间、商协会间建立起调解组织，实现司法和社会商事调解共同发力的局面。[①]

（二）完善商事诉调对接机制

具体在诉调对接中，要规范诉调对接程序的时间衔接和效力，目

---

① 范愉：《当代世界多元化纠纷解决机制的发展与启示》，《中国应用法学》2017 年第 3 期。

前，若调解不成时如何将调解程序转为诉讼程序存在问题，一般情况下，都是由当事人或代理人另行起诉，正如前文所论，此种方式毫无疑问大大拖延了起诉立案的时间。对此，可以借鉴台湾地区的经验，法院委托调解时应出具委托函，该时间就被记为受理案件时间，如果调解不成，直接转为诉讼程序，不再另行立案起诉；如果达成调解的，直接请求法院进行司法确认即可。不管何种情形，整个过程都在法院的流程中进行，这样一来，就可以保障当事人的合法权益。良好的诉调对接是一种将正式与非正式的司法体制融合在一起的谈判协商过程，平衡了争议当事方息事宁人的需求与法律条文的限制，可使纠纷解决方式从单一走向多元，有助于纠纷的迅速解决与和谐社会的构建。①

（三）明确司法确认的适用条件

2011年最高人民法院颁布了《关于人民调解协议司法确认程序的若干规定》，使商事调解具有公信力和执行力，规范了司法确认制度的适用。当事人申请法院进行商事调解不得损害第三人的利益，不得违反法律的禁止性规定，应当属于当事人可自由处分的范围，否则不予以司法确认。如果当事人进行虚假调解，或者滥用调解的便捷性和司法确认的权威性，就要严格禁止，严重者要追究其刑事责任。所以，法院应特别注意调解达成的真实意思背景，不能轻易相信调解协议自身的外观表现和文字叙述。还需注意的是，当事人申请司法确认的案件应属于法院的管辖范围，否则法院的司法确认就没有法律依据，换言之，商事调解的司法确认不能违背《民事诉讼法》的基本规定，毕竟多元解纷机制只是法院诉讼的补充，不能有违司法的权威性、严肃性和强制性。

第二节　民营企业民事纠纷审理及改进

涉企纠纷案件中，数量最多的是民事案件，民事纠纷范围广，包括物权纠纷、继承纠纷、婚姻纠纷、合同纠纷等，从笔者调研的情况看，大部分民事案件集中在合同纠纷，其次为借贷纠纷案件，其他如婚姻案

① 汤霞：《诉调对接机制下我国当前商会调处商事纠纷的困境与破解》，《现代法治研究》2019年第1期。

件、知识产权案件也较多，但婚姻案件属于企业主个人的事务，对此不展开讨论，以下就围绕商事案件、借贷纠纷案件和知识产权案件展开研究。

一　民企商事案件及法治改进

（一）以昆明市为代表的调研分析

在经济持续低迷的全球经济大背景下，涉企经济纠纷持续增加，以昆明市为例，根据裁判文书网数据，近三年昆明的商事合同纠纷案件达123725件，涉及民营企业99609件，占总量的80%左右。[①] 合同案件居多，绝大部分都是民营企业纠纷。可以见得，在数量上，民营企业是市场经济中的重要主体，占据整个市场经济的主要地位；但也看出民营企业内部纠纷多、法律风险危害大的现状，规范化经营需要不断提升，适应市场环境、应对风险挑战的能力还不足。

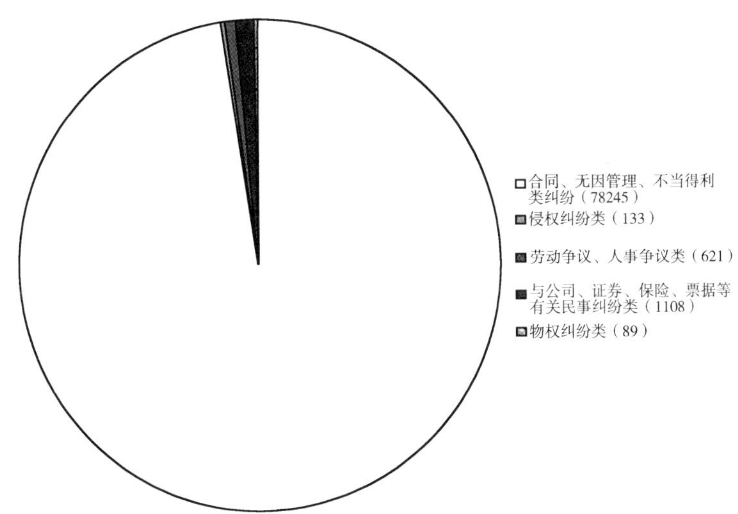

图5-2　昆明市2018—2020年民事纠纷案由（件）

从图5-2、图5-3可以看出，民事纠纷案件中，合同案件量最大，其中借款合同纠纷比重最大。近年来，随着我国对借贷的严厉规制，大量借贷纠纷现在都以案件形式爆发出来。根据调研，近几年激增的案件

① 数据来源：中国裁判文书网统计整理。

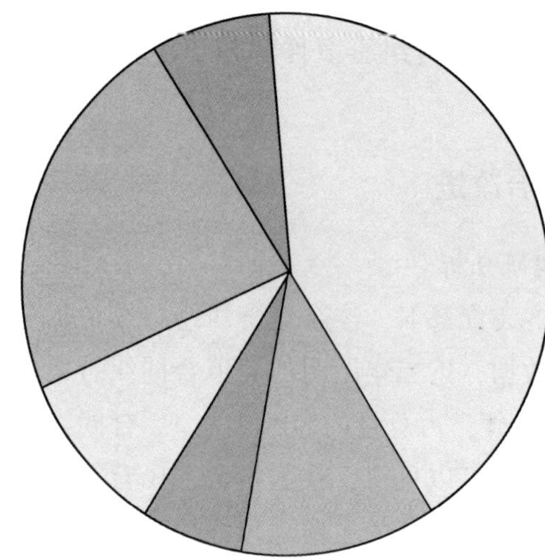

图 5-3　昆明市 2019 年全年合同纠纷分布（件）

数据来源：中国裁判文书网统计整理。

中，绝大部分就是借贷纠纷案件，主要包括金融借款合同纠纷、企业间借款纠纷、民间借贷纠纷，一部分企业依赖民间借贷和企业间借贷，这一融资途径缺乏监管，法律风险较高。当然，也从另一层面看出，民营企业借贷纠纷数量快速增长反映出民营企业“融资难、融资贵”问题突出，大量的融资案件使众多民营企业经营困难，直接影响了企业的生存发展。

调研中还发现，当民营企业发生纠纷时，首先考虑的是通过熟人或者关系解决，依靠人情关系维权，甚至有一些民营企业家通过非正常手段维权，导致自己触犯刑法，被追究非法拘禁罪、故意伤害罪等。正如前面所提及，民营企业的负责人如果涉诉，尤其是被刑事拘留、进入失信人名单等，企业的信誉就会受到极大减损，日常经营将受到极大威胁，企业甚至可能面临清算或破产。司法机关通常不考虑企业日常经营需要，采用保全账户、查封厂房等强制手段，致使企业资金运转困难，正常经营无法维系。

（二）民商事纠纷产生的企业原因

综合分析民营企业经济纠纷的原因，除了经济环境影响外，民营企业自身也存在问题，主要表现为以下几个方面：

第一，法律意识淡薄。很多民营企业在内部没有建立起良性的法律风险防控体系，致使企业长期处于较大的经营风险中。未建立起完备有效的合同管理制度、人力资源管理制度、应收账款管理制度、知识产权管理制度等，内部规章制度缺失，岗位责任不到位，管理不科学，责任落实不严。据调研，绝大多数的小微型民营企业没有自己的法务部门，也没有聘请外部法律顾问来审核、把关企业的法律问题，企业主自己凭经验、靠感觉起草或签订合同，不愿意投入成本防范风险。即便一些民营企业可能有法务部或者外部法律顾问，在经营决策或者经营管理过程中，也不愿意听取法务人员或者法律顾问的意见和建议，法律风险意识薄弱。更有甚者，部分民营企业主还是相信所谓的“关系”，遇到任何纠纷都想通过找熟人、通过关系达到自身的目的，对法律维权产生怀疑或排斥，个别企业主还采用暴力等方式维权，自己最终身陷囹圄，严重阻碍了企业的正常发展。

第二，诚信体系不健全。诚信与责任是企业家应有的内在素养，但一些民营企业信用缺失问题突出，视自身信誉不顾，资信状况参差不齐，严重影响民营企业的整体形象。当然，信用缺失的原因较多，有外部环境的因素，也有民营企业主自身短视的原因。外部环境来看，一些政府部门长期以来由于领导更替的原因，导致“新官不理旧账”，民营企业对政策、政府承诺的信赖遭到贬损，导致企业主自身也养成了不守信的习惯。再加之，一些企业主为了自身的生存和发展，无视社会的监督，将成本转嫁给社会，做出损人利己的不当行为，信用严重缺失。另外，制度层面的原因也不容忽视，我国的信用体系建设还存在很多问题，征信体系的单一导致企业主没有过多重视信誉的积淀，不注意对信用的珍视。

（三）涉企民商事案件的规范改进

民营企业经济纠纷的频发和激增，尽管部分企业有其自身不规范以及不诚信的原因，但对于绝大部分案件来说，要充分考虑民营企业权益受损的实际，让那些诚信经营的民营企业得到保护。让公众信任司法是现代法治社会的宗旨，为此，司法机关应畅通诉讼通道，高效审理案件，让民营企业的权益能及时、公正得到维护和保障。关于民营企业的诚信建设以及司法执行等内容，后文将做详细论述。

二 民企借贷案件及法治改进

随着我国市场准入条件的不断放宽，民营企业的数量也不断攀升，很多小微企业长期面临资金的压力，融资难问题持续得不到有效解决。受正规金融机构信贷担保的限制，民营企业的金融可得性无法实现，为了满足金融需求，很多企业无视利息的高低，向亲朋好友或一些小额贷款公司融资，但由于使用资金成本的高昂，再加之融资企业管理规范的缺失，融资纠纷频发，甚至出现大规模系统性风险。在笔者调研中，企业所涉及的金融类案件绝大部分属于民间借贷案件和银行类借贷案件，银行类借贷案件由于证据清晰，法院在审理此类案件时基本都是模块化的方式，很少存在审理不当的情形。而民间借贷、企业间拆借则存在很多复杂的因素，证据不充分，审理起来非常繁杂。

（一）民间借贷利率沿革

民间借贷在民营企业经营过程中一直存在，也是民营企业家借以融资的重要方式，当企业通过正规金融机构融资困难时，则选择民间借贷，民间借贷属于非正规金融，游离于官方正规的金融之外。[①] 民间借贷具有形式多样化、借贷手续简便等特点。

一般情况下，民间借贷利率由借贷双方自由约定，但为了管控借贷产生的风险，我国一直采用严格的上线规定。1991 年最高人民法院发布的《关于审理借贷案件的若干意见》规定，利率不得超过银行同类贷款利率的 4 倍；2015 年最高人民法院发布的《关于审理民间借贷案件适用法律若干问题的规定》对民间借贷利率采取上限年利率 24%的规定，超过年利率 36%的部分不予保护。《民法典》对高利贷做了禁止性规定，最高人民法院于 2020 年 8 月 20 日正式发布了新修订的《关于审理民间借贷案件适用法律若干问题的规定》，调整民间借贷利率的司法保护上限，以中国人民银行授权全国银行间同业拆借中心每月 20 日发布的一年期贷款市场报价利率的 4 倍为标准，取代原《关于审理民间借贷案件适用法律若干问题的规定》中“以 24%和 36%为基准的两线三区”的规定。

① 张立杰：《民间借贷新动向及相关建议》，《黑龙江金融》2011 年第 9 期。

（二）民间借贷案件产生的法治原因

民间借贷由于门槛低、手续简便，为民营企业带来了极大的融资便捷，但滋生了大量风险隐患。一些企业为了获取资金不断拆东墙、补西墙，以各种名目向社会融资，当无力偿还时便演化为非法集资或大批借贷案件。[①] 再加之借贷利率过高，实体经营赚取的利润无法覆盖利息，面对还债压力，债务人往往会选择跑路或携款潜逃。近年来大量民间借贷案件的发生经常出现一人多案的情形，涉案金额也比较大；案件之间，连带性较为复杂，保证、抵押、质押、“三角债”等较为突出，案件关系复杂，一连串的诉讼案件接踵发生，化解纠纷特别困难，即便在实体上可以判决结案，但执行却存在严重障碍，在调研企业中，占比超 50%的企业未按判决结果如期支付相关款项及利息，企业向法院申请强制执行后面临无可供执行的财产，企业权益无法获得切实保障。

大量民间借贷案件的产生原因主要在于民营企业及企业家自身问题，我国的民营企业很多都属于家族式企业，家庭财产、个人财产与企业财产混同，没有健全的财务管理体系，财务信息不透明，管理中集情感与利益于一身，缺乏现代企业管理制度。正如前文所言，企业主凭借经验和胆量经营企业，风险管控意识淡薄，个人和企业之间的界限不明，企业负债与个人负债混淆，很多借贷案件既有个人又有企业参与其中，主体关系不清。归结起来，民间借贷案件的发生也有一些法治层面的原因：

一是民营企业融资法律缺失。目前，我国民营企业融资难、融资贵现象突出，法律制度的引领尤为重要，但我国有关保障民营企业融资的法律较为散乱，实质性规定少。《民法典》《中小企业促进法》和其他法律法规中有一些关于中小企业融资促进方面的规定，但很多都停留在倡导、扶持的层面，如融资促进、创业扶持、税收优惠等，但真正落实到民营中小微企业方面的实质性、可操作性的法律规定却少之甚少，原则性规定多，政策性宣导多，过于笼统，配套的相关法律规定少，能有

---

① 严阿娣、薛绍军：《破圈解链化解资金风险，维护民营企业合法权益》，《人民法院报》2018 年 12 月 13 日（第 8 版）。

效贯彻执行的更少，不利于民营企业融资的健康发展。

二是民间借贷法律规范滞后。1991年最高人民法院的《关于审理借贷案件的若干意见》规定了民间借贷利率不得超过银行同类贷款利率的4倍；2015年的《关于审理民间借贷案件适用法律若干问题的规定》提高到上限年利率24%，年利率超过36%的部分无效；2020年8月发布的《关于审理民间借贷案件适用法律若干问题的规定》，又将民间借贷利率的司法保护上限调低到市场报价利率的4倍。长期以来，我国民间借贷一直活跃，虽然上述文件对此都有较为细致的规定，然而很多借贷现象始终无法援引现有规定，难以找到具体的法律适用，司法实务中一些案件游走在刑事案件和民间借贷纠纷案件的模糊地带，办案机关很难准确做出判定。当前《民法典》规定严禁高利放贷，但民间借贷这种市场自发的行为如何才能从法律上去规范引导值得深思，而不是简单地“禁止”。

三是借贷担保不规范。民间借贷之所以便捷，其中的重要原因在于其省去了正规金融机构应有的风控程序，担保缺失，即便有担保也存在诸多瑕疵，常规性的抵押担保很少，如果有，抵押财产的价值以及抵押物的变卖也做了不利于债务人的处理方式。现实中，一些抵押没有发生效力或者存在严重瑕疵，如抵押物权属不明、重复抵押、未办理抵押登记手续、抵押手续不齐全等，抵押不规范，在处置抵押物的过程中，也常出现第三人对抵押物提出权属争议，或债务人与第三人恶意串通规避债务等。一些借贷采用质押、保证人等方式，担保手续也是草率处理，当债务人无法偿还到期债务时，债权很难实现。

四是借贷当事人法律意识淡薄。借贷纠纷的发生大多是由于当事人自身的意识淡薄所致，我国的民营企业主受制于融资难的困境，再加之过去经营企业利润空间较大，对法律风险没有过多关注。受计划经济体制带来的影响，我国对企业发展的引导大多依靠政策性文件，民营企业长期以来养成了对政策的依赖，对法律的规范性作用不加以重视，一些企业主对法律持可有可无的态度。体现在民间借贷纠纷中，很多民营企业主看中的是融资时的便捷，而忽视了经营中的风险把控，出借人也忽视了借出后的潜在法律风险，看中的是利息的诱惑，不注意事前的法律风险防范，宁愿临危咨询，也不愿预先堵漏。当其合法权益受到侵害时，更愿意相信政府，宁可信访，也不愿诉诸法律。[①]

（三）涉企借贷的法治改进建议

一是加强企业民间借贷立法。《中小企业促进法》对企业民间借贷未做具体规定，司法解释并未专门针对民企民间借贷融资进行过多规定。因民间借贷立法位阶较低，在处理民间借贷纠纷案件时更多只能引用其他法律规定，导致民间借贷缺乏可预见性，乱象丛生，不利于纠纷的解决，不利于企业的融资计划。建议针对民营企业民间借贷进行立法保护，不能简单通过“堵”的方式，尽可能采用“疏”的方式，通过规范其运行行为，让其浮现在“水面上”，不至于隐藏在“水面下”，通过具体的法律规则，规范民营企业民间借贷的行为，让借贷双方当事人的权益都可以得到更好保护，民营企业融资的成本也会更低。同时，可以避免由于民营企业因融资难而深陷非法借贷的泥潭，使民营企业民间借贷从高利率、严格的贷款归还条件中解脱出来，从而避免发生不必要的法律风险。有关民营企业民间借贷的立法应在规制主体、借贷合同、借款金额、借款用途、借款利率、借款期限方面进行详细规定，要明确民间借贷的风险机制和责任机制。

二是提高借贷当事人的法律风险意识。民营企业通过民间借贷融资时要充分结合自身企业的经营状况，衡量企业利润与借贷成本的差异，如果企业利润不足以覆盖借贷成本，除非借贷资金属于短期周转，否则一切民间借贷都会将企业拖到泥潭。另外，还要做好内部风险防控，确保财务状况良好，应收账款能衔接上民间借贷还款期限，避免还款期限届满无力偿还而陷入诉讼。再有，借贷过程中应完善和规范借贷手续，保留借贷支付凭据，注明资金用途、利率、期限、还款主体等必要条款，以免发生纠纷却证据不足，尽量做好风险防范，提升自身法律防范意识。

三是查清事实依法裁判。法院在审理涉企民间借贷案件时，要根据当事人所提交的材料认真审查材料形成的背景，是否属于亲笔签署、撰写，还是格式模板；要查清材料背后的真实交易情况，款项的交付凭据、日常还款的记录以及借据记载内容与真实交付之间是否一致等。对

① 岳彩申：《民间借贷的激励性法律规制》，《中国社会科学》2013 年第 10 期。

于违法借贷行为坚决遏制，对于符合法律规定且真实存在的借贷行为，要加以保护。同时，可以通过大数据分析，对于一定区域内长期涉诉或者大量发起诉讼的借贷当事人，要密切重视其借贷行为，如果发现的确涉嫌高利放贷犯罪，要及时移送公安机关进行立案侦查，坚决打击不利于市场金融秩序的行为，维护良好的民营经济发展法治环境。

三 民企知识产权案件及改进

截至2019年，民营企业专利申请数占比77.8%，发明专利申请数占比77.4%，有效发明专利数占比75.8%，民营企业成了国家经济创新发展的“主力军”。① 我国已制定了一系列激励政策促进民营企业的科技创新，2018年科技部、全国工商联发布《关于推动民营企业创新发展的指导意见》，大力支持民营企业建立高水平研发机构，积极支持民营企业参与实施国家科技重大项目；2018年底，国家知识产权局发布《关于知识产权服务民营企业创新发展若干措施的通知》，指出要加大对民营企业知识产权的保护力度。② 可见，各级政府精准推动和扶持民营企业科技创新，营造良好的知识产权保护法治环境。

（一）民营企业知识产权保护存在的问题

民营企业知识产权案件近几年剧增，知识产权侵权现象严重，要么侵犯他人权利，要么被他人侵权，这就说明民营企业不仅要注重维权，还要做到不侵害其他民营企业的知识产权。很多民营企业自身保护意识和保护能力不足，再加上现代科技的日新月异，知识产权保护在具体层面上还存在一些问题。

第一，知识产权保护意识和保护能力较低。

民营企业诉请保护的知识产权类型涵盖范围广，很多都是与前沿科技、新型设计、国计民生密切相关的领域。这说明无论在传统型产业，还是新兴的前沿产业，民营企业都缺乏对自身知识产权的保护意识，诉

---

① 《国家统计局统计年鉴2019》，http://www.stats.gov.cn/tjsj/ndsj/2019/indexch.htm，2020年10月10日访问。

② 王志刚：《加强产学研用融合创新 推动民营经济创新发展》，《中国科技产业》2019年第1期。

请或被诉都体现当前知识产权保护存在力度不够的情形。改革开放40多年来，民营企业已经跳出了代工、贴牌等传统的经营模式，将大量精力放在研发、创新之上，但当下民营企业所具有的专业研发人员、创新成果还没有充分结合法律规定，只是从事实上形成了相应的成果，但还没有转化为受法律保护的状态，或者说法律保护知识产权的机制在企业内部还没有形成，知识产权保护意识和保护制度都需要提高和完善。

目前，众多民营企业的主要精力依然放在产品、服务、渠道、成本等方面，往往忽视自身公司知识产权保护法律风险的防范，只有在产生诉讼后才发现侵害了他人的权利或发现被侵权，而自身缺乏法律方面的知识和人才准备，企业往往损失大，处境被动。

第二，行政保护力度不足。

对知识产权予以保护的管理部门并非是单一的机构，包括知识产权局、商标局、市场监管局、科技局、文化局、公安机关等部门，各部门之间侧重点不一样，信息畅通不足，没有形成信息共享机制。各个管理部门职责权限不一致，适用的法律也可能不统一，执法标准不一致；跨地区执法存在困难，分头管理、多头管理现象严重，管控能力分散。再加之执法人员专业化水平参差不齐，自身专业素质不足，缺乏管理，执法过程中对执法人员的责任追究制度缺乏。

第三，司法保护不力。

尽管很多地区都已经在法院内部建立起知识产权法庭，但由于知识产权诉讼案件的特殊性，对审判人员的专业性要求高，审判人员不仅要具备专业的法律知识，还要熟悉各种科技创新的相关知识，而法院缺乏相应的配套设施和高层次的专业人才，使得知识产权案件的质量无法完全得以保障。当前，由于各地法官资源的不同，加上一些法院知识产权法庭配置不合理，难以与逐年增多的知识产权案件相适应。在知识产权审理过程中，由于技术和法律融合、事实查明难度大、违法认定模糊，审理周期一般较长。另外，我国有关企业知识产权的保护及标准认定主要体现在部门规章、政府规章或者其他规范性文件之中，立法的专业性不强、迟滞性比较明显，导致民营企业在政策信息、法律信息的收集和获取方面难度较大，无形中加大了法官在知识产权领域的门槛和成本。如在专利、商标民事侵权案件中，被诉侵权人往往会针对诉争的专利权、商标权提出抗辩，并通过向专利复审委员会、商标评审委员会提出宣告无效申请，进而造成民事侵权与行政确权案件产生交叉，引发诸如处理结果冲突、案件审理周期长、易出现循环诉讼等问题。再有，虽然我国法院坚持对中外各类市场主体的知识产权依法一视同仁、平等保护，但民营企业在个别地区、个别行业依然在面临国内外行业巨头、国有企业时处于弱势地位，法官自由裁量权大，同案不同判现象时有发生。

（二）民营企业知识产权保护的改进建议

第一，加强知识产权司法保护。

党的十九届四中全会提出要加快建设创新型国家，强化国家战略科技力量，完善科技创新体制机制。知识产权保护和运用就需要予以重视，形成有效的创新激励机制，特别是加强司法保护机制的完善。近年来，人民法院坚持公正司法、司法为民的理念，紧紧围绕“努力让人民群众在每一个司法案件中感受到公平正义”的目标，积极发挥知识产权司法保护工作对激励和保护创新的重要作用。①

在民营经济被高度重视的当下，人民法院通过公正审理每一起知识产权案件，维护和激励知识产权创新，惩戒侵害知识产权的各类案件，充分发挥审判保护的作用，激发创新动力，维护公平竞争的市场秩序，全面传播创新文化，为权利主体提供强有力的司法保护。让创新创业者坚定信心，为权利人提供明确、稳定、可预期的规则指引，提升社会创新活力。对于知识产权刑事案件，人民法院要加大保护力度，及时提高办案效率，对违法者施以惩戒措施，净化市场经济竞争环境。随着新一轮科技革命和产业变革的蓬勃兴起，新技术、新产品、新业态不断拓展法律边界，涉及大数据、人工智能、互联网、生物医药、专利、标准等科技前沿领域的知识产权纠纷不断涌现，案件数量、案件类型也将不断增多。法院既要对复杂的技术方案进行分析，又需要结合具体案情灵活适用法律。法院要坚持把非诉纠纷解决机制安排在前面，在知识产权领域推进多元解纷体系建设，鼓励当事人通过非诉讼方式化解纠纷，促使

① 《中国法院知识产权司法保护状况（2019）》，https：//www.chinacourt.org/article/detail/2020/04/id/5049570.shtml，2020 年 8 月 11 日访问。

各类纠纷解决方式各得其所、各尽其能、多元共治、形成合力，进一步提升知识产权纠纷解决的效率，为民营经济创造良好环境。

第二，推进知识产权审判改革。

加强知识产权审判领域理论创新、制度创新和实践创新，推进知识产权审判领域各项改革举措，不断完善知识产权司法体制机制，统一裁判标准，做好前端梳理，加强中间把控，完善末端审核。[①] 探索行政和民事案件同步审理模式，对于明显具有无效或可撤销情形的商标权、专利权，可向法院示明，申请法院在民事侵权案件中予以直接驳回原告诉讼请求，无须等待行政确权最终结果。同时在立法层面，建立从上到下的司法审查制度，以立法形式明确司法审查的适用范围。优化知识产权案件审判机制，统筹全国法院优势资源，推进多元化的技术查明机制发展，努力解决欠发达地区法院技术力量不足的问题。加强信息化和智能化建设，建设裁判规则库和案例库、大数据知识产权分析平台等，探索“互联网法院+知识产权法院”的对接机制，满足当事人通过互联网提交证据、网上阅卷等需求，为案件智能审判提供技术支持。[②] 另外，要不断完善符合知识产权案件特点的诉讼规则，破解制约知识产权司法保护的体制性难题，积极优化知识产权案件审理模式。强化当事人的举证义务，加大依职权调查取证的力度，有效减轻权利人维权成本。进一步明确各类人员参与技术事实调查的方式，充分运用技术调查的各种力量资源，构建有机协调的技术事实查明机制，促进案件繁简分流，统一法律适用标准。

第三，提高民营企业知识产权重视度。

人民法院要密切关注知识产权司法保护热点问题，积极参与《专利法》《商标法》《反不正当竞争法》《著作权法》《商标法实施条例》《植物新品种保护条例》等法律法规的制定和修订工作，强化司法解释工作。[③] 通过立法、司法活动向社会普及知识产权常识；建立并完善民

① 刘强、汪永贵：《知识产权司法审判的商事化改革》，《湖南大学学报》（社会科学版）2019 年第 1 期。

② 《中国法院知识产权司法保护状况（2019）》，https：//www. chinacourt. org/article/detail/2020/04/id/5049570.shtml，2020 年 10 月 13 日访问。

③ 宿迟：《北京知识产权法院若干问题》，《科技与法律》2015 年第 1 期。

营企业创新研发宣传长效机制，不定期开展知识产权创新保护方面的宣传活动；创新法院和行政部门的知识产权宣传协调工作机制，开展创新研发宣传、走访、问卷调查，及时传达最新的创新研发政策，了解企业在创新研发过程中存在的问题与难处，聘请法律专家、司法工作人员、技术专家等开展巡回讲座，提高民营企业创新研发积极性，增加民营企业知识产权维权意识和侵权防范意识。鼓励企业内部制定专门的知识产权管理制度，建立专门的知识产权管理部门，并由具有专业知识的人员专门管理，相关单位定期组织对专业人员的培训，充分保证民营企业的知识产权信息获取权。

第三节　民营企业判决执行现状及改进

民企案件执行是否到位是民营企业对司法保护的直观认识，也是优化营商法治环境和净化市场经济秩序的客观需要，要发挥司法职能，将权益保护、执行强制性与善意文明执行相结合，让执行工作既有力度，也有温度。[①]

一　民企案件执行存在的问题

权益是否真正得到实现往往依赖于执行，各种矛盾和社会问题通常也显现在执行过程中，执行过程的规范化非常重要，执行机制以及执行管理的水平都会直接影响执行的效果。目前，在涉企案件执行过程中，主要存在如下几个突出问题：

（一）超范围执行

从其字面意思上看，很明显就是执行人员违反法律规定采用执行措施，或者实际控制的标的额超出判决书确定的范围。司法实务中，执行法官超出判决书记载的数额查封被执行人的财产，包括个人财产、企业财产、企业生产设备等，所冻结或查封的总资产远远超出涉案数额。甚至还采取拘留、将被执行人列入失信人名单等手段，导致企业无法动

① 陈立烽、刘伟光、林铭春：《民营企业涉执案件困境及对策》，https：//www.chinacourt.org/article/detail/2020/05/id/5235070.shtml，2020 年 8 月 12 日访问。

弹，完全不顾企业的生死存亡，企业正常经营完全遭受破坏，尽管加大执行力度无可厚非，但整体来看，不加区分地执行最终一定不利于民营企业的发展，更不利于整个社会经济秩序的和谐。

（二）任意执行

任意执行在执行过程中主要体现为执行人员剥夺当事人的异议权，损害他人的合法权益，随意采取执行措施，导致执行错误。如针对一个民营企业的数个案件，往往由不同的执行人员进行执行，对企业的整体状况不清楚，信息不对称，执行人员分别查封或冻结同一企业的不同财产，造成被执行人财产不能够正常流转。尽管现在大数据的应用十分便捷，为法院的执行工作提供了诸多方便，但也不免因为法院内部执行分工的问题出现执行的任意性。现实中，执行人员可能为了完成执行任务，在被查封的不动产价值可以实现几个债权的情况下，不同执行人员往往会另行执行企业的其他资产以完成执行任务，造成企业因数个不同执行行为陷入困境。

（三）选择执行

在现实中，选择执行主要体现为人情关系、金钱交易等违法违规现象。个别执行人员区别采取执行措施，对同一案件的多个被执行人选择部分对象执行，或者在有多个债务人或担保人的情形下，执行人员刻意采取区别对待的方式进行执行，导致执法不统一、不公平的不良后果。民营企业常常采取互相担保的形式取得经营资金上的支持，导致一个执行案件，被执行的有数个民营企业。在笔者调研的企业中，有企业家反映在执行案件中，虽然该企业是担保人之一，但法院选择性地执行了优质企业的财产，对其他担保人却没有采取任何强制执行措施。执行不统一使有履行能力的债务人或担保人承担了责任，而其他人却逃脱了责任。

二　民企案件执行问题的成因

（一）立法和执行规范不尽完善

执行难固然是一个非常复杂的问题，但无论如何也要遵照法律的规定依法进行，我国还没有强制执行法，在执行过程中具体措施不完善，很难应对执行中的复杂状况。此外，我国缺乏自然人破产制度，很多案件由于执行不能也无法通过合法的路径退出执行程序，执行问题不能有效得到解决。再有，法院的执行与国家的政策有很大的关联性，政策紧张时执行效果好，政策松绑时执行效果又大打折扣，尽管目前的执行力度在不断加大，但总体来看，受制于信用体系、自然人破产制度缺失等各个方面的原因，执行规范化程度还不够，执行的强制性本质上还未真正发挥出来，强制性的权威还未完全体现。

（二）执行程序监督较少

我国《民事诉讼法》对执行程序有专门的规定，然而，在现实执行过程中，会出现执行过程简单、粗暴的情况，如根据申请人的申请进行的查封，很少去考虑查封财产的价值是否超过法律规定应当履行的义务范围；在查封、冻结后不通知被执行人，甚至一封了之，更可笑的是，当事人已经履行了债务，但执行措施仍然不予以解除，后续措施未能跟上。个别执行案件中，被执行民营企业被查封、扣押的财产不造清单、不通知，民营企业甚至不清楚自己哪些财产被查封、冻结，哪些财产何时被解封、解冻，执行过程不公平、不透明，缺乏监督。

（三）依法配合执行意识淡薄

一些民营企业主由于法律意识淡薄，对执行案件的义务履行仍抱侥幸心理，埋下了被强制执行的隐患。当案件已经进入了执行阶段，甚至还有部分民营企业主恶意逃避债务，转移企业或个人财产，甚至一跑了之，造成法院执行过程举步维艰，对市场经济秩序的维护造成不良影响。对此，法院在执行案件时本可以采取一些柔性方式，但也无法判别哪些被执行人可以“手下留情”，干脆尽量采用较为严厉的强制措施，最终导致前述提到的一些超范围执行、任意执行的情形。

三　民企执行的法治优化建议

对民营企业的保护，绝不是寻求一种特殊的保护，而是一种针对各种所有制形式的平等保护。民营企业家也不应该渴望特殊保护，关键是希望建立起一种可预期的、稳定的、一视同仁的法治环境。因此，在执行层面，要有规范的执行机制和执行措施，才能促进经济的良性发展，增进民营企业对司法的信任。

（一）完善执行立法

在现有法律框架下，人民法院要加强执行规范建设，细化执行领域的具体规范，包括执行人员的责任追究等。针对执行难案件，通过信用体系建设促进主动履行，通过财产、人员信息登记制度保障申请执行人的知情权等措施，形成有力的外部支持，确保执行顺利进行。对于执行不能案件，通过破产制度让“僵尸企业”退出市场，细化执行过程中的破产退出细则，发挥法院的司法功能。尽快推动建立个人破产制度，通过个人破产制度让个人退出执行程序等，才更有助于减少执行中的不良现象，也才能使市场运行机制更加顺畅，激活经营过程中个人经营失败后的发展动力，营造宽松的营商法治环境。

（二）加强执行信息公开

从长远来看，执行措施应有利于实现申请执行人的利益。在执行过程中，需确保执行程序公开，接受各方监督，防止司法权力滥用，无论是执行程序、执行内容还是执行的手段和方法都必须合法合规。对民营中小企业的执行更需要公开、规范，在采取查封、扣押等措施时，应充分考虑执行措施的实施对企业生产经营的影响，保护企业应有的合法权益，防止企业因执行措施不当陷入僵局、加剧困境。通过执行公开信息，让债权人、申请执行人、企业利害关系人知晓执行进程，提升执行工作透明度，特别是执行联动、协助执行流程节点信息向被执行人公开，以公开促进公正执行、规范执行，接受各方监督，让执行更能达到社会效果。

（三）加大执行普法宣传教育

当前，国家对普法特别重视，也建立了司法行政机关为普法主体的多元化普法教育机制，“谁执法、谁普法”已经基本形成，现实中各执法主体也在通过各种方式进行普法教育。社会公众对实体权利的了解已可便捷获取，在涉企经济中的风险防控领域，相关的法律知识、普法读物、普法视频等较多。但是针对涉企执行或者普通执行的法律知识，广大公众仍存在盲区，我国司法机关普法在现实中已经做了很多工作，但针对执行方面的普法还存有缺失，要发挥执行部门经验丰富的优势，用以案说法的形式让执行配合深入人心，让执行可能带来的后果震慑人心，才能使那些设法逃避债务、肆意违法、故意违约的主体知晓不利后果，才能推动法律适用的普适性，引导民营企业规范经营、诚信经营。

第四节 民营企业刑事犯罪现状及规制

在我国，民营企业发展向好，为市场经济持续发展注入新鲜动力的同时，也存在着较多问题，这些问题对我国总体经济环境与发展潜力都造成了较大消极影响与后果，一些民营企业由于不规范经营，导致企业存在犯罪问题，我国刑法规定了单位犯罪和主要责任人犯罪的追究机制。近年来，较为显著的问题是民营企业家刑事犯罪率增长明显，涉案总量激增。笔者通过对2018年度民营企业家涉刑事案件的数据分析，总结出民营企业家涉刑事风险存在的问题。

一 民营企业家刑事犯罪现况

根据北京师范大学所做的《企业家刑事风险分析报告（2014—2018）》的数据材料。[①] 2017年12月1日至2018年11月30日上传的刑事判决案例中，共检索出企业家犯罪案例2222件，企业家犯罪2889次。其中，国有企业家犯罪数为330次，约占企业家犯罪总人数的11.42%；民营企业家犯罪数2559次，约占企业家犯罪总人数的88.58%。2889次企业家犯罪中，共涉及犯罪企业家2773人。其中，犯罪的国有企业领导人数297人，约占犯罪企业家总人数的10.71%；犯罪的民营企业家人数共2476人，约占犯罪企业家总人数的89.29%。

（一）犯罪企业家的身份特征

从年龄方面来看。2018年的2773名犯罪企业家中，年龄明确的有2499人。最小年龄19岁，最大年龄77岁，平均年龄44.64岁。从学历水平来看，犯罪国有企业家绝大部分是高中及以上学历，所占比例约为90%，而犯罪民营企业家较犯罪国有企业家学历分布更为均匀，以大学及以上学历、高中学历以及初中学历为主，总体来说，犯罪国有企业家的学历水平高于犯罪民营企业家。从职务方面看，在2475名犯罪民营企业家中，企业负责人（包括法定代表人、董事长、经理、厂长、矿长

① 张远煌：《企业家刑事风险分析报告（2014—2018）》，《河南警察学院学报》2019年第4期。

等正职和副职）共 1783 人，占 72.04%；实际控制人、股东共 180 人，占 7.27%；党群负责人共 24 人，占 0.97%；董事共 9 人，占 0.36%；监事共 11 人，占 0.44%；财务负责人、技术负责人、销售（采购）负责人以及其他核心部门负责人共 468 人，占 18.91%。从以上数据对比可以看出，犯罪企业家的职务中企业主要负责人所占比例最高，达到 72.04%，财务负责人、技术负责人、销售（采购）负责人以及其他核心部门负责人所占比重居于次位，占 18.91%。

（二）民营企业家犯罪的罪名分布

根据《企业家刑事风险分析报告（2014—2018）》，选定 42 个指标性罪名进行统计，为更全面地展示 2018 年度企业家犯罪的整体情况，最终被法院判为无罪以及被发回重审且尚未审结的案件也被包括在内，总计为 2889 次，其中被判决确定有罪的共 2876 次，国有企业家犯罪频次共计 329 次，民营企业家犯罪频次共计 2547 次，共涉及 38 个罪名，具体见表 5-1。

表 5-1　民营企业家涉嫌罪名情况

序号	具体罪名	触犯频次	占比
1	非法吸收公众存款罪	1527 次	17.77%
2	虚开增值税专用发票罪	971 次	11.30%
3	职务侵占罪	792 次	9.22%
4	合同诈骗罪	538 次	6.26%
5	受贿罪	530 次	6.17%
6	单位行贿罪	508 次	5.91%
7	挪用资金罪	440 次	5.12%
8	行贿罪	394 次	4.59%
9	贪污罪	382 次	4.45%
10	拒不支付劳动报酬罪	381 次	4.43%
11	骗取贷款票据承兑、金融票证罪	262 次	3.05%
12	非国家工作人员受贿罪	256 次	2.98%
13	走私普通货物物品罪	236 次	2.75%
14	集资诈骗罪	214 次	2.49%
15	诈骗罪	208 次	2.42%
16	挪用公款罪	178 次	2.07%
17	污染环境罪	165 次	1.92%

续表

序号	具体罪名	触犯频次	占比
18	假冒注册商标罪	137 次	1.59%
19	非法经营罪	106 次	1.23%
20	串通投标罪	78 次	0.91%
21	私分国有资产罪	70 次	0.81%
22	非法占用农用地罪	67 次	0.78%
23	伪造公司印章罪	54 次	0.63%
24	生产销售伪劣产品罪	48 次	0.56%
25	拒不执行判决裁定罪	45 次	0.52%
26	逃税罪	41 次	0.48%
27	对非国家工作人员行贿罪	36 次	0.42%
28	侵犯公民个人信息罪	34 次	0.40%
29	滥用职权罪	25 次	0.29%
30	对单位行贿罪	16 次	0.19%
31	国有公司单位人员失职罪	11 次	0.13%
32	单位受贿罪	10 次	0.12%
33	巨额财产来源不明罪	8 次	0.09%
34	介绍贿赂罪	7 次	0.08%
35	利用影响力受贿罪	5 次	0.06%
36	对有影响力的人行贿罪	3 次	0.03%
37	内幕交易罪	2 次	0.02%
38	侵犯商业秘密罪	2 次	0.02%

从统计数据来看，民营企业以及民营企业家所涉及的罪名范围及其频次都很高，充分说明民营企业在经营管理和企业治理方面存在巨大问题，面临着极大的刑事风险，现代法治对民营企业的合规经营管理提出了更高的要求，民营企业的发展应从注重发展速度逐渐转向规范发展，才能实现企业的可持续稳定发展。① 从具体的罪名来看，非法吸收公众存款罪、虚开增值税专用发票罪、合同诈骗罪和腐败类犯罪仍是民营企业刑事风险的高发源头。非法吸收公众存款罪与合同诈骗罪的高发，表明民营企业“融资难”的问题突出，民营企业家在融资过程中的冒风

① 张远煌：《企业家刑事风险分析报告（2014—2018）》，《河南警察学院学报》2019 年第 4 期。

险现象突出，也反映出非法吸收公众存款罪在司法实践中存在着适用范围的不当扩大的倾向。另外，排在前列的行贿罪也凸显了现在政商关系的非正常化，国家对腐败的零容忍以及“坚持受贿行贿一起查”的法治理念，增加了对行贿的查处力度，行贿风险也因此日益成为民营企业需要格外防控的重要风险点。

二　民营企业的常见刑事风险

（一）非法融资

近年来，市场竞争加剧，各个行业都趋于饱和，产能过剩，在各行业领域中新办民营企业的资金投入需求较高，盈利周期加长，部分民营企业对资金缺口难以弥补，又受到银行贷款门槛较高的限制，出于企业自救或发展需要，开始使用非法行为进行融资。现阶段常见非法融资手段为“庞氏骗局”“金字塔骗局”等，采用现代创新融资模式，如所谓股权众筹、项目包装融资、公司准上市等方式向不特定公众融资，以承诺短期高回报为诱饵吸引投资者对企业进行投资，扩大融资范围，将投资者的投资金额作为投资回报支付给早期投资者，以此扩大融资范围与吸引力。这类刑事犯罪对于市场经济秩序，尤其是实体经济的发展危害性巨大，破坏了诚信经营的营商环境。

（二）偷税漏税

有关民营企业涉嫌刑事犯罪的类型中，偷税漏税涉案数量极大，并且在中小微企业中较为普遍。这些企业把经济效益作为企业追求的唯一目标，或将企业追求经济利益异化为单纯的个人利益追求，以致不择手段，采用做假账、多列支出少列收入、虚开增值税专用发票等手段逃避缴税。现实中一些民营企业为了所谓的“节税”，专门注册成立几乎没有真实业务的空壳公司，为他人开具发票或为自己开具发票，向税务部门申报抵扣。一些民营企业主与会计勾结，或指使会计采取隐瞒手段不如实申报纳税，最终被查出。

（三）非法行贿

在企业运营过程中，一些民营企业因为过于依赖于国家各项政策，或承揽地方各级政府项目，通过拉拢相关政府工作人员，利用行贿手段让国家工作人员提供便利，暗中操作竞标结果、非法获取工程项目，从近年来被判处刑罚的国家工作人员涉嫌罪名中，几乎都有受贿罪，其中无一例外都与民营企业有着千丝万缕的利益纠结。民营企业家为了获取更多的经济利益，采用各种手段达成交易，为整个企业、自己及家庭埋下巨大刑事风险。

三 民营企业刑事犯罪的原因

（一）刑民法律界限模糊

民营企业家犯罪数量的增加，有其自身的原因，但也与法律制度本身存在的不足因素有关，虽然“两高”多次强调严格区分经济纠纷和刑事犯罪，不能随意用刑事手段插手民事经济纠纷。但司法实践中，处理涉及企业的经济案件时，往往带有民事纠纷刑事化的倾向，刑法中有大量的罪名来保护市场经济秩序等法益，市场经济下存在着国有企业、外资企业、合资企业、民营企业等多种市场主体，但是这些主体的地位实质上并非平等，国有企业有国家作为后备保障，为了吸引外资对于外资企业、合资企业等政府都会有政策和经济上的扶持，而民营企业既没有“国有”背景，又没有政策和经济上的优势，很多民营企业成为刑事法律规制的主要对象。在有关民事违法与刑事犯罪之间，没有特别明显的界限，如非法经营罪、合同诈骗罪与合同违约行为的区分；商业投融资与非法吸收公众存款的界分等，需要司法机关紧扣立法精神和法律原则作出理解。

（二）不平等的法律地位

民营企业的发展为社会提供就业岗位、对地区经济发展等多方面都起着非常重要的作用，一些政府部门就盯住民营企业。为了能够让民营企业在政绩创造过程中发挥更大的作用，利用行政指导、行政监管的名义，对民营企业的经营管理过分干预，导致民营企业负荷加重。而对于国有企业来说，与各级政府有着几乎同等的地位，各级政府一般不会也不敢轻易干预，民营企业遭受不平等的对待。故此，民营企业的发展相较国有企业和外资企业来说，在竞争上处于弱势地位，在同等情况下想要得到资源和政策的支持存在困难，融资难、融资贵成为民营企业发展路上的一座“大山”。全球市场经济疲软，人工成本增加，很多民营企业处于维持生存的状态。由于长期以来历史形成的原因，金融机构以及相关部门忽视了对民营企业发展的支持，在政策扶持以及资源分配方面仍旧偏向于国有企业，使得我国市场经济环境缺乏必要的公平竞争机制，导致进一步加大了民营企业的生存压力与发展压力，一些民营企业家在试图摆脱困境时违法，最终却深陷犯罪泥潭。

（三）民营企业管理缺失

为了降低市场准入的门槛，我国《公司法》取消了注册资本的限制，这有利于激发民营经济发展的活力，但很多民营企业的内部治理却没有跟上。在法人治理层面，很多民营企业没有真正建立起董事会、监事会及高管治理模式，缺乏有效的权力制约监督机制，很多家族企业内部搞“一言堂”，中小股东权益受损。另外，缺乏严格的法人财产制度，财务审批不严格，个人财产和企业财产混同，处理企业财产随意性较大，缺乏合理合法避税常识和专业管理人员，导致很多挪用资金、职务侵占、偷税漏税等案件的发生。在经营过程中，很多民营企业家往往只看重经济效益，凭经验管理企业，对于刑事法律风险以及各项具体法律法规缺乏必要了解，忽视对刑事法律风险的防范，企业内部没有设置法务岗位或聘请外部法律顾问，缺乏专业人员；即便有法务人员或法律顾问，也只是在民商事领域发挥作用，企业负责人不会轻易咨询有关刑事法律的规定，或不想让“外人”知晓，风险防控依赖于自己的感觉。刑法是公民权益的最后一道保障，民商领域的法律问题当违法情节较为严重时，民事问题极易变为刑事问题，在企业设立、运营以及发展过程中，从出资、纳税到人力资源等方面都有可能涉及刑事问题，但是民营企业家对于刑事法律风险认知程度不高，致使刑事犯罪案件频发。

四　民营企业刑事规制的改进

自2016年中共中央、国务院公布《关于完善产权保护制度依法保护产权的意见》以来，各级司法机关相继公布平等保护民营企业产权的刑事司法政策，为实现民营企业产权刑法平等保护提供了保障。2018年1月，中共中央、国务院发出《关于开展扫黑除恶专项斗争的通知》，对于民营企业有序经营具有十分重大的意义，营造了安定的外围环境。在民营经济司法保障方面，司法机关充分履行审查逮捕、起诉、审判职能，依法严厉打击了组织领导传销活动、金融诈骗、合同诈骗、非法经营和非法吸收公众存款等各类侵犯民营企业产权、影响公平营商环境和破坏社会主义市场经济活动的犯罪。[①] 依法严厉打击在民营企业内部存在的职务侵占、挪用资金、抽逃资金等妨害民营企业管理秩序的犯罪行为；依法严厉打击国家工作人员利用职务便利严重侵害涉民营经济产权，向民营企业及民营企业家索贿受贿，以及因滥用职权、玩忽职守和徇私枉法造成民营企业生产中断、交易受阻、人员伤亡、财产重大损失等职务犯罪行为，为民营经济的健康发展营造高效廉洁的法治环境。[②]

在人民法院针对民营企业家犯罪的冤假错案纠正中，长达 11 年之久的民营企业家张文中冤案申诉事件终于落下帷幕。2018 年 5 月，经最高人民法院再审，张文中等民营企业家所犯诈骗案、单位行贿案、挪用资金案被改判无罪，并被誉为人民法院落实党中央产权保护和企业家合法权益保护政策的一个标杆案件。[③] 张文中案的改判，充分彰显了党中央依法保护产权、保护企业家合法权益的坚定决心。依法保护了民营企业家的合法权利，有利于促进民营经济的健康发展。[④] 刑法保护是最为严厉的保障，对于促进市场经济秩序的稳定有强大的作用，要注意区分经济纠纷、行政违法与刑事犯罪的界限，结合民营企业刑事保护的现状可做以下改进：

① 王倩倩：《检察机关保障非公有制企业发展法治环境实证分析》，《黑龙江省政法管理干部学院学报》2020 年第 2 期。

② 江必新：《为民营企业健康发展提供优质高效司法服务和保障》，《人民司法》2019 年第 4 期。

③ 案情简介：2009 年 3 月 30 日，张文中因涉嫌诈骗罪、单位行贿罪、挪用资金罪被河北省高级人民法院判处有期徒刑 12 年，并处罚金人民币 50 万元。2013 年 2 月，张文中经两次减刑获释后，开始申诉。2017 年 12 月 27 日，最高人民法院经审查认为，原审被告人张文中提出的申诉符合法律规定的重新审判条件，遂决定直接提审本案。2018 年 2 月 12 日，最高人民法院公开开庭审理。经最高法审理认为，原判认定张文中的行为构成诈骗罪、单位行贿罪、挪用资金罪均属于认定事实和适用法律错误，应当依法予以纠正。随后，最高法在 5 月 31 日公开开庭宣判：撤销原审判决，改判物美集团创始人张文中无罪。并依法启动了该案后续的国家赔偿、已执行罚金及追缴财产的返还等工作。https：//baijiahao.baidu.com/s? id=16021482838-24683889&wfr=spider&for=pc，2020 年 8 月 10 日访问。

④ 余胜海：《给企业家营造一个公平公正的营商环境》，《民主与法制时报》2018 年 6 月 10 日（第 4 版）。

（一）重视刑事政策的妥善运用

要客观地、实事求是地看待企业在发展过程中所产生的经营不规范问题。例如在张文中案中，虽然有关政策性文件未明确禁止民营企业申报国债技改贴息项目，但物美集团仍以中央直属企业下属企业的名义申报国债技改贴息项目，这一不规范行为与特定历史背景直接相关。[①] 对此类行为，须客观看待，对历史问题须以历史的眼光加以判断，着力从经济安全、公共安全和市场安全等角度正确把握刑法上的社会危害性的要件，对民营企业的生产、经营和投资等领域，综合考量市场风险、国家政策、经营不善等客观因素。[②] 要严格遵循罪刑法定、疑罪从无、从旧兼从轻等原则，对虽属违法违规但不构成犯罪，或者罪与非罪不清的，应当宣告无罪。民营企业在我国的发展时间较短，再加之我国改革开放初期大胆创新的发展背景，不免在发展、经营过程中存在一些不合规甚至在今天看来可能是违法的行为，依法妥善处理历史形成的涉产权和企业家权益案件，将民营企业在经营过程中发生的不规范行为还原到当时的历史背景进行考量，准确理解国家政策精神，把握政策的发展变化，严守民事纠纷与犯罪的界限，进一步激发和保护企业家精神。这就需要结合我国法治化进程的历史沿革，不能完全以今天法治的眼光去审视过去的很多行为，慎用刑事政策，甚至要加以宣导，在明令刑事政策广泛颁布实施后，仍出现违法犯罪的，定然毫不心慈手软加以追责。

（二）坚持全面平等保护

在刑事司法实践中，须破除对民营经济的歧视或差别对待，对于民营企业家而言，创造一个公平公正、透明稳定的营商环境，某种意义上，比为他们提供更多的资金支持更有意义。在制度建设上，须坚持权利平等、机会平等、规则平等，废除对民营经济各种形式的不合理规定，消除各种隐性壁垒，保证各种所有制经济依法平等使用生产要素，公开、公平、公正参与市场竞争、同等受法律保护、共同履行社会责

---

① 徐文文：《企业家涉产权犯罪刑事司法政策探讨》，《法律适用》（司法案例）2018 年第 12 期。

② 叶慧娟、钟志豪：《民营经济健康发展的司法保障研究——以刑事检查为视角》，《刑法论坛》2020 年第 1 期。

任。这就要求在对民营企业的刑事规制上要充分体现民企经营行为的“宽容性”，不要轻易将经营中的商业不规范行为刑法化，要区分经济纠纷与刑事犯罪的界限，如果是轻微的违法行为，能通过行政处罚就慎用刑法，对轻微、简单案件依法采用简易或速裁程序，加快案件办理进度，有效防止涉民营经济案件久拖不决、久押不决情况的发生；情节轻微的尽可能免除刑事处罚，充分给予民营企业和民营企业家创新空间。

（三）坚持罪刑法定原则

司法是公民权益保障的最后防线，罪刑法定原则是刑事司法的大宪章，对于保障权益具有根本性意义，绝不允许突破司法的底线。如果允许对刑法规范进行肆意歪曲解释，刑法就势必成为一个不受拘束的狂暴力量，成为肆意干涉、侵害公民权益的工具。[①] 党的十九大报告指出“激发和保护企业家精神，鼓励更多社会主体投身创新创业”，中央经济工作会议强调“要支持民营企业发展，落实保护产权政策，依法甄别纠正社会反映强烈的产权纠纷案件”，“两高”相继通知要求“为企业家健康成长和事业发展营造宽松法治环境”，这就要严格遵守罪行法定原则，在企业家涉嫌犯罪过程中，诸多问题均涉及民刑交叉等多个法律部门之间的冲突，坚持罪刑法定原则要求对相关的事实、法律适用进行清晰界定、准确认定、科学限定，不能含糊其词，更不能随意扩张解释甚至类推解释。增强包括企业家在内的全社会公民的人身、财产、财富安全感，让企业家安心经营、放心投资、专心创业，让民营企业对司法产生更多的信任感，从而营造出更加法治、透明、公平的法治环境。

（四）提高刑事风险防范意识

与事后涉及诉讼相比，事前预防有着成本低的特点，尤其是刑事风险领域，事前预防是民营企业刑事法律风险防控的前提。要坚持“刑事法律的高压线”不可触碰。刑法是最严厉的规范，民营企业应在关注其他民商事风险的同时，把防范刑事法律风险贯穿于经营管理的全过程，准确了解当前我国的刑事法律规定，明确企业经营行为的合法性，及时防范可能发生的刑事风险。在民营企业内部，应健全法务部门或利用法

① 田雄：《给企业家营造一个公平公正的营商环境》，《民主与法制时报》2018 年 6 月 10 日（第 4 版）。

律“外脑”，企业主要加强自身法律学习，对高管及关键岗位的人员开展刑事法律风险防控培训，定期进行风险防控的内部自查，将可能出现的法律风险化解在源头。总之，经营企业就是经营风险，要正确定位，处理好与政府之间的关系，民企自身要学会“独立”，少依赖或不依赖公权力，做到阳光透明的政商关系，从根本上降低腐败犯罪方面的刑事法律风险，促进民企的良性健康发展。①

① 《2017—2018年重庆民营企业家涉罪大数据分析报告》，http：//www.legaldaily.com.cn/Lawyer/content/2019-02/13/content_7767917.htm，2020年10月20日访问。

第六章　民营经济发展的信用法治保障

一个社会的信任度越高，法律的运行成本乃至整个社会的交易成本就越低，社会的法治状况就越好，整个社会也越有秩序。[①] 可见，诚信是市场经济运行的基础，现代市场经济就是信用经济，通过法律、市场、社会等各类信用机制的约束，社会运行的成本也就越低，信用的增长给民营经济的发展带来积极正面影响。2013 年以来，我国取消注册资本限制，改实缴制为认缴制，采取一系列的商事制度改革措施，为市场活力营造了制度环境。但在市场经济不断发展中，由于市场准入门槛不断降低，以注册资本为企业信用的重要判断标准被弱化，人们对公司信用判断需要依赖更多的参考因素。因此，建立一种新兴市场监管机制尤为重要，必须重视市场的社会信用建设，诚信环境的营造对民营企业发展意义重大。

第一节　民企商务诚信环境及改进

一　企业信用信息公示机制及完善

（一）企业信用信息公示机制的基本内容

企业信用信息公示制度的目的在于企业在经营发展中，用企业年报和即时的信息公示向社会传达真实信息，受到社会的监督。信用的关键是信息，我国企业信用信息公示机制首先关注的是企业的信用信息。企业信用信息是企业在从事生产经营和服务活动中形成的，能够用以分析、判断企业信用状况。企业信用信息公示机制打通了通往信任和信用

① 桑本谦：《私人之间的监控与惩罚——一个经济学的进路》，山东人民出版社 2005 年版，第 344 页。

的桥梁，信息的有效传递是企业信用运行的前提，通过信息公开可以增加社会信用。

企业信用信息公示制度源于商事登记制度、企业征信制度和信息披露制度。商事登记制度是市场经营主体为了保证自己的合法地位，向登记机关明确权利和义务的一项基础性管理制度，通过商事登记可以对抗善意第三人；企业征信制度是企业信用信息公示制度中的重要内容，通过高效采集整理企业的财务税费缴纳情况，以及一系列的信息来分析企业的信用风险。信息披露制度对信息的掌握有一个更高的要求，保证信息的真实性、全面性和及时性。

企业信用信息公示制度可以改善公司治理，让公司高管更好地管理和运营公司，向整个社会提供企业信用状况，不但可以保护外部债权人的利益，还可以让股东们通过风险识别、风险管理以及参与决策管理来保护自己的合法权益，公司高管也可以预防潜在的交易风险，从而提高公司的治理能力。信息不对称是现代企业经营管理中常见的现象，外部债权人很难获知企业的基本信息，就连企业内部没有直接参与决策经营的人也很难知道企业的真实发展状况，为此，强制公示信息可以弥补信息不对称带来的不足。企业信用信息公示是一种有效的监管方法，是企业识别和解决自己风险管理问题的良好方式。

2014 年制定的《企业信息公示暂行条例》（以下简称《暂行条例》）对民营企业的信用信息公示内容进行了规定，包括企业信息随机抽查制度、企业年报制度、企业信息及时公示制度、企业信用约束制度、经营异常名录、严重违法企业名单制度六个方面（见表 6-1），以此保证市场经济秩序的稳健发展，维护社会市场主体公平竞争的诚信法治环境。

表 6-1　　企业信用信息公示规定情况

具体制度	制度内容
企业年报制度	第八条　企业应当于每年 1 月 1 日至 6 月 30 日，通过企业信用信息公示系统向工商行政管理部门报送上一年度年度报告，并向社会公示。 当年设立登记的企业，自下一年起报送并公示年度报告。 第九条　企业年度报告内容包括： （一）企业通信地址、邮政编码、联系电话、电子邮箱等信息； （二）企业开业、歇业、清算等存续状态信息； （三）企业投资设立企业、购买股权信息；

续表

具体制度	制度内容
企业年报制度	（四）企业为有限责任公司或者股份有限公司的，其股东或者发起人认缴和实缴的出资额、出资时间、出资方式等信息； （五）有限责任公司股东股权转让等股权变更信息； （六）企业网站以及从事网络经营的网店的名称、网址等信息； （七）企业从业人数、资产总额、负债总额、对外提供保证担保、所有者权益合计、营业总收入、主营业务收入、利润总额、净利润、纳税总额信息。 前款第一项至第六项规定的信息应当向社会公示，第七项规定的信息由企业选择是否向社会公示。 经企业同意，公民、法人或者其他组织可以查询企业选择不公示的信息。
企业信息及时公示制度	第十条　企业应当自下列信息形成之日起 20 个工作日内通过企业信用信息公示系统向社会公示： （一）有限责任公司股东或者股份有限公司发起人认缴和实缴的出资额、出资时间、出资方式等信息； （二）有限责任公司股东股权转让等股权变更信息； （三）行政许可取得、变更、延续信息； （四）知识产权出质登记信息； （五）受到行政处罚的信息； （六）其他依法应当公示的信息。 工商行政管理部门发现企业未依照前款规定履行公示义务的，应当责令其限期履行。 第十一条　政府部门和企业分别对其公示信息的真实性、及时性负责。
企业信息随机抽查制度	第十四条　国务院工商行政管理部门和省、自治区、直辖市人民政府工商行政管理部门应当按照公平规范的要求，根据企业注册号等随机摇号，确定抽查的企业，组织对企业公示信息的情况进行检查。 工商行政管理部门抽查企业公示的信息，可以采取书面检查、实地核查、网络监测等方式。工商行政管理部门抽查企业公示的信息，可以委托会计师事务所、税务师事务所、律师事务所等专业机构开展相关工作，并依法利用其他政府部门作出的检查、核查结果或者专业机构作出的专业结论。 抽查结果由工商行政管理部门通过企业信用信息公示系统向社会公布。 第十五条　工商行政管理部门对企业公示的信息依法开展抽查或者根据举报进行核查，企业应当配合，接受询问调查，如实反映情况，提供相关材料。
经营异常名录和严重违法企业名单制度	第十七条　有下列情形之一的，由县级以上工商行政管理部门列入经营异常名录，通过企业信用信息公示系统向社会公示，提醒其履行公示义务；情节严重的，由有关主管部门依照有关法律、行政法规规定给予行政处罚；造成他人损失的，依法承担赔偿责任；构成犯罪的，依法追究刑事责任： （一）企业未按照本条例规定的期限公示年度报告或者未按照工商行政管理部门责令的期限公示有关企业信息的； （二）企业公示信息隐瞒真实情况、弄虚作假的。

续表

具体制度	制度内容
经营异常名录和严重违法企业名单制度	被列入经营异常名录的企业依照本条例规定履行公示义务的，由县级以上工商行政管理部门移出经营异常名录；满3年未依照本条例规定履行公示义务的，由国务院工商行政管理部门或者省、自治区、直辖市人民政府工商行政管理部门列入严重违法企业名单，并通过企业信用信息公示系统向社会公示。被列入严重违法企业名单的企业的法定代表人、负责人，3年内不得担任其他企业的法定代表人、负责人。企业自被列入严重违法企业名单之日起满5年未再发生第一款规定情形的，由国务院工商行政管理部门或者省、自治区、直辖市人民政府工商行政管理部门移出严重违法企业名单。
企业信用约束制度	第十八条　县级以上地方人民政府及其有关部门应当建立健全信用约束机制，在政府采购、工程招投标、国有土地出让、授予荣誉称号等工作中，将企业信息作为重要考量因素，对被列入经营异常名录或者严重违法企业名单的企业依法予以限制或者禁入。

（二）企业信用信息公示机制的不足

通过对《暂行条例》关于企业信用信息公示内容的分析，可以看出，我国的企业信用信息公示制度架构已经基本建成，对我国信用监管体系发挥了重要作用。但是，在实践过程中该机制仍然存在不足。

一是商业秘密和个人隐私保护未受到重视。《暂行条例》第3条和第16条分别规定企业商业秘密不可侵犯，国家在保障公众的知情权的同时，也保护企业的商业秘密，但是对董事、高管隐私保护方面却没有重视，企业公示的价值取向偏重于公众的知情权。而企业高管的个人信息是企业信用信息的重要组成部分，须完善相关制度，有限度地予以公示。因此，信息公开、商业秘密以及个人隐私保护三个方面须加以平衡，既要满足公众的知情权，又要重视商业秘密和个人隐私，法律规范要找到一个平衡点，在落实《暂行条例》过程中，相关行政部门在保护商业秘密和处理信息公示方面，要注意对信息进行谨慎处理，对商业秘密要做好判断。

二是未形成统一的信用约束机制。《暂行条例》中没有对信用信息的保存时效、公示效力、企业信用信息收集程序以及信息查询办法等进行具体规定。地方政府可以根据当地实际情况制定信用规则，这就导致缺乏统一的标准，结果会使民营企业在经营过程中常常遇到区域管理的不同，难以进入地方市场参与竞争，地方政府对不同领域失信人员的惩戒措施也不同，外来民营企业需要花费一定时间适应当地政府的管理。与西方国家相比，我国信用建设起步较晚，而发展速度却较快，建立统一的约束机制可以让我国的民营企业在诚信环境里运营得更好。

三是法律责任不够明确。企业信用信息公示制度随着商事制度改革的推进，事前监管较大程度放松，这就需要加强事中和事后的监管，法律手段就是一种很好约束信息公示的方法。《暂行条例》只是规定了经营异常名录以及严重违法企业名单制度，即便如此，这样的规定也具有很多不合理之处，如不履行信息公示义务的 3 年期限如何认定。另外，还有很多未规定或存在问题，如对各环节主体法律责任追究、信用被侵害的赔偿问题等未做设定；企业违背信用信息公示的义务规定较轻，法律责任未加以明确，相关法律法规需要不断出台，以便加强对企业信用信息的归集和使用，做到对各环节的事中、事后监管。

(三) 完善企业信用信息公示机制的建议

通过对我国企业信用信息公示机制不足的分析，可从如下几个方面加以完善：

第一，重视商业秘密和个人隐私保护。美国是特别重视信用建设的国家，但在信用建设中高度重视个人隐私和商业秘密的保护，将信用信息纳入严格的法治体系，形成了以《公平信用报告法》为核心的完整的框架体系，美国的立法经验对我国信用立法具有启示意义。[①] 在商业秘密保护方面，要建立措施为商业秘密权利人提供完备的救济途径，设定严格的商业秘密侵权责任，解决商业秘密与企业信息公开的冲突问题。个人隐私方面，鉴于企业高管、股东个人信息是企业信用信息的重要组成部分，不要将该信息全部公之于众，只有与企业相关的信息予以公开，尤其是有限责任公司，它属于封闭性的法人组织，不一定将高管及股东信息公开给社会大众，当然作为公众性的上市公司，信息的公开没有任何隐蔽的必要，而且必须向公众披露。

第二，加强企业信用信息公示制度的立法。《暂时条例》虽然对

① 王伟：《企业信息公示与信用监管机制比较研究——域外经验与中国实践》，法律出版社 2020 年版，第 36—60 页。

企业信用信息的内容有了一个初步的框架，但仍需相关立法来完善。对于信息公示效力，要分清商事登记、公告、备案、股东名册的法律效力，如明确民营企业的商事登记并不是一种行政许可，而是一种行政确认行为，通过确认来对抗第三人的效力。企业信用信息的规范要明确规定信息保存时限以及销毁处理等相关问题。明确规定信息保存时限可以追寻到企业的过往历史，对企业的恶意篡改等违法行为进行约束。可以将正面信息和负面信息做界分，分别做不同的保存时效规定；立法中还可以考虑建立专门机构，受理公众对企业信用状况的反应。

第三，加重企业违背信用信息公示义务的责任。有关企业信用信息公示制度的立法，要细化不同主体的法律责任，特别是非法篡改企业公示信息以及企业虚假陈述应承担的法律责任，对不同阶段主体应当承担的责任做明确规定，如究竟是民事责任还是行政责任，必要时可以设定刑事责任，这样可以督促企业履行信用信息公示义务，特别是企业规模越大，社会影响力就会越大，所承担的社会责任也会越大，信用信息公示义务越有必要。

第四，建立电子数据库。在现代科技时代，信用信息的收集、保存和公示都可以借助科技手段来进行，通过区块链、大数据、云计算等方式建立电子数据库，便于单位和个人实名查询法定公示信息和其他信用信息，但是，涉及商业秘密和个人隐私需要另作规定。目前，我国“全国企业信用信息公示系统”面对公众的查询是免费的，但是信息却仍然有限，因此，需要花费大量资源收集信息，可授权相关机构建立电子数据库，在采集信息后进行信息分类、核实和储存，公众在查询企业信用信息时需要交付一定的费用。通过授权机构建立数据库，也有利于监管责任的落实，不至于使信用信息被随意使用或泄露，做到信用建设与隐私、商业秘密保护协调进行。

二　企业信用联合奖惩机制及完善

（一）企业信用联合奖惩机制的含义

随着对社会信用的重视，民营经济的信用法治环境逐渐改善，各级社会信用建设主管部门在广泛使用企业守信联合激励和失信联合惩戒机制，两种机制是社会信用体系建设的核心，被公认为最有效的信用建设手段。企业守信联合激励是指在一定时限内，多方共同以直接或者间接方式，对于诚实守信的市场主体开通绿色通道，为其优先提供公共服务便利，降低交易成本，从而增加守信收益的治理措施。① 相反，企业失信联合惩戒则是指在一定时限内，多方共同以直接或间接的方式，对实施了严重失信行为的失信主体，开展多方面的信用约束，从而加大失信成本、规范经济社会秩序的治理措施。② 从理论上分析，联合激励奖惩机制的原理是采用经济惩罚和道德谴责并用的手段，惩罚失信者，奖励守信者，使失信者在市场中被剔除；而守信者则得到市场的认可和奖励。通过构建联合激励和奖惩机制，使守信者拥有一个诚信的环境，全社会的诚信意识得以逐步规范、培养和强化，社会形成良好的诚信氛围；相反，使失信者寸步难行、遭受惩戒。

（二）企业信用联合奖惩机制现状及不足

2016年，国务院发布了《关于建立完善守信联合激励和失信联合惩戒制度加快推进社会诚信建设的指导意见》后，各地根据实际情况又签署或发布了许多相关的文件，到2019年6月底，各部门共签署51个联合奖惩备忘录，其中，联合激励备忘录5个，联合惩戒备忘录43个，既包括联合激励又包括联合惩戒的备忘录3个，部分摘抄见表6-2、表6-3。③

表6-2　　地方联合激励备忘录

	《印发对交通运输工程建设领域守信典型企业实施联合激励的合作备忘录的通知》	《关于对纳税信用A级纳税人实施联合激励措施的合作备忘录》	《关于对安全生产领域守信生产经营单位及有关人员开展联合激励的合作备忘录》	《关于对海关高级认证企业实施联合激励的合作备忘录》
地区	广东省广州市	四川省攀枝花市	四川省资阳市	广东省深圳市

① 李琦：《企业守信激励机制的制度框架及其问题处理——以有关守信激励合作备忘录为例》，《征信》2019年第9期。

② 韩家平、许荻迪、关媛媛：《失信联合惩戒规范化问题研究》，《征信》2020年第3期。

③ 《地方联合奖惩备忘录》，https：//www.creditchina.gov.cn/lianhejiangcheng/lianhejiangchengbeiwanglunew/，2020年11月12日访问。

续表

相关部门	市交通运输局、市发展改革委、市工业和信息化局等多部门	市发展改革委、人行攀枝花市中心支行和市税务局牵头，市金融办、市文明办、市教育体育局等部门和单位	由市应急管理局、市发展改革委牵头，会同市委组织部、市委宣传部、市委编办等多部门	深圳市发展和改革委员会、深圳海关、中国人民银行深圳市中心支行等共计37个部门
联合奖励对象	交通运输工程建设领域（包括公路、城市道路及其桥梁、隧道和城市轨道交通建设及养护领域），守信典型企业	联合激励对象主要为税务机关公告发布的纳税信用A级纳税人	生产经营单位及其有关人员条件：(1) 必须公开向社会承诺并严格遵守安全生产法律、法规、标准等有关规定，严格履行安全生产主体责任；(2) 生产经营单位及其主要负责人、分管安全负责人3年内无安全生产失信行为；(3) 3年内未发生造成人员死亡的一般安全生产责任事故和较大及以上安全生产责任事故；(4) 3年内未受到安全监管监察部门做出的行政处罚；(5) 安全生产标准化建设达到一级水平	海关高级认证企业，指已经在深圳海关注册登记，经海关专业认证人员赴企业进行实地认证，确认企业在内部控制、财务偿付能力、守法规范、贸易安全等方面，均符合《海关认证企业标准（高级认证）》的规定，由海关颁发了高级认证企业证书的企业
联合奖励措施	在办理交通建设市场及工程建设等行政审批过程中，优先办理；在交通建设市场及工程建设等行政检查过程中，适度减少检查频次；对守信典型企业给予重点支持，出台优惠政策、便利化服务措施时，优先选择试点等	建立行政审批绿色通道，部分申报材料（法律法规要求提供的材料除外）不齐备的，如行政相对人书面承诺在规定期限内提供，可先行受理，加快办理进度等激励措施	给予科技管理、电信业务、公安行政服务、财政资金使用、社会保障领域政策、行政审批事项（开通绿色通道）、环境保护许可事项、住房和城乡建设领域激励措施等共计21项不同方面的支持	23个不同部门的激励措施，如海关扶持措施，优先办理进出口货物通关手续；发展改革部门建立行政审批绿色通道；税收管理支持，增值税发票领用比照纳税信用A级纳税人办理等

表 6-3　　地方联合惩戒备忘录

文件名	《对房地产领域相关失信责任主体实施联合惩戒的合作备忘录》	《关于对严重质量违法失信行为当事人实施联合惩戒的合作备忘录》	《关于对统计领域严重失信企业及其有关人员开展联合惩戒的合作备忘录》	《关于对知识产权(专利)领域严重失信主体开展联合惩戒的合作备忘录》	《关于印发〈关于对严重质量违法失信行为当事人实施联合惩戒的合作备忘录〉的通知》
地区	河南省驻马店市	黑龙江省牡丹江市	广东省广州市	黑龙江省黑河市	四川省资阳市
相关部门	市发改委、人行驻马店市中心支行共28个部门单位	市场监督管理局牵头，共16个部门（单位）	市委组织部、市委宣传部、市统计局等多部门	市场监督管理局（知识产权局）、市发展和改革委员会等多部门	市场监管局、市发展改革委牵头，市财政局等多部门参与
联合惩戒对象	在房地产领域开发经营活动中存在失信行为的相关机构及人员等责任主体	违反产品质量管理相关法律、法规，违背诚实信用原则，经过市场监督部门认定存在严重质量违法失信行为的生产经营企业	依法认定并通过统计系统网站公示的统计严重失信企业及其法定代表人、主要负责人和其他负有直接责任人员	知识产权（专利）领域严重失信主体	违反产品质量管理相关法律、法规，违背诚实信用原则，经过市场监管部门认定存在严重质量违法失信行为的生产经营企业及法定代理人
联合惩戒措施	1. 依法限制或者禁止惩戒对象的市场准入、行政许可或者融资行为；2. 停止执行惩戒对象享受的优惠政策，或者对其关于优惠政策申请不予批准；3. 在评优评先表彰工作中，对惩戒对象予以限制和约束等	1. 市场监督管理局采取的惩戒措施，如列为重点监督对象，增加监督检查和产品质量监督抽查的频次；2. 跨部门联合惩戒措施，如在一定期限内依法禁止其参与政府采购活动（由市财政局实施），限制取得政府供应土地（由市自然资源局实施）等	依法限制取得财政资金和社会保障资金支持，依法限制享受财政资金补贴等各类政府优惠政策，加大进出口货物监管力度，加强布控查验、后续稽查或统计监督核查等共计40条联合惩戒措施	1. 黑河市市场监督管理局（知识产权局）采取的惩戒措施，如加强对严重失信主体进出口货物监管，一定期限内禁止严重失信主体生产、销售有关进出口货物；2. 跨部门联合惩戒措施，如依法限制其作为供应商参与政府采购活动，依法对申请发行企业债券不予受理等	限制失信企业的法定代表人在食品药品、特种设备等直接关系消费者生命财产安全的领域，担任相关企业法定代表人、董事、监事和高级管理人员等，共计24条联合惩戒措施

上述两个表中，企业守信联合激励的对象主要指参加各类经济活动

的守信市场主体和个人，比如海关高级认证企业、纳税信用A级企业、安全监管总局规定了同时满足五项要求的生产经营单位及其有关人员等；而企业失信联合惩戒的对象主要是严重损害人民群众身体健康和生命安全、严重破坏市场公平竞争秩序和社会正常秩序、拒不履行法定义务、严重影响司法和行政机关公信力、拒不履行国防义务、危害国防利益等严重失信的行为人。

综上所述，可以了解到我国企业守信联合激励和失信联合惩戒具有如下特征：一是联合性，企业守信联合激励和失信联合惩戒涉及领域广，包括各行各业的对象，相关部门需要协同联动，制定联合激励、联合惩戒备忘录。二是地域性，我国社会信用建设快速发展，社会信用的立法条件还不完全具备，立法的项目还需研究，而作为社会信用体系建设核心机制的企业守信联合激励和失信联合惩戒还不具有统一性，全国没有形成统一的法治体系；然而，地方政府却形成了信用信息管理条例或综合性的社会信用立法，但因具有地域性，更多只停留在地方实验中。三是时效性，企业守信联合激励和失信联合惩戒机制的时效性主要表现在动态管理方面，相关部门对企业守信和失信情形实施不间断监督和及时处理，主管部门实时监督，其他参与部门实施日常监督；政府对企业奖惩备忘录及时更新，具有时效性。四是政府主导型，目前我国企业守信联合激励和失信联合惩戒的实施主要是依靠政府运行，我国信用市场需求大，但市场化运作的评级机制不能完全依靠市场推动，信用体系建设仍需政府主导，处于一个过渡期，用政府的强制力来推动运行。

企业守信联合激励和失信联合惩戒的重要措施直接作用于民营企业的正常经营，对其有极大影响。企业守信联合激励的重要措施很多，涉及领域广，如在享受绿色通道方面，在标准不降低、程序不减少的情况下，依法依规，优先办理行政审批、资质审核、备案等；在重要参考与荣誉表彰方面，守信的企业可以被推荐参与政府有关部门、行业组织的重点项目申报、竞标、享受政府补贴及评奖评优，加强正面宣传力度；在简化手续、缩短时间方面，对于被纳入联合激励名单的企业在向外咨询时，可以通过优先通道，优先被解答和被指导，优先提供公共服务便利，等等。[①] 而企业失信联合惩戒的重要措施，分为行政性、市场性和行业性等惩戒措施，包括依法依规限制失信联合惩戒对象发行股票、投标招标、申请财政性资金项目、享受税收优惠等行政性措施，限制获得授信、乘坐飞机、乘坐高等级列车和席次等市场性惩戒措施，以及通报批评、公开谴责等行业性惩戒措施。[②]

（三）完善企业信用联合奖惩机制的建议

通过分析上面两个表中地方奖惩备忘录的对象、重要措施以及特征，发现地方部门联合实施奖励和惩戒措施没有统一标准，没有统一的立法体系，当前我国企业联合奖惩机制仍有许多不足之处，政府主导型模式导致市场需求供不应求，需不断加强诚信建设。

对于企业守信联合激励机制应该深化区域合作，多省市联合建设企业守信激励措施，逐渐建立统一、多功能信息平台。政府要逐渐由主导型转为监管型，政府从幕前转为幕后，由市场来推动信用市场运作，形成市场本位、市场主导的信用评级机制建设。企业守信联合激励机制须特别重视信息的采集，完善激励信息披露，保证企业信用信息公开透明，使守信企业及时享有激励措施。再有，可建立第三方监督机构，最大限度降低监督成本，充分发挥监督机制作用，提高效率；通过第三方监督机构可约束企业使用伪造信息骗取激励措施，保证公正合法，满足市场需求。

对于企业失信惩戒机制，要健全信用相关法规体系，失信惩戒措施对于失信企业的影响巨大，健全法规体系更有利于保障企业的权利，加快进程建立信用法，或者在相关领域加入失信惩戒制度，做好失信惩戒立法，夯实立法基础，在实施惩戒措施时有明确的法律依据。并通过立法保护好数据信息，充分利用数据库信息，发挥市场信用机制，利用市场的自发性，将失信企业纳入统一名单，可以起到监督作用。

---

① 李琦：《企业守信激励机制的制度框架及其问题处理——以有关守信激励合作备忘录为例》，《征信》2019 年第 9 期。

② 《国务院办公厅关于加快推进社会信用建设 构建以信用为基础的新型监管机制的指导意见》，http：//www. gov. cn/zhengce/content/2019-07/16/content_5410120. htm，2020 年 11 月 12 日访问。

三　企业信用修复机制及改进建议

如前所述，企业守信联合激励机制优先发展守信企业，给企业直接带来好处，正面带动企业守信；但失信联合惩戒机制的目的是创造守信秩序，通过加大失信成本，对失信主体的权利义务直接予以增加或减少，是一种负向激励措施，如果一直惩戒下去，会限制企业发展，会给企业造成严重的权利侵害，社会信用体系停滞不前，效果适得其反。如果给予失信主体改正的机会，让他们纠正失信行为，恢复到正常的信用，正向激励他们，带动他们的积极性。当然，也会存在行政机关惩戒过多、滥用权力的情况，目前，我国失信联合惩戒制度没有统一立法，各领域没有形成完备的制度规范，地方实践也形式各异，没有统一标准，行政机关可能会惩戒过度，要赋予企业可以通过修复信用来保障自己发展的权利，对自己的信用权益进行保护。

因此，企业的信用修复机制是构建失信联合惩戒的重要组成部分，也是加快诚信社会建设的重要机制，修复机制的建立和完善应该与联合奖励机制和惩戒机制齐头并进，三者不可或缺。通过建立企业信用修复机制不仅可以正向激励失信企业纠正失信行为，形成企业守信的秩序，也可以赋予失信主体更多的救济权利，给予行政机关更多的预测性，赋予其更多的义务。可见，企业信用修复机制的建立和完善显得尤为重要。

（一）企业信用修复机制存在的不足

企业信用修复机制就是企业遭受惩戒后的救济方式，对于企业来说，修复信用就是一次重生的机会，意味着拥有法律上的适格地位，去除主体地位的瑕疵性，可以参与市场法律关系，正常参与市场竞争。但是，我国企业信用修复机制仍然存在不足。

一是企业信用修复规范体系缺失。英美国家较早就制定了信用法，已经积累了大量的信用修复经验。美国涉及信用方面的法律多达 17 部，信用法律体系相对完善，1996 年的《信用修复机构法》明确规定了信用修复机构的经营范围。英国虽然没有对信用修复的立法，但有专门的信息专员署、信息法庭、破产服务局等机构对失信主体进行信用修复。[①] 我国

① 徐志明、熊光明：《对完善我国信用修复制度的思考》，《征信》2019 年第 3 期。

2019年国务院办公厅颁布的《关于加快推进社会信用体系建设构建以信用为基础的新型监管机制的指导意见》探索建立信用修复机制，由发展改革委牵头，各地区各部门按职责分别负责，为失信主体提供自我纠错的机会。目前，我国信用修复的相关规定只能在部分规范性文件中找到踪影，规定分散，不成体系，没有专门的信用法，缺乏明确的法律依据。

二是企业信用修复机构少。信用作为资源配置的要素，是市场经济中的重要组成部分，民营企业也越来越重视，其中失信主体对于信用修复需求也越来越旺盛，但是我国信用修复机构较少，目前多以政府为主导修复，出现供不应求的状况，可能会出现信用修复机构利用资质优势多收费，让失信主体的信用修复成本增加。市场主体的活动涉及多方面，信用需求呈多元化，企业信用修复机构少很难保证信息获取的全面性，从而影响社会信用体系建设，因此，应建立多元化的机构修复模式，让更多的失信企业能及时在条件满足的情况下获得信用修复，回归到正常的经营活动当中去。

三是企业信用修复规范缺乏。企业信用修复程序欠缺规范，主要体现在没有异议程序，也没有监督程序。① 失信主体对信用修复机构所提供的信用报告、信用修复标准、信用修复条件、信用修复申请的审核、信用修复申请的处理过程以及结果界定有异议的，也没有程序提出异议。企业对于自身的信息具有合法的正当权益，当企业的信息被政府收集后，一旦企业的信用信息或者修复程序出现错误，则会对企业造成严重侵害，因此，企业有权对政府掌握自身信息的正确性提出异议。在企业信用修复中，没有对修复机关制定详细的规定，没有跟踪监督机制，会导致权力滥用。我国信用修复机制需要制定相应的异议程序和监督程序来保证失信主体的信用权益。

（二）企业信用修复机制的完善

根据上述企业信用修复机制存在的不足，要结合我国民营企业信用修复的迫切性，本着让更多失信企业有获得重生机会的理念，从以下几

① 张俊慈：《信用监管视域下纳税信用修复的功能优势及制度建构》，《征信》2020年第4期。

个方面来完善企业信用修复机制：

第一，完善企业信用修复法律规范。随着市场经济的发展，民营企业对于信用修复的需求越来越多。《关于加快推进社会信用体系建设构建以信用为基础的新型监管机制的指导意见》（2019年）鼓励和支持自主修复信用以及规范信用修复流程，该意见对信用修复进行了初步探索。[①] 地方省份和相关部门对于信用修复制度有了一定的立法实践，根据自身发展特点制定了相关的信用修复地方法规和文件，但是每个地方发展不同，在修复时间、概念、处理方式等标准方面也会不同。因此，建议在大量的地方实践中汲取精华和经验，尽早制定国家统一的企业信用修复的法律规范，在充分调研的情况下规定统一标准，立法制定过程中要听取公众意见，尤其是民营企业的意见，尽量做到科学立法、民主立法。

第二，建立多元化机构信用修复模式。由于我国市场主体繁多，信用修复的需求旺盛，信用修复机构较少，再加之信用修复机制由政府主导，出现供不应求的状况。为了提高修复效率，可借鉴英美等国家经验，建立多元化机构修复模式，允许第三方社会服务机构参与信用修复，出台相应的社会信用服务机构的法规，规范社会信用服务机构的准入和约束机制，发展多元化信用修复模式。目前，信用中国网规定了信用修复培训机构可以为失信主体服务，开展有关社会信用体系建设方面的法规政策、失信联合惩戒措施、信用修复方式和程序等培训工作。[②] 信用修复报告服务机构可出具相关报告业务，信用报告的内容包括信用修复申请人的基本情况、失信情况、修复情况等，并可就信用修复申请人是否按要求完成信用修复出具第三方评估意见。当然，引进社会信用服务机构收费价格不应过高，可以由财政资金给予适当补贴，受相关部门和社会媒体监督。

第三，规范信用修复程序。信用修复程序包括信用申请渠道、异议投诉机制、监督机制等。在信用申请渠道和期限方面，可以通过区块链、大数据、云计算技术建成服务平台，失信主体可以通过服务平台了

① 刘瑛：《信用修复的法理依据及类型化实施研究》，《中国信用》2019年第12期。

② 杜奕奕：《我国企业信用修复现状与对策分析》，《中国信用》2019年第11期。

解到信用修复的流程，信息公开透明，通过对流程的规范，保障失信主体的利益。在异议投诉方面，要为市场主体提供多元化的异议渠道，可在线上、线下提出异议申请，线上渠道利用微信公众号、APP等政务软件为失信主体提供异议平台，线下渠道可在专门办事大厅设立窗口提供异议受理服务。[①] 在监督机制方面，为了防止行政机关滥用权力，要设立监督机制，多个部门共同实施措施进行全方面监督，或由多个部门共同相互监督，或上级部门对下级部门监督等。另外，通过跟踪反馈机制来追踪修复对象，在修复后是否存在修复机关违规的情况，强调社会媒体和人民公众的监督，全面打击行政机关滥用权力的行为。

四　民营企业信用自律监管的改进

企业信用监管除了政府监管外，更需要企业自身发挥内在作用，真正实现自律的价值，谈及自律，可从企业自身、企业所组成的商协会以及第三方信用监管方面入手，实现广义上的自律监管效应。

（一）民营企业信用自律监管及改进

管理规范是企业维系信用的主要保障，管理不规范、管理混乱会使企业信用遭到社会公众严重质疑。民营企业信用自律监管是企业诚信规范的重要组成部分，在企业信用自律监管中，要注重企业信息化系统和企业信用化管理。企业信息化系统主要向整个社会提供企业信用状况，促进资源优化配置，通过信用信息降低风险和成本，保障外部债权人的知情权。企业信息化系统注重年报制度的管理，在每年度固定时期及时向市场监督管理部门提供上一年度的企业年报，保证交易相对人的交易安全。在企业经营过程中，企业年报已经成为社会公众判断企业信用状况的重要信息，对于拒绝公示年报或者提供虚假年报信息的行为，将被视为失信行为，可以列入经营异常名录或者严重违法企业名单，并实施相应的失信惩戒。

另外，企业信用管理要重视员工的信用状况和客户资信状况，员工的信用状况对企业的发展有重要意义，特别是管理者，因为其信用在很

① 张俊慈：《信用监管视域下纳税信用修复的功能优势及制度建构》，《征信》2020年第4期。

大程度上能够左右企业的信用，影响企业信用度的建设。对员工进行信用等级管理，对守信员工重点培养，对失信员工视情况进行惩戒。当然，也要重视客户资信状况，通过客户数据库管理、客户的资信调查与信用评估等收集客户信用信息，可以使信用风险管理工作专业化、常态化，客户信用信息的管理可以增加企业自身经营的风险管控度，使企业客户被牢牢掌握在企业自身手中，经营业绩也就能基本控住，不至于发生系统性的客户流失风险。

（二）商协会组织信用监管及改进

商协会组织信用监管通过商会、行业协会等社会组织来实现，企业在形成商业惯例的基础上，通过企业内部治理、外部管理和行业引导形成信用，让民营企业养成遵守信用的习惯。商协会组织信用监管相较于企业自律监管更具有优势，首先商协会对收集企业信息有着天然优势，因为商协会组织在信用监管方面专业性强、运作成本低、效率高，能够全面收集到会员企业的内部财务信息、内部治理信息和声誉信息等。其次，商协会组织收集的企业信息比政府收集的信息资料更多，可以同信用评级组织开展信用评价，信用评级对企业的信用监管参考价值大，可在此基础上进行奖励或惩戒。最后，商协会组织具有被国家、企业双重认可的优势，商协会组织对企业的行为指引和自觉性培养比政府所起的作用大，因为在区域范围或行业范围内，商协会的行业共识是由企业共同制定和认可的，它的信用行为容易被企业接受，商协会组织的声誉机制要比国家强制机制、司法机制效果更好，企业维护声誉是一种对自身行为的约束，比外部约束的效果好。[①] 为此，商协会组织的监管可以将交易诚信和规范管理转为企业的自觉性，促进企业信用建设、提高自身信用水平，从而使入会的民营企业能获得商协会的信用认可，在行业内部树立起良好的权威，进而获得社会公众的信任，从而增加商业交易的成功率，获取更多的利益。

（三）第三方信用监督及改进

第三方信用监督主要是通过建立信用中介机构，利用信息共享机制解决商业交易中的信息不对称，有效管理信用风险，保证企业商务诚信

① 曹兴权：《企业信用监管中行业自律的嵌入》，《法学论坛》2014 年第 2 期。

度规范。[1] 信用中介机构以美国为典型，在美国形成了以邓白氏为代表的企业资信调查机构，可以为企业信息登记、备案、公示、查询提供服务。信用中介机构是一个信息可以自由共享的平台，为所有参与市场交易、市场竞争、市场监管的主体充分了解信息，为克服信息失灵、市场不公平问题提供中介服务。信用中介机构不但能提供信息披露、查询，为企业提供可靠的参考依据，还能在企业提出异议时及时处理异议信息，作出异议声明的通知，修复不良信用记录等。我国《社会信用体系建设规划纲要》（2014—2020）提出要鼓励和调动社会力量广泛参与、共同推进，形成社会信用体系建设合力，发展各类信用服务机构，逐步建立公共信用服务机构和社会信用服务机构，让两者互为补充，形成信用信息基础服务与增值服务相辅相成的信用服务组织体系。我国目前已经建立了很多第三方信用服务机构，还要加快信用体系建设，出台全国统一的信用规范，为信用服务机构提供法治保障，才能使这些服务机构在民企信用监督中发挥更有利的作用。[2]

第二节　涉民企政务诚信环境及改进

民营经济的高质量发展离不开良好的社会诚信环境，而政府诚信对整个社会诚信起着带头和示范的作用。政府不仅是我国市场经济的参与者，也是国家适度干预经济的政策制定者和执行者，在民营经济发展过程中，如政府不作为或者乱作为现象频发，会严重损害民营企业的经营决策和切身利益，企业的投资信心遭到打击，民营企业对政府形象则一落千丈。可见，政府的诚信度对民营经济发展起着直接或者间接的作用。政务诚信环境是衡量法治环境好坏的重要指标，政务诚信得到政府重视，经济市场才能稳定，商务诚信和社会诚信也会随之建设好。

① 刘新海：《专业征信机构：未来中国征信业的方向》，《征信》2019 年第 7 期。

② 刘梦雨、王砾尧：《第三方力量——国家发改委引入第三方信用服务机构参与行业信用建设与监管纪实》，《中国信用》2017 年第 12 期。

一　民营经济发展与政府诚信的关系

（一）政务诚信的含义理解

“诚信”一词出自《礼记·祭统》，词义解释为“以真诚之心，行信义之事”，诚信是中华民族的传统美德。对于政府来说，诚信是政府的美德，是政府的伦理底线。[①] 从现代伦理学的角度来看，“诚”侧重于内心的态度，诚恳和真实是一种内在的品质。[②] 从信息传达的动机角度看，传达的信息只有和自己的思维完全吻合，才能被称为“诚”。[③] 无论怎么理解，诚信都离不开一个“真”字。在国家的社会信用体系中，政府诚信是先导，企业诚信是主导，公民诚信是基础。加强政府诚信建设是社会信用体系建设的关键，政府诚信的先导地位就是要求政府在建设信用社会中起示范和带动作用，唯有政府率先讲诚信，才能带动整个社会讲诚信。[④]

政务诚信指政府在行使公权力、实施经济管理和公共行政过程中，要言行一致、履约践诺、忠于国家和人民，对包括民营企业在内的公众要诚实不欺、信守承诺。[⑤] 诚如有学者所言，政府能否在履行或兑现对民众的承诺上真正做到及时、完全和公正，关乎政府的履约能力和履约水平，这也是能否获得民众信任的关键。[⑥] 政府在民营经济发展中要起到支持和引导作用，就需要明确政府的诚信责任，必须履行对公众所做的承诺，做好政府诚信体系的建设者。具体来说，在民营经济发展中政府的诚信至少应该包括两个方面：

第一，确保所制定的相关政策科学、稳定。从管理学视角来看，政府信用一般与委托代理理论相联系，政府作为代理人要履行契约，诚信

---

① 陈洪连：《政务诚信缺失问题及其矫治》，《中州学刊》2016 年第 2 期。

② ［英］詹姆斯·哈林顿：《大洋国》，何新译，商务印书馆 1966 年版，第 36 页。

③ 王海明：《新伦理学》，商务印书馆 2001 年版，第 522 页。

④ 史苏：《以政府诚信为先导优化东北民营企业发展环境》，《延边大学报》2019 年第 5 期。

⑤ 段江波、朱贻庭：《政务诚信与行政公正》，《伦理学研究》2013 年第 5 期。

⑥ 陈洪连：《政务诚信缺失问题及其矫治》，《中州学刊》2016 年第 2 期。

度与履约的实现程度相关。[①] 政府与社会存在着契约关系，即类似于民法中的合同关系，政策内容就是契约的内容，政策内容具体由政府制定，在契约中，政府处于主导地位，而企业或个人处于相对弱势的地位，若政府朝令夕改、出尔反尔，则会增加企业经营的成本，阻碍民营经济的发展。相反，政府确保经济政策的科学性、稳定性和有效性，不仅有利于经济的稳步发展，也有利于提高政府的信任度，利于政府其他政策的落实，达到双赢的效果。在法律层面上，有关经济发展的政务诚信，就是要求法律法规、规章及规范性文件的出台要多从企业角度出发，制定稳定的、可预期的规则。

第二，确保政府行为公平、公正、公开。“三公”是行政许可的基本原则之一，在行政执法中秉持此原则，有利于遏制“暗箱操作”、随意主观决策等不负责的行为。社会上不存在绝对的公平、公正、公开，所追求的只是“三公”的相对性。政务上的“三公”至少要以自身的工作经得起包括民营企业在内的公众检验为基础，保障公众最基本的知情权，这也是诚信的外在体现。[②] 因此，政府有责任保障政务公开、公平、公正，为民营经济发展营造诚信法治环境。

（二）政务诚信对民营经济发展的价值

关于政务诚信的价值，不仅对于政府自身、国家的形象树立有重要的价值，对国家的整体经济，尤其是民营经济发展的价值巨大。

从政府自身来看。政务诚信有利于提升政府的公众形象，有利于提高政府的执行能力。法律的生命在于实施，政策的生命亦然如此。法律、政策的实施对象都是广大社会公众，前提是公众对法律、政策实施的认同和支持，能否得到认同和接受，很大程度上取决于公众对政府及其工作人员是否信任和信任程度如何。美国著名政治学家亨廷顿曾说过：“社会文化中缺乏信任将给公共制度的建立带来极大的障碍。那些缺乏稳定和效能的政府的社会，也同样缺乏公民间的相互信任，缺乏民

① 范柏乃、张鸣：《政府信用的影响因素与管理机制研究》，《浙江大学学报》（人文社会科学版）2009 年第 2 期。

② 李娟：《西方国家政府诚信法制建设的借鉴与启示》，《学术论坛》2014 年第 12 期。

族和公众的忠诚心理，缺乏组织的技能。”① 作为法律政策的执行者，为保证法律、政策的实施，政府应该保持与公众良性互动，提高政府的可信度。从国家层面来看，“人无信不立，国无信则衰”，政府信用是立国之本，政务诚信关乎国家稳定、发展和改革的大局；在国际关系中，政府诚信关系到国家的国际形象，对树立良好的国际形象起到重要的作用。

从经济方面来看，政府不仅具有经济职能，也是市场经济中的活动主体之一，政务诚信对处理好经济活动中政府与政府、政府与市场间的关系有至关重要的作用。政务诚信不仅是社会主义市场经济体制建立和完善的有效保证，也是社会主义市场经济健康发展的必要原则保证。在我国，民营经济为我国经济建设做出贡献的同时，其发展也面临很多阻碍因素，其中政务诚信问题所带来的风险和压力不容忽视。民营企业，特别是中小微企业抗压和抗风险能力弱，在面对市场的巨大风险时，若再加上政务诚信缺失的风险，很多企业很可能会被压垮，这不利于我国民营经济的发展。政务诚信中政策稳定、兑现承诺等对民营企业有积极的作用，是营造整个社会诚信环境的重要基石。

（三）政务诚信对民营经济发展的影响

古往今来，诚信原则在人类的政治、经济、文化等各方面起着举足轻重的作用。体现在民营经济发展中，政务诚信依然重要，民营经济所取得的发展离不开政府的鼓励和支持，政府的政策制定和实施对民营经济的发展会产生直接或间接的影响，其作用不可忽视。

一是政务诚信的积极影响。政务诚信是社会诚信的基石，在一个国家的社会信用体系中起着先导和示范带动作用。在经济活动中，政府、企业和个人都需要遵守诚信原则，主体具有多元性，主体之间相互作用、相互影响，并非孤立存在。从整个社会诚信体系来看，政府诚信处于核心地位，对社会诚信建设具有引领性作用。政府诚信能为市场经济发展提供相应的制度保障和示范效应，当诚信作为一种法定义务在维持经济发展中发挥作用时，其所起到的作用极大，已经远远超越了伦理道

---

① 沈荣华、鹿斌：《制度建构：枢纽型社会组织的行动逻辑》，《中国行政管理》2014 年第 10 期。

德层面的诚信作用，伦理上的诚信没有强制性的制度保障和约束，仅靠内心的良知作为支撑点。而诚信一旦转化为法律上的规定，就渗透到整个法律体系之中，让诚信原则的运用有法可依，同时也赋予了法律的强制性作为最后的底线。诚信借着法治的力量更能有效发挥维护经济有序发展的作用。

二是政务诚信的消极影响。整个社会信用体系就像一座金字塔，塔基是公众，塔尖是政府，如果作为金字塔塔尖的政府出现倾斜，整个金字塔将不复存在。[①] 政府诚信在整个社会诚信体系的金字塔中处于一个特殊且重要的位置，若政府诚信一旦偏离“中轴线”，社会诚信体系注定会土崩瓦解。假设政府失信于市场投资者，失信于企业，失信于民众，政府诚信就会受到质疑，政府的权威也会受到威胁，从而影响法律、政策的推行。长此以往，即便有再完善的政策也无法推行，也是徒劳。政府失信会带来经济和社会管理的混乱，造成巨大的社会侵蚀和危害，导致社会管理成本增加、社会稳定遭到破坏。[②] 从经济基础决定上层建筑的角度来看，政府诚信缺失会侵蚀到经济基础，从而破坏国家制度等上层建筑。因此，政府失信对经济发展有极大的危害，甚至会在各方面发生连锁反应。

二　政务诚信法治环境及存在的问题

（一）政务诚信的法治环境现状

总体来说，我国有关政务诚信的立法已经取得了进步和突破，但也存在明显的不足。虽然我国在《宪法》中确定了人民是国家主人的地位，有监督、批评国家权力机关的权利，但并没有对政府的诚信责任作出具体规定。我国《行政处罚法》《行政诉讼法》《公务员法》中很少提到政府的诚信问题，地方性法规也如此。《全面推进依法行政实施纲要》（2020年）对依法行政提出了基本要求，要做到合法行政、合理行政、程序正当、高效便民、诚实守信和权责统一，诚实守信被明确规定

① 马国清、彭爱群：《政府诚信缺失的危害与治理》，《理论界》2006年第9期。

② 魏昕、博阳：《诚信危机：透视中国一个严重的社会问题》，中国社会科学出版社2003年版，第47页。

在内。行政机关发布信息须准确、真实和全面，所做出的行为非因法定事由并经法定程序，不得随意撤销和变更。正如《行政许可法》第 8 条所规定："公民、法人或者其他组织依法取得的行政许可受法律保护，行政机关不得擅自改变已经生效的行政许可。"该法还规定："行政许可所依据的法律、法规、规章修改或者废止，或者准予行政许可所依据的客观情况发生重大变化的，为了公共利益的需要，行政机关可以依法变更或者撤回已经生效的行政许可。由此给公民、法人或者其他组织造成财产损失的，行政机关应当依法给予补偿。"这些条文都涉及行政许可行为的确定力、废止则要补偿等内容，即须保护行政相对人的信赖利益。①

法律的生命在于实施，要将制定的法律法规有效实施下去，所制定的法律就不能是一些笼统的、口号性的文书，而应该具有可行性。政务诚信是一个比较模糊的概念，对于政务诚信立法的要求需标准量化。2016 年国务院办公厅发布的《关于加强政务诚信建设的指导意见》将守信践诺、失信惩戒视为政务诚信建设的具体准则，但实施却存在一定的问题；中共中央国务院《关于完善产权保护制度依法保护产权的意见》也提出完善政府守信践诺机制和失信惩戒制度，政府应当为自己的失信行为承担责任和接受惩戒。然而，现有法律法规中几乎没有有关政府失信行为的范围、种类、惩戒方式和程序等条款的规定。另外，政府的失信赔偿也从反面折射出政府的诚信程度，目前《国家赔偿法》《行政许可法》《行政处罚法》和《人民警察法》偶有涉及政府失信行为的赔偿规定。

（二）政务诚信法治环境存在的问题

我国在建设法治型国家的过程中，以立法先导，有关政务诚信的立法也有了一定的进展，但目前仍然存在法律漏洞和空白，远跟不上现实社会的需要，还有很长的路要走。

第一，政府诚信立法不完善。我国现行的一些法律法规已经触及政务诚信，但从整体来看，目前健全度不够，立法工作滞后，政务诚信建设缺乏法律和制度的保障。诚信原则属于政府行使权力的基本原则，被视为行政机关履行公职行为的灵魂所在，但现实中，很多行政行为违背

① 陈翠玉：《政府诚信立法论纲》，《法学评论》2018 年第 5 期。

了基本规定，偏离了诚信的规范和引导。经济管理过程中政府诚信行为有异化现象，立法未能有效、及时做出回应，以致缺少现成的法律法规作为行为依据，一定程度上加大了政府的自由裁量权，同时为某些政府工作人员的不诚信行为留下了空间。[①]《行政许可法》信赖保护原则的确立，为诚信原则的发展提供了较好机会。然而，却缺少相应配套的立法，《行政许可法》难以发挥实际作用。另外，对政府失信的惩戒、救济和相关赔偿，法律法规规定很少，即便偶有涉及，大多属于原则性规定，实操性较差，难以在实践中真正发挥作用。由此可见，完善政务诚信的立法任务刻不容缓。

第二，政府失信惩戒机制不健全。我国目前的社会信用建设侧重点在企业、个人等主体上，很多有关诚信的法律规定基本都是针对企业和个人，而很少涉及政府。具体到失信惩戒上，政府的失信惩戒明显要弱于其他社会主体，归结起来，有关政府失信惩戒的不足表现为：一是缺乏惩戒规范。我国《政府组织法》赋予了政府相关职权，但并没有就政府机关失信于民后的法律责任做详细规定。只有相关工作人员侵害公民信赖利益后才会勉强适用《监察法》和《公务员法》等法律法规，对失信人员给予纪律或行政处分。加强政府诚信建设大多属于口号性、原则性、抽象性的提法，没有就惩戒对象、惩戒行为、惩戒程序等问题做出具体规定，无法真正实现对政府失信行为的追责。二是惩戒机制不完善。主要体现为惩罚力度小、问责机制和救济机制不完备，不守信用的成本小，一些政府部门或工作人员很容易运用公权力阻滞政府信用的履行。由于失信代价小，加上缺乏有效的失信惩戒方法，进而轻易突破信用界限。另外，缺乏长期有效的问责机制，在很多政府失信的案件中，政府几乎没有受到实质性的失信惩罚。即便问责，一般也是内部问责，或仅对个别相关工作人员问责，没有第三方的监督与制约。三是救济机制不完备。社会信用体系的完整性、系统性不仅要有对失信行为的惩戒机制，还要有对失信行为的救济机制，让因失信造成的损失降到最小，同时帮助其恢复信用信息，给予其改过自新的机会。惩戒政府失信行为的最终目的是帮助政府纠正错误，激励政府积极采取补救措施，恢

① 陈翠玉：《政府诚信立法论纲》，《法学评论》2018 年第 5 期。

复民众对政府的信誉度。①

第三，政策稳定性保障不足。《行政许可法》规定："公民、法人或者其他组织依法取得的行政许可受法律保护，行政机关不得擅自改变已经生效的行政许可。""行政许可所依据的法律、法规、规章修改或者废止，或者准予行政许可所依据的客观情况发生重大变化的，为了公共利益的需要，行政机关可以依法变更或者撤回已经生效的行政许可。由此给公民、法人或者其他组织造成财产损失的，行政机关应当依法给予补偿。"虽然这些规定给政策的稳定性提供了一定的保障，但实务中其发挥的作用微乎其微。仅有"书面上"法律依据并不能真正保证政策的稳定性，还需要政府失信惩戒机制等作为后盾。由此可见，政府政策稳定性、政府诚信建设、政府失信惩戒需要相辅相成、互相配合才能发挥作用，落下任何一个都难以良性循环。

三 涉企政务诚信环境的规范化建议

（一）建立健全政务失信记录机制

政务失信包括政策失信、权力失信、规则失信、政绩失信等，任何一种政务内容失信都具有严重破坏性，都会导致社会信用建设体系崩坏。正常健康的市场经济秩序可稳定增速、控制成本、优化资源配置，而政务失信会导致市场经济秩序扭曲，提高交易费用，使国家或地区的经济增长变缓慢，不利于政府对经济进行的宏观调控，扰乱公众对市场的判断，无法构建良好的商业环境，浪费社会资源，行政效率低下。另外，信用缺失需要花费更多的资金、时间、人力去追讨失信问题，导致整个社会生产交易过程发展缓慢。② 因此，加强政务诚信建设，特别要重点治理损害市场公平交易的政务失信行为，政务失信记录机制是建设政务诚信环境的重要手段。

《国务院关于加强政务诚信建设的指导意见》（2016 年）提出建立健全政务失信记录，将各级人民政府和公务员在履职过程中违法违规、失信违约被司法判决、行政处罚、纪律处分、问责处理等信息纳入政务

① 朱兵强、孙铭杰：《政府失信惩戒法治化初探》，《征信》2019 年第 8 期。

② 陈洪连：《政务诚信缺失问题及其矫治》，《中州学刊》2016 年第 2 期。

失信记录。由各级社会信用体系建设牵头部门负责政务失信记录的采集和公开，将有关记录逐级归集至全国及地方信用信息共享平台。同时，依托“信用中国”网站等依法依规逐步公开各级人民政府和公务员政务失信记录。目前，很多地方政府也纷纷出台了诚信建设的实施方案，以表6-4列举部分代表为例。①

表6-4　　部分地方政府诚信建设情况

地区	文件	涉及失信记录机制的内容
广西壮族自治区柳州市	《柳州市加强政务诚信建设的实施方案》（2019年）	建立政府部门和公务员政务领域信用档案，明确政务信用信息采集范围，政府部门诚信档案重点记录依法行政、政务信息公开、“放管服”改革、拖欠农民工工资、违法用工、违规办公用房、公车使用管理、环境保护、食品安全、安全生产等信息；公务员诚信档案依法依规记录公务员的基础信息，以及依法履职、诚信尽责、规范服务，表彰奖励、违法违纪违规等信用信息。将政府部门和公务员在履行职能过程中产生的因违法违规、失信违约被司法判决、行政处罚、纪律处分、问责处理等信息纳入政务失信记录。
山东省德州市	《山东省德州市关于加强政务诚信建设的实施方案》（2018年）	建立健全政务失信记录，依托德州市公共信用信息平台，建立健全政务失信信息的共享交换机制，及时将各级政府、部门和公务员在履职过程中，因违法违规、失信违约被司法判决、行政处罚、纪律处分、问责处理等信息纳入政务失信记录。记录产生单位负责将信息共享至德州市公共信用信息平台，由市共享平台将有关记录归集至山东省公共信用信息平台，并与全国信用信息共享平台互联互通。 充分发挥社会舆论监督作用，畅通民意诉求渠道，对政务失信行为进行投诉举报。搭建我市信用监测平台，运用大数据手段，将收集的政务失信记录进行整合，依据评价标准对政务信用状况进行评价。支持信用服务机构、高校及科研院所等第三方机构对各县（市、区）、各部门政务诚信情况评价评级并及时公布结果，加强社会监督。
黑龙江省哈尔滨市	《哈尔滨市政务诚信建设工作推进方案》（2020年）	各地区、各部门及公务员在履职过程中因违法违规、失信违约被司法判决、行政处罚、纪律处分、问责处理等信息纳入政务失信记录，并依法依规报送至市信用信息共享平台，依托“信用中国（黑龙江哈尔滨）”网站等逐步向社会公开。 各地区、各部门存在政务失信记录的，在各级各类评优评先中，根据失信行为依规取消评选资格，予以公开通报批评，并依法依规对造成政务失信行为的主要负责人追究责任。对存在政务失信记录的公务员，按照相关规定采取惩戒措施。

① 信用中国网，https：//www.creditchina.gov.cn/xinyongdongtai/zhengwuchengxin/，2020年11月20日访问。

从表6-4可以看出，我国社会信用制度建设起步较晚，失信记录机制除了在法规中出现，国家层面的法律中还未体现。失信记录机制中关于征信、信用评价、追责机制等方面还是空白，监督体系也不够完善。[①]

关于涉企政务的失信记录方面，笔者认为，首先是创新使用信用工具，政府在规范政务诚信建设时应采用柔性的、协商的、预防的多元工具，完善行政档案，对涉企政务事项分类管理，比如政府通过大数据来管控政务失信记录，增强政务诚信建设，真正落实政府权力清单制度，建立负面清单管理模式；让政府决策、管理机制等政务活动公开进行，做到执行、服务和结果的公开。[②] 另外，政务失信记录机制要加强政务监督，不仅包括上级政府对下级政府的监督、地方人大及常委会对政府的监督，还要重视包括民营企业在内的公众对政府的监督，公众的监督是保证政务活动公开透明、避免“暗箱操作”的防腐剂；公众监督保证公众的知情权，实现政务公开。打破信息封锁和垄断，公开与公众相关的利益，才能让社会公众了解、监督行政机关和人员，进而促进政务诚信建设。再有，政务失信记录机制可把失信政府、失信人员记录在案，分类管理，根据对经济社会发展造成的损失情况和社会影响程度，采取不同的措施，分别对失信政府或者相关人员进行惩戒，说明具体失信情况的原因，限期让失信群体进行整改，根据相关法律法规对失信部门取消参与各类荣誉评选资格，制定奖励和惩戒规则，向公众公开，并强有力地执行，依法追究相关人员的责任，让失信群体受到公众监督。

（二）建立健全政务失信惩戒机制

政务失信惩戒是指政府及其工作部门因行政行为侵犯或损害行政相对人的信赖利益时所应受到的惩罚或承担的责任。政府在制定市场经济运行规则以及参与市场经济活动时应恪守信用。[③] 政务信用通常与委托

---

① 郭蕊、赵伟伟：《以政务诚信水平的提升助力营商软环境建设研究》，《长春教育学院学报》2019年第12期。

② 王瑞雪：《政府规制中的信用工具研究》，《中国法学》2017年第4期。

③ 范国庆：《社会主义市场经济中的政府信用建设》，《东北大学学报》（社会科学版）2003年第6期。

代理理论相联系，是政府作为代理人履行契约的程度。[①] 政务失信惩戒机制中惩戒对象具有特定性，即实施外部行政行为的机关及个人。在这一层面来说，一旦行政机关在管理经济、社会时对公众失信则要受到惩戒，须承担责任。[②]

目前，涉及政务失信惩戒机制的规定有2016年的《国务院关于加强政务诚信建设的指导意见》，该意见重点提出政务失信惩戒机制要加大惩戒和曝光力度，严格追究失信责任，对于失信多发领域进行重点治理。在对民营经济的管理领域，要加强民营企业多方位的监督，实现涉企政务活动公开透明，对于失信行为加以约束，严厉打击公务员以权谋私、失职渎职，严重危害民营企业利益、经营公平等失信行为。当前，政务失信惩戒机制也面临着一些困境，如惩戒规范缺失，政府信用领域立法仍处于空白状态，还有政务失信惩戒问责不科学，失信问责对象重个人轻单位，救济机制也不完善。[③] 对此，可从以下几个方面加以完善：

一是推进政府失信惩戒立法。就立法而言，应该包括政府信用管理、政府信用信息采集、政府信用评估、政府信用惩戒、政府信用修复、失信的法律责任等几部分。将原来原则性的立法具体化、实际化，提高可操作性。[④] 《监察法》虽然也规定了相关的惩戒措施，如约谈、通报等，但仍然不够完善，可以建立政务信用建设的相关法律法规，对政务失信的信息采集、管理、评估、修复以及法律责任具体规定。

二是加强政务失信惩戒问责机制。分别建立政府机关与相关工作人员的责任体系，政府机关要重点针对失信情况追究具体责任，工作人员要区分党内责任和行政责任，两种责任加以区分，不能混淆。同时，可以引入第三方科学问责机制，美国对社会信用建设就专门建立征信机构，制定科学的评估机制，制定科学的评估机制可以辅助行政机关根据失信行为给社会带来的损失程度，对相应的主管人员问责，对政府和工

① 范柏乃、张鸣：《政府信用的影响因素与管理机制研究》，《浙江大学学报》（人文社会科学版）2009年第2期。

② 朱兵强、孙铭杰：《政府失信惩戒法治化初探》，《征信》2019年第8期。

③ 《吉林长春长生公司问题疫苗案件相关责任人被严肃处理》，http：//politics.people.com.cn/n1/2019/0202/c1001-30610289.html，2020年11月24日访问。

④ 朱兵强、孙铭杰：《政府失信惩戒法治化初探》，《征信》2019年第8期。

作人员的行政权力进行监督，保证不滥权，有利于预防政府腐败行为。[①]

三是建立健全政务失信救济机制。政府失信后不能仅停留在失信惩戒层面，还应该及时采用补救措施，让因失信行为造成的损失降到最小，及时防止行政相对人的损失扩大。政府机关可以就失信行为进行申辩并说明理由，也可以及时向公众致歉并妥善安排赔偿、补偿措施；评估机构应该根据失信行为以及事后的补救措施形成最终的评估意见。失信记录并非永久固定，评估机构应持续跟踪失信的政府机关，根据其消除不良影响、恢复相对人信赖利益等补救措施及其效果，进而决定撤销失信记录的时间。这种动态的评估机制可以促进政府机关及时纠正失信行为，修复信用水平。加强失信的行政机关和工作人员的信用修复机制，建立健全信用信息异议、投诉制度，扩展修复的渠道和方式。工作人员的信用修复主要是自身救济，通过建立自我纠错、主动自新的关爱机制，公务员在政务失信行为发生后主动挽回损失、消除不良影响或者有效阻止危害结果发生的，可从轻或免于实施失信惩戒措施。而行政机关可以通过对失信评估进行申辩，也可以向公众道歉赔偿。评估机构可以持续追踪失信机关，采取动态的评估机制，促使其及时纠正失信行为，修复信用水平。

（三）招商引资承诺制度

随着我国改革开放的不断深入，民营经济得到了快速发展，政府一直在招商引资中起着主导的作用，在现有的国家市场经济体制下，中央政府给予各地政府更多的权力，地方政府对经济活动具有更大的支配力，招商引资工作也可顺利开展，这直接推动了地方经济的发展。招商引资承诺是地方政府为了吸引区域以外投资者到本地投资的一种政务活动，让投资者充分享受本地的土地、人力、能源、税务等优惠政策，以良好的营商环境来吸引投资者的入驻，也正是基于对政府的招商引资承诺，投资者才会做出投资的经济决策，投资者对政府的承诺非常看重，一旦政府的承诺不兑现，就可能打破了投资者的预期，政府就应承担不兑现的相关责任。

招商引资最先是在沿海地区开展，沿海地区是我国改革开放的前沿阵地，具有地缘优势，比较受投资者青睐。以广东为例，广东是我国招商引资政策最早试行的起源地，其与香港地区、澳门地区相连，地理位

① 高明：《地方政府信用评级的国际比较研究》，《征信》2019 年第 1 期。

置优越，交通发达，良好的投资环境吸引了众多投资前来发展，众多工业区不断落户广东，不少高科技人才也不断聚集，正是招商引资工作的到位，产业结构不断升级，保障了广东经济的可持续发展。[①] 政府在招商引资过程中简化办事程序，提高办事效率，打造优良的投资政策环境，及时解决企业投资过程中所遇到的问题。对投资者进行考核，符合标准的给予优先安排建设用地指标等激励措施；同时，广东也在招商引资过程中，明确政府的义务和责任，落实监管责任。

西部地区作为我国经济欠发达地区，各地政府也加大招商引资力度，吸引很多投资者逐渐从沿海转移到中西部地区。以甘肃省为例，政府紧盯重点行业和企业，通过多种方式招商引资，给予民营企业相应的优惠政策，制定《推进简政放权放管结合优化服务改革工作要点》（2016 年），为企业建立了公平公正的环境，放宽行业准入条件限制，对行业开放，还严格要求政府及时落实和兑现向投资者作出的政策承诺，履行招商引资协议，保持政策的稳定透明和可预期性，对未履行承诺造成严重影响的相关负责人严格追责。[②] 尽管新冠肺炎疫情导致政府的招商引资工作受到了一定的影响，但各地仍然创新方式大力推进招商。如辽宁省盘锦市通过“四云”方式招商，创新“云回访、云洽谈、云考察、云签约”的招商引资方式，不仅大大节约了招商成本，还克服了疫情的影响和地域限制，可随时沟通，加快了项目推介、洽谈、签约、落地的速度，切实提升了盘锦市招商引资数字化建设水平。政府一手抓疫情防控工作，一手深入推进重点项目，持续强化与企业的联动，保持工作不变。[③] 同时，盘锦也强调各部门“一把手”要亲自接商待商、带队招商、亲自推介、亲自洽谈、亲自拍板定事情，保证各项工作协调解决到位，杜绝“只动嘴，不动腿”的行为。

---

① 广东商圈诚信网，http：//sq. gdintegrity. com/web/cmsweb/cmsWebMain？ channel_id = 402896475af50303015af52a99bc0004，2020 年 11 月 24 日访问。

② 《甘肃省人民政府关于印发甘肃省 2016 年推进简政放权放管结合优化服务改革工作要点的通知》，http：//www. gansu. gov. cn/art/2016/7/19/art_4785_280465. html，2020 年 11 月 24 日访问。

③ 《盘锦市召开“四云”招商活动项目调度会》，http：//swt. ln. gov. cn/ywxxx/swdt/202007/t20200713_3905797.html，2020 年 11 月 24 日访问。

当前，我国各地招商引资取得了一定成绩，但是也有一些政府部门对招商引资承诺不兑现的情形，对企业的发展影响巨大，甚至导致企业无法经营、濒临破产。笔者通过全国裁判文书网搜索，发现此类案件还较多，下面择三个典型案例加以呈现（见表 6-5）。[①]

表 6-5　　招商引资承诺不兑现典例

案例	案情简介	裁判结果
崔某某诉徐州市丰县人民政府招商引资案（2016）苏行终字 90 号	2001 年丰县政府就丰县当地的招商引资奖励政策和具体实施作出相应规定。2003 年，在崔某某及其妻子李某某的推介运作下，徐州康达环保水务有限公司建成并投产。后崔某某一直向丰县政府主张支付招商引资奖励未果。2015 年崔某某起诉要求兑现奖励。	江苏省高级人民法院二审认为，丰县政府作出的招商引资奖励承诺，以及崔某某的介绍行为，发生的纠纷属于行政合同争议，依法属于人民法院行政诉讼受理范围，判令丰县政府继续依照《23 号通知》的承诺履行义务。
成都亿嘉利科技有限公司、乐山沙湾亿嘉利科技有限公司诉四川省乐山沙湾区人民政府解除投资协议并赔偿经济损失案（2016）川 11 行初 267 号	2011 年成都亿嘉利公司与四川省沙湾区政府签署《投资协议》，约定租赁约 800 亩土地，投资 5000 万元，沙湾区政府负责提供“一站式服务”，为加快项目建设进度和协调相关部门的手续尽快落实。2011 年设立乐山亿嘉利公司为项目公司。两公司认为沙湾区政府一直怠于协调其项目行政手续办理事宜，隐瞒土地性质真相，无法办理相关手续，未按照约定履行《投资协议》，直接造成两公司重大损失。	一审和二审认为裁定不予立案，最高人民法院接到再审申请，经审查认为，该案涉《投资协议》符合行政协议本质特征，人民法院可以依法受理。故撤销一、二审裁定，指令一审法院受理本案。
东戴河管委会与北京中科公司招商引资案（2017）最高法民终 340 号	2009 年绥中滨海经济区管理委员会（东戴河管委会的前身）与北京中科公司签订项目合作协议，管委会无偿提供 60 亩土地。2010 年由国土局向公司出让工业用地，价款为 900 万元。公司已实际占有、开发建设案涉工业用地。在建设过程中，当地政府调整了用地规划，案涉土地被政府单方收回并另行高价出让，由其他公司拍得并开发房地产，公司的投资建设被拆除。	最高人民法院判决东戴河管委会与北京中科公司签订的《项目合作协议书》《补充协议》无效。但《国有建设用地使用权出让合同》依法成立并生效。对于确因政府规划调整、政策变化导致合同不能履行的，当事人请求依法解除合同并返还相关款项或者承担损害赔偿责任的，依法应予支持，故公司依法有权请求解除合同，并由绥中国土局赔偿损失。

① 中国裁判文书网，http://wenshu.court.gov.cn/website/wenshu/181217BMTKHNT2W0/index.html? pageId=8ac32e0ebde110a75852a4b62f271876&s8=04，2020 年 11 月 24 日访问。

从上述案例中可以看出，一些政府部门与投资商签订了相关协议，但由于政府不守信，没有兑现优惠政策，甚至存在新任领导对前任承诺事项不兑现等现象，或者招商引资行为不规范，有些优惠政策出现违法违规现象；政策信息发布不及时，部门之间没有建立统一协调机制，执法方面存在一些问题，监督机制不够完善等。政府的失信行为或不规范行为，不仅伤害了民营企业家和投资者的信心，还导致人才外流，使民营经济发展受阻，地区经济发展陷入困境。招商引资中，政府的诚信关乎招商引资成功与否和民营经济的发展，可从多方面建立健全招商引资承诺制度，让民营企业的投资有制度保障。

首先，加强政府责任制度化。通过立法手段完善地方性法规规章，出台优惠政策要进行合法性审查，严厉打击地方保护主义，规定政府在招商引资过程中的权力及职责，对超出权力范围内做出承诺的政府及人员应予以惩戒，尤其要杜绝政府领导换届出现的“新官不理旧账”问题，切实保护好投资人的信赖利益，确需改变政府承诺和合同约定的，要严格依照法定程序进行。夯实责任考核制度，完善行政问责制，因失信行为造成严重后果的，必须追究相关部门及人员的责任。

其次，健全招商引资的信息披露机制。信息公开是最好的监督机制，可以通过电视、网络、新媒体等多元化方式进行招商引资信息的公告和宣传，推进电子政务，让招商引资承诺公开透明，充分保障公众的知情权。公开政府招商信息，让投资者清晰招商政策的实际情况，可以降低招商引资已知或未知的风险。同时，招商引资承诺的公开，可以让政府的工作在阳光下进行，公众能够对政府进行监督，并可对招商引资的项目提供参考信息，公众能更好地对政府的工作加以支持和理解。投资者们也能根据公开的政府招商引资承诺来调控投资的力度，控制投资风险。

最后，完善招商引资承诺不兑现的救济制度。政府的优惠政策不兑现，会严重影响企业的经营发展。完善法律救济措施，因国家利益、公共利益或其他法定事由需要改变政府承诺和合同约定的，政府要主动与投资者沟通，做好解释和说明，争取投资者的理解，并严格依照法定权限和程序对投资者的财产损失依法予以补偿。地方政府违约或不兑现承诺的，要承担法律和经济责任，投资者可采取合法、有效的途径和程序维护其权益。

（四）政务诚信度的规范建议

正如前文所述，政务诚信对民营经济发展有巨大影响，诚信不再是一个伦理的范畴，对于政府而言，要以制度形式规范政府的涉企管理和规制行为，让行政诚信度通过制度规范得到提高，笔者认为，可从以下三个方面进行：

第一，开展政务诚信评价。对政务的诚信度进行评价有着极大的作用，政府可以根据评估的结果制定相关政策，从而提升政府治理的能力，维护社会经济秩序的稳定。因为政务诚信包含的内容多种多样，在政务诚信评价中，所涵盖的面要足够广，能够正确地反映政府诚信的实际水平，对政务诚信评价要分层次来进行，不同的行政机关有不同的信用评级，在具体评价中，要设立好指标体系，通过一定的渠道获取和采集政务诚信的相关数据。具体而言，政务诚信评价的相关数据要结合政府行政行为的整个过程来确定，政策公开的透明度、行政部门的执行效力以及公众的满意度等各个方面都要有所反映。通过对政务诚信的评价，可以提高政府的行政效率，带动政府工作人员的工作积极性，促进公众福利的增加，维护好民营企业的投资环境，刺激经济增长。

第二，注重政务人员的诚信建设。政府的所有工作均需要工作人员来完成，政府工作人员的诚信管理至关重要，需要加强公务员的诚信建设。可以建立政府工作人员信用制度，将每个工作人员考核后的信用评价全部记录在案，建立信用档案制度。信用评价可结合政府的人事制度，与年度考核挂钩，对公务员的财产实行申报制度，适当降低财产申报制度适用的职务层级，如县区级政府机关可降低到副科级，州市级政府机关可降低到正科级，省级政府机关可降低到副处级，对特殊工作人员的财产和收入尽快进行如实申报，防止公务员贪污腐败，一定程度上还可以将公务员的财产状况对公众公布，满足公众的知情权，有利于建立政府的整体诚信。另外，加强政府工作人员的诚信培训，包括入职之前和任职之后的教育培训，使政务人员能够明确政务诚信的要求，将政务诚信作为工作中坚定的信念和坚守的底线。

第三，加强政务诚信的监督。在市场经济运行中，政府需要服务于民营经济，当民营企业的诉求无法从政府那里得到合理的回应时，或者当政府牺牲民营企业的利益或侵害他们的利益时，都属于政务失信的问题，都会严重损害政府的公信力，破坏公众和政府之间的信任关系，影响市场经济的正常运转。在涉企经济行为中，政务诚信监督就是要增强对政府经济管理权的监督力度，对政府权力运行机制进行合理设计，严厉打击腐败现象，完善行政问责制度，通过不同的岗位、不同的层级来细化政府部门的相关责任，对滥用权力的政府部门及人员加大惩罚力度，实行责任终身制以防止领导干部推诿责任，即便政府工作人员调任离职也要追究责任。同时还要加大民营企业对政府的监督，实行政务信息公开、透明，接受民营企业的监督，使民营企业能够理性地表达对政府部门的期望，加强政府决策的民主性，提高公信力。

第七章　民营经济发展的社会外围法治环境

民营经济的持续、稳定、健康发展离不开整个社会全方位的良好法治环境来保障，从企业及企业家本身的人身安全和财产安全到企业融资、用工以及财税等，都需要配套的法律规范，创建起一个综合性的外围法治环境，才能有利于保障民营企业在整个经营过程中涉及的人、财、物、产、供、销等方面的权益，甚至要从法律层面预先防范这些因素或环节可能涉及的法律风险，为潜在法律风险的管理做好准备。

第一节　民营经济平安发展环境及改进

一　民营经济平安发展环境的现况考察

（一）净化民营经济平安发展环境的现实背景

无论在何种意义上，改革开放以来我国经济发展之所以能够取得如此成就，与民营经济的发展不无关联，而民营企业的发展则和民营企业家的努力密切相关，没有民营企业家兢兢业业的付出，民营企业也很难取得今天的成就。尽管市场竞争非常激烈，依然有很多优秀的民营企业脱颖而出，大力塑造了我国经济的蓬勃力量，也为社会做出了杰出的贡献，如缓解就业困难等。民营企业家作为控制民营企业的掌舵人，企业的发展与他们的决策息息相关，一个优秀的企业家才能管理好一个优秀的企业。但随着经济的转轨，新旧体制的交替，侵害企业家人身财产安全的案件一直处于上升趋势，且由于多方面的原因，民营企业家往往不能得到公平的对待。所以，为民营企业家的健康成长提供平安法治环境，保障民营企业家作为普通公民所享受的合法权益实属重要。应依法平等保护企业家的人身财产安全，对其在日常经营中所发生的涉及与法律相关的行为要进行精准认定，保障民营企业家可以掌控企业的发展方向，使民营企业有更好的市场活力，促进市场经济持续健康发展。①

当前民营经济发展中的法律问题，其中公平对待、平等保护、财产权益保障便是民营企业家对法治最大的期望，而对民营企业绝非做特殊保护，最高人民法院甚至表示，要在刑事司法保护方面下功夫，坚持疑罪从无的原则，防止民营企业家的人身财产权利受到不法侵害，不要采用刑罚手段去介入民事财产纠纷。②

（二）净化民营经济平安发展环境的法治现状

近年来，我国不断出台有关扶持民营企业发展的法律法规或政策文件，如《关于完善产权保护制度依法保护产权的意见》《关于营造企业家健康成长环境弘扬优秀企业家精神更好发挥企业家作用的意见》等，一定程度上遏制了破坏营商环境的行为，激励了民营企业家更加努力发展企业。《关于营造企业家健康成长环境弘扬优秀企业家精神更好发挥企业家作用的意见》指出，要精准把握法律与政策的界限，对民营企业家的合法权益和正常的经营活动予以保护，增强财富安全感，培养企业家对市场的信心，为民营企业构建一个稳定健康的发展环境，进一步保护民营企业家的人身和财产权利。该《意见》还提出，应该从规范司法行为入手，调整处理案件的手段和方式，尽可能避免司法活动过度介入民营企业的日常经营活动，防止民营企业的合法权益受到侵害。对于一些侵害民营企业的违法犯罪活动，要严格依法给予惩罚，不轻易放过违法犯罪行为。这些文件为错案纠错带来了转机，一些由于事实和证据等方面存在疑问而导致错误审判的案件，依据法律被予以了纠正。③

对于涉及违法犯罪的民营企业家，他们的人身和财产权利依然要区分情形予以保护，不能因为其涉及案件的调查，就不遵循法律的规定，

---

① 《罪刑法定是企业家权益、企业权利的最佳保障》，http：//www.court.gov.cn/zixun-xiangqing-151482.html，2020年11月23日访问。

② 《周强与民营企业家座谈表示坚持平等全面依法保护为民营企业发展营造良好法治环境》，http：//www.court.gov.cn/zixun-xiangqing-161402.html，2020年11月23日访问。

③ 《柳传志：良好的法治环境让企业家更加放心》，http：//www.court.gov.cn/zixun-xiangqing-194891.html，2020年11月23日访问。

对其违法固然要进行惩处，但也要对个人财产与企业财产做区分，保护民营企业家合法的权益，要加强对刑事诉讼的监督，尤其是有关申诉和国家赔偿的案件。总而言之，应从立法、执法、司法、守法等各个方面保障民营企业家的合法权益。①

近几年来，各地司法机关也在积极完善相关规定，有效落实中央关于加强对民营企业家保护的相关政策。如吉林省检察院2018年发布《关于依法保护企业家权益支持建设新时代企业家队伍的意见》，从各个方面介绍了检察机关在保护企业家权益时采取的措施和实践的效果。② 该《意见》认为，在处理经济案件中，对侦查机关过度干涉经济纠纷、侵害民营企业家合法权益的行为，应该加强监督，一定要严肃处理，坚决避免非法取证、刑讯逼供等非法手段。长期以来，在民营企业的成长过程中，受到黑恶势力侵害很常见，从2018年开始，国家专门开展扫黑除恶行动，严厉惩处黑恶势力欺行霸市、严重干扰民营企业健康发展的行为，为民营经济营造一个透明干净的发展环境。

（三）净化民营经济平安发展环境的实践概况

广东省检察院曾发布，2018年、2019年不足两年的时间里，黑恶势力侵害民营企业权益犯罪案件中，被批捕的有1170人、被起诉的有990人；批捕职务侵占、挪用资金犯罪1396人，起诉1491人；批捕侵犯民营企业知识产权犯罪945人，起诉981人（见图7-1）；在刑事诉讼监督方面，监督公安机关立案122件、撤案48件，监督纠正涉民营企业财产刑执行不当案件115件（见图7-2）；在民事行政诉讼监督方面，办理涉民营企业民事行政检察监督案件3035件，向法院提出抗诉151件，提出再审检察建议31件（见图7-3），标的总额达30亿元。审查涉及民营企业的虚假诉讼案件24件，查实并向法院提出监督意见10件，标的总额近2亿元。③

---

① 《最高人民检察院关于充分发挥职能作用营造保护企业家合法权益的法治环境支持企业家创新创业的通知》，《中华人民共和国最高人民法院公报》2018年第2期。

② 《吉林省检察院出台〈意见〉依法保护企业家权益，为吉林振兴发展护航》，http：//www.jl.jcy.gov.cn/xwdt/jjxw/201801/t20180122_2138795.shtml，2020年11月23日访问。

③ 《2018年以来广东省批捕黑恶势力侵害民营企业权益犯罪1170人》，https：//baijiahao.baidu.com/s？id=1638183171857483117&wfr=spider&for=pc，2020年11月25日访问。

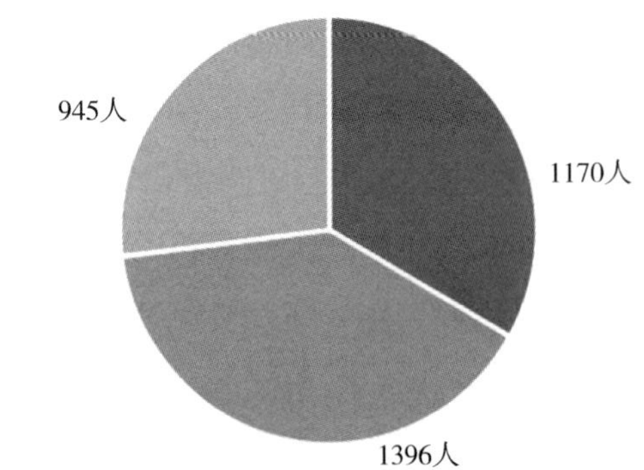

图 7-1　2018 年广东省批捕侵犯民营企业犯罪人数

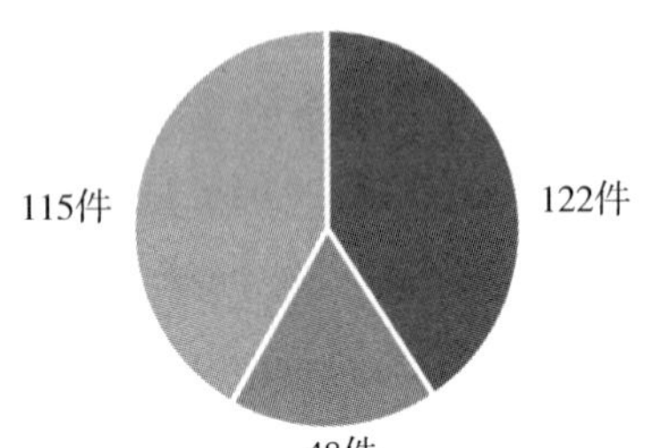

图 7-2　2018 年广东省侵犯民营企业刑事诉讼监督案件

2018 年山东检察机关批捕侵占、哄抢民营企业财物犯罪 168 人；批捕扰乱社会主义市场经济秩序的犯罪案件 2604 件、3814 人，起诉 3893 件、7793 人；批捕强买强卖、寻衅滋事、干扰民营企业生产经营犯罪 451 人；严厉打击抢劫、敲诈民营企业家犯罪 74 人；批捕侵害民营企业商标权、专利权、著作权、商业秘密等犯罪 129 人（见图 7-4）。[①] 这些成绩为民营企业发展、对维持市场经济秩序的稳定营造了良

① 《2018 年山东检察机关批捕侵占、哄抢民营企业财务犯罪 168 人》；http：//news.sdchina.com/show/4382875.html，2020 年 11 月 25 日访问。

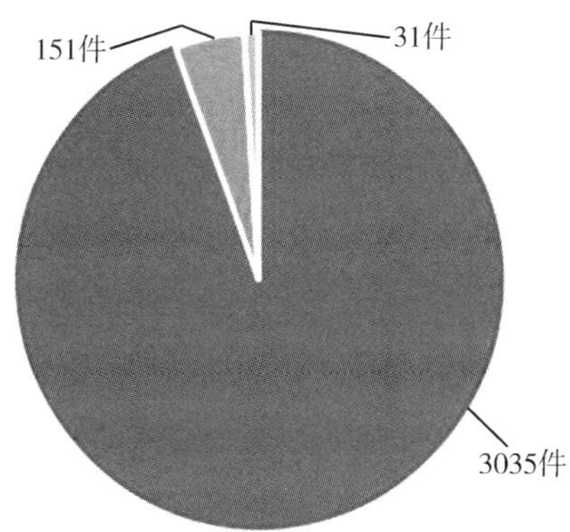

图 7-3　2018 年广东省涉及民事行政诉讼监督案件

好的社会治安法治环境，消除了对民营企业权益侵害产生的负面影响。

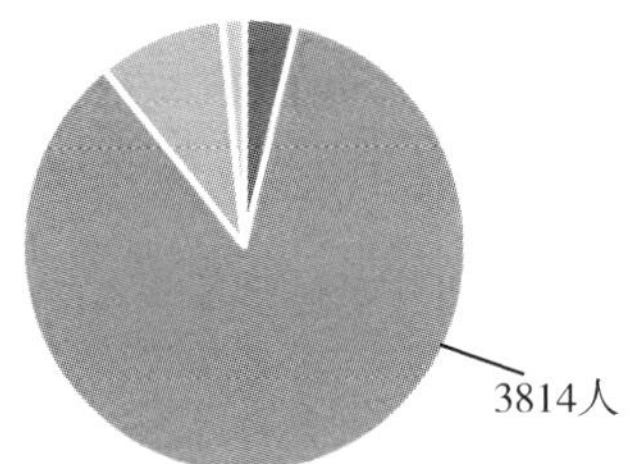

图 7-4　2018 年山东省批捕侵犯民营企业犯罪人数

二　净化民营经济平安发展环境的措施

我国近年来非常鼓励民营经济的发展，并给予民营企业宽松的政策，民营经济得以快速发展，但是针对民营企业的违法犯罪行为数量也大幅上升，犯罪类型呈现出多样化的趋势。在针对侵害民营企业和民营企业家的案件中，破坏社会主义市场经济秩序类和侵犯财产类的犯罪占据了较大一部分。从被侵害企业内部来看，遭受侵害的企业在生产经营及其管理制度方面往往不够完善，企业管理制度的缺陷导致很多违法犯罪行为出现，如员工辞职后利用未交的仓库钥匙盗窃公司财产、公司营销人员收款据为己有等案件。大部分民营企业由于规模较小，管理制度欠缺或者不规范，缺乏有效的人事管理制度，在招聘、录用和管理员工方面，随意性太大，企业风险防控意识薄弱。对此，可从以下几个方面加以改进：

（一）坚决打击涉企刑事犯罪

法律的生命在于实施，保护民营企业家的人身财产安全必须依法贯彻法律的实施，对违法犯罪行为一定要严厉惩罚，为民营企业发展提供健康的环境。保护好民营企业家的人身安全，保护好他们合法的私人财产不受非法侵害，如盗窃、抢劫、侵占等犯罪，要防止针对民营企业或企业家犯罪的现象发生，严格依照法律执法、司法，对国家工作人员利用职权针对民营企业或企业家犯罪的行为，更要严肃处理。对于工程等重大项目，要严格把关招标投标活动，防止官商勾结，侵害国家和民营企业的权益，政府机关相关工作人员要坚持依法行政，确保公平正义。人大要着力发挥法律的监督职能，全面监督司法机关的立案、审查和审判，避免司法机关过分介入民营企业的经营和发展。

（二）打造公平公正的司法环境

只有司法环境具备了公平公正的要素，民营经济的健康持续发展才能得到有效保证，对于民营企业来说，司法公正是保障民营企业家最重要也是最后的底线，如果司法无法做到公正，民营企业便无法指望社会维护其合法权益。可喜的是，近些年在涉企立案、诉调对接、执行等方面都取得了很大进步，为民营经济的健康发展提供了坚实保障。但也有民营企业及企业家合法权益遭到侵犯的情形，有些案件涉及国有企业和民营企业双方主体时，由于地方政府部门的介入，导致在审判过程中，法院没有公平公正裁决，损害了民营企业原本应得的利益。司法机关和政府要努力营造一个公平公正的发展环境，平等对待民营企业，民营企业只有在一个平等安全的法治环境中，才能安心进行生产经营活动，而不是耗费时间精力去克服外部困难。

（三）构建长效的公共法律服务机制

在我国民营企业的发展时间还较短，从过去粗放式的经营逐渐走到今天法治规范背景下的高质量发展，很多企业的依法经营意识还没有树立起来，民营企业作为市场经济体制下的重要主体和规模性群体，正如国家加强对普通百姓的法律服务供给一样，在市场经济主体中，民营企业相较于国有企业而言也是“弱势群体”，要倾斜性地对其提供法律服务供给，送法上门，加强对民营企业及其企业员工的法律知识宣传，多开展一些商事法律的宣讲会，给民营企业家普及法律风险防范常识。加强公益性法律服务，当困难民营企业需要帮助的时候，为其提供法律援助，在碰到民事纠纷或者在受到不法行为侵害时，能够为其提供咨询和帮助，不让企业寻求救济无门。公共法律服务是现代法治政府为构建稳定的经济秩序所创设的公共产品，可切实为民营企业提供一个有效的服务体系。通过公共法律服务的帮助，可援助企业建章立制，做好自我监督和自我维护，避免权益轻易受损。

三　民营企业平安发展的其他外围环境

民营经济近些年的快速发展为我国国民经济做出了很大贡献，但这得益于一个安全稳定的外部治安环境，得益于各级政府部门的齐抓共管，得益于现代法治政府建设在经济工作中的具体体现和实施。但我国民营经济外围的治安环境也存在让人担忧之处，同民营经济发展的客观要求还有一定的差距，一些问题仍须加以重视和改进。

一是乱收费、乱罚款和乱摊派情况时有发生。现实中，个别地方政府为了筹集资金，较易出现乱收费的情况，个别部门在收费工作中，不严格按照制度规定，随心所欲收费，超标收费、无票收费，甚至仅收取现金而不开具任何票据；一些部门为了获取利益，不按照法律规定胡乱罚款，要求企业提供赞助，名为赞助，实为摊派。这成了民营经济健康发展的较大阻碍。

二是“面子工程”现象仍然突出。民营企业的发展离不开城市周边自然环境和治安环境的支持，地方政府仅注重城市核心区的“表面工程”，疏于对企业，尤其是一些加工型企业周边自然环境、治安环境的建设，甚至出现企业与周边居民关系紧张，民营企业难以应对当地村民关系，对企业良性发展带来不利影响；周边治安环境差，甚至破坏企业财产、盗窃企业财产、敲诈企业员工或企业财产的现象得不到及时制止，企业外部环境就不稳定、不安全，严重影响企业的正常生产经营。

针对民营企业平安发展外围法治环境所遇到的问题，提出以下意见和建议：

第一，压实政府责任意识。想要提升民营经济所处的外围环境，就一定要从政府的责任意识上加以重视。我国经济的快速发展，离不开民营企业家的拼搏与民营经济的贡献，如果没有民营经济的良好发展，也不会有我国经济如今的强劲势头。地方政府要夯实工作人员的责任意识，改变政府部门高高在上的“衙门”姿态，将管理思想转变到服务思想上来，各级地方政府应充分领会国家对民营经济的重视精神，设法为民营企业创造更加宽松、更加安全、更加便捷的发展环境，坚决贯彻服务型政府的理念，真正把有利于民营企业的政策发挥出应有的作用，创建良好的民营经济外部平安环境，从思想和认识上予以重视，不把民营企业当作敛财的摇钱树，平等对待民营企业，不摊派、“不揩油”，真正做到服务于民营企业，为地方经济建设营造法治平安氛围。

第二，做到“为”与“不为”的统一。行政机关在依法行政过程中，要注意行政行为的方式方法，在依法实施行政管理的同时，要让民营企业能够正常运转，不能因为要配合行政机关工作，就完全停下正常的生产经营活动，应当尽量避免对民营企业产生负面影响，不该为的地方尽量不要乱“为”。执法过程中，要注意严格依照法律法规规范行政行为，不能因为掌握着公权力，就滥用权力，给民营企业造成过大损失，或者产生严重后果，如环境执法要注重行政引导而不是封厂、责令停工等，在采取强制措施前，要给予改过的期间，能依法完善、改正违法事项的，要给予宽容处理，将处罚控制在合理限度内，尽量避免民营企业陷入绝境。另外，各地政府要切实履行好职责，做到该为则“为”，对侵害民营企业的不法行为及时加以制止，严重者追究刑事责任，为民营企业创建良好的平安法治环境。

第二节　民营企业融资法治环境及改进

一　民营企业融资现状及法治环境概况

（一）民营企业融资现状

长期以来，我国登记注册的市场主体数量一直在不断增长（见图7-5）。[①] 虽然民营企业的数量多，但绝大多数属于中小微企业，刚开始发展时一般都以内源融资为主，大多以企业股东出资和收益进行投资和再投资，这种融资方式成本不高，企业能轻松抵抗风险，且企业自主程度高，但企业所能融到的资金有限。目前，民营企业普遍存在的问题之一就是资金不足，资金是企业发展的动力，资金不足企业就难以维系正常的生产经营活动，更难扩大再生产。为此，仅仅依靠企业内源融资明显不能弥补企业发展资金的不足。民营企业的融资可以通过银行信贷等来实现，但贷款额度小，期限比较短，在普遍缺少担保物的情形下，向银行贷款总体难度较大。在直接融资方面，因规模小、无核心盈利产品等，民营企业难以通过上市筹集到资金。

习近平总书记强调，要不断为民营经济营造更好的发展环境，帮助民营经济解决发展中的困难。[②] 目前，民营企业面临的融资难问题直接阻碍了民营企业的生产和经营，不利于民营企业的转型和升级，要想解决民营企业融资难这一困难，就必须分析融资面临的法治环境，进而才能针对性地找到解决的方法。

（二）民营企业融资法治环境概况

党和政府一直持续地扶持民营经济的发展，且扶持力度不断加大，不仅体现在各项政策中，更体现在法律法规体系上。我国《宪法》经过几次修订，法律对民营经济地位的表述也发生了巨大变化，从公有制

① 《截至2018年底全国实有市场主体达1.1亿户，其中企业3474.2万户》，http://www.chinafoundation.org.cn/ccms/2019/0923/359.html，2020年11月30日访问。

② 习近平：《在民营企业座谈会上的讲话》，http://www.xinhuanet.com/2018-11/01/c_1123649488.htm，2020年11月30日访问。

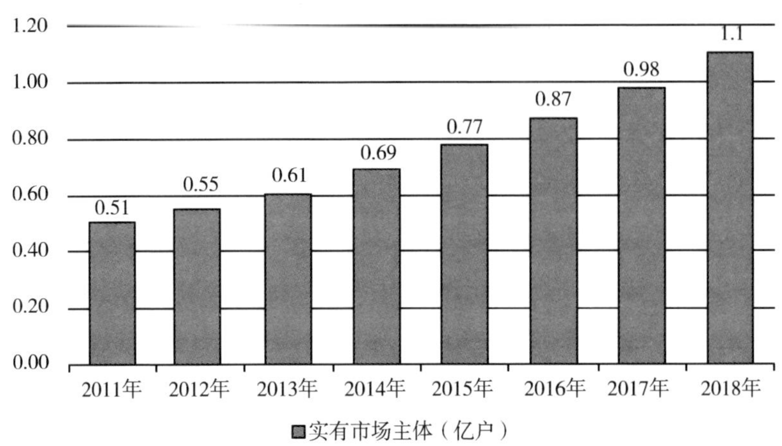

图 7-5　2011—2018 年我国实有市场主体

经济的补充地位到重要组成部分，表明国家对民营经济发展的重视，也通过立法途径给予了保护。宪法对公民的私有财产权的规定，促进了民营企业通过各种途径进行融资，以实现利益的最大化。

在法律层面上，为了能给民营经济创造一个更好的融资法治环境，我国已经出台的《民法典》《公司法》《合伙企业法》《个人独资企业法》《中小企业促进法》《行政诉讼法》《国家赔偿法》等相关法律，这些法律直接或间接构建了一个对民营企业支持、保障、扶持和鼓励发展的法律体系，对民营企业融资非常有益。

在行政法规、政府规章和政策层面，我国相关部门已发布、修改了一系列政策法规、管理办法等，为民营企业融资提供了较为具体的指引和制度规范。如《私营企业暂行条例》（1988 年）对私营企业投资经营的范围作了规定；《关于鼓励支持和引导个体私营等非公有制经济发展的若干意见》（2005 年）提出非公资本可向法律没有禁止的行业进行投资；《促进民间投资的指导意见》（2001 年）放宽审批环境与融资环境等。在地方层面，也有大量的地方性法规及规范性文件出台，如早在 1997 年，《广州市私营企业权益保护条例》就对与民营经济生存与发展密切相关的一系列权益保护问题作出了规定；《合肥市促进民营经济发展条例》（2013 年）规定了民营经济在发展过程中，可以享受到资金激励和扶持。

二　民营企业融资法治环境存在的问题

民营企业的融资法治环境可以从民营企业自身内部环境和外部环境来分析，其中外部环境着重于法治环境。强化企业自身法治环境建设，转变企业自身规范发展现状，积极适应外部法治环境的变化，才能适应新的融资法治环境，走出融资困境。也就是说，内部法治环境是民营企业融资的基础，外部法治环境是民营企业融资的支撑。①

（一）民营企业融资法治环境内部存在的问题

一是民营企业信用法治弱。民营企业由于管理水平较低，在制度管理问题上比较松懈，这使得大多数民营企业存在人力资源管理混乱、财务制度不规范、信用意识较低等问题。银行对贷款的要求高，加上民营企业财务信息不透明等原因，不愿意接受民营企业的抵押贷款，尤其是缺乏固定资产的状况下。而且，民营企业资金的需求数额小，随机性大，借贷频率高，预期不稳定，大大增加了融资成本，民营企业经营难度自然加大，普遍经营时间较短，历史信用记录不完善，影响银行的信用评估，这也是金融机构对民营企业贷款请求持谨慎态度的原因。② 一些民营企业主自身素质较低，目光短浅，没有战略意识，不注重信誉积累，信用意识不强，甚至出现恶意转移财产或逃债的情形，增加了债权人对民营企业的信任危机。

二是民营企业法律风控弱。我国民营企业大多数属于中小微企业，规模有限、结构单一，内部治理结构不规范，内部资金调度能力弱，在企业经营周转过程中容易出现债务管理不透明、资金不足的尴尬局面。在民营企业融资时，银行等金融机构考虑到以上不利情形，担心其偿债能力不足，信贷风险太高，导致民营企业融资失败。同时，由于大多数民营企业产品结构单一、经营规模小，没有形成稳定的客户渠道，没有

① 张安波：《环境建设是解决中小民营企业融资瓶颈的关键》，《内蒙古统计》2010 年第 1 期。

② 孟颖：《民营企业融资难、融资贵问题的解决之道》，《天津师范大学学报》（社会科学版）2020 年第 2 期。

核心产品和服务优势，抗风险能力较弱，法律风险防范不足，容易受外部市场环境的影响，企业波动较大。据不完全统计，3000多万家企业中，企业寿命能达到10年及以上的仅有21%左右，由此可见，民营企业能够抗住风险、稳定经营的并不多，真正建立起法律风险防控体系的少之又少，银行在对民营企业贷款投放时怀有诸多顾虑。①

（二）民营企业融资法治环境外部存在的问题

从外部整体情况来看，我国民营企业在融资方面的法律政策环境还不够完善，使民营企业获得金融支持的满足度不高，生存和发展普遍较为困难。必须直面的现实是，国有经济在国民经济中占绝对统治地位，民营经济与之相比，力量对比悬殊极大，民营企业的地位自然不能与国有企业同日而语。② 包括金融资源在内的市场资源自然向国企倾斜，目前，民营企业在国家资源配置和企业融资方面，法治环境的改善依然重要。

一是民间融资法律仍然不足。我国对于民间融资行为尚无专门法律或行政法规立法，而多为原则性规定，关于民间融资行为的法律制度散乱分布于《宪法》《民法典》及相关司法解释中，其条款模糊，过于原则，缺乏可操作性，有的条款之间甚至存在冲突现象。目前《民法典》禁止了高利放贷行为，司法解释实际承认了企业间借贷的效力，但由于民营企业的资金需求呈现周期性、频率高的特点，使得企业间出现了新的融资方式，如互相借贷等，并未违反法律的强行性规定，但现行法律却禁止或变相禁止这种融资方式。③ 这种融资方式一旦发生纠纷，借贷各方难以得到法律的有效保障，抑制了资金的合理流动。从企业自身资金需求来讲，由于各类型企业资金需求时间段和频率存在差异，在自身

① 郑志来：《供给侧视角下商业银行结构性改革与互联网金融创新》，《经济体制改革》2018年第1期。

② 汤新华、邓嵘：《我国民营经济发展法治保障研究》，《经济研究参考》2015年第28期。

③ 2015年8月6日，最高人民法院发布《最高人民法院关于审理民间借贷案件适用法律若干问题的规定》第11条规定："法人之间、其他组织之间以及它们相互之间为生产、经营需要订立的民间借贷合同，除存在合同法第52条、本规定第14条规定的情形外，当事人主张民间借贷合同有效的，人民法院应予以支持。"

资金需求相对较小的时间段将资金外借或提供担保是正常现象，也是市场有效配置资源的必然结果，但由于现行法的禁止性规定，不少企业为了规避法律，以虚构交易、以企业经营者个人名义进行借贷等方式进入法律灰色区域，无形之中增加了企业的经营风险，甚至触犯刑法。

二是受到不公平的法律对待。在银行贷款方面存在歧视现象，国家发布了许多有利于民营企业的政策法规，使民营企业在公平的环境中竞争。但中央制定的鼓励政策到地方之后，各地执行力度差别很大，一些地方执行效果不好。如果缺少稳固而详细的法律规定作为基础，许多政策性文件都停留在纸面上，难以落实，法律与经济发展出现断层，使得民营经济在获得金融支持方面的困境显得尤为突出。各地方为了支持民营经济发展，响应国家号召，也出台了许多政策，但总体来说，地方出台的政策没有起到很大作用，比较随意，没有权威性和指导性。影响企业融资决定的重要因素是法律环境，如《证券法》对企业 IPO 融资、债券融资的条件作了严格规定，在全面推行依法治国的今天，民营中小企业的市场主体地位虽然通过《公司法》和部分相关法律得到了确认，但相关法律法规所规定的融资条件对于民营中小微企业而言也是“空中大饼”，遥不可及。在正规金融融资方面，受国家大政方针的影响，重心主要在为国有企业提供融资支持，况且银行金融机构也要践行《商业银行法》的基本规定，防范系统性金融风险，所以，银行给民营企业提供贷款时持谨慎态度。

三　民营企业融资法治环境的改善建议

民营企业的融资活动需要通过法律来规范和调整，在国际经济形势低迷的背景下，民营企业经济压力巨大。因此，民营企业的融资困境只有国家的政策扶持远远不够，需要有法律来支持和保障，须建立健全与民营企业融资相关的法律制度体系，净化公平竞争的法律政策环境，健全和完善资本市场法律体系，加强企业自身的法律规范经营水平，为民营企业融资创造良好的法治环境。

（一）完善民营企业融资立法

我国目前还没有专门出台关于促进民营企业发展的法律，可以通过修订有关民营经济的法律，把中央一系列指导性文件精神上升为立法的内容。同时，地方也可以做出行动，加强地方性法律行政法规的建设，颁布一些促进民营经济发展的地方条例。具体而言，可以在产权、税收、基础设施建设、金融市场运行以及更广泛的经济治理等方面施加影响，极大地改善民营经济平等参与经济建设的软环境。[①] 为民营企业获取资金支持和经营业绩提供平等的机会，各相关立法部门应该定期评估有关规范性文件，对其进行修改或者废除，尤其是现行法律法规中那些阻碍民营经济发展的内容，要及时进行调整、改善或者废除，避免使其成为阻碍民营经济发展的绊脚石。具体在融资立法、修法中，应该通过实地走访、座谈等方式听取民营企业心声、意见和建议，全面了解民营企业融资困境及资金需求状况，听取民营企业关于解决融资难、融资贵的具体建议，并在法律制度设计中充分考虑其融资诉求。

（二）明确民间融资法律依据

正如前文所述，民营企业通过正规的金融渠道获取资金的可能性不大，很多民营企业仍通过民间融资来实现。尽管国家层面上对民间融资在某种意义上持反对态度，但民间融资对于当下的民营企业确有重要现实意义，要给予民间融资合法的地位，从法律上明确承认民间融资的合法地位，明确各类融资的主体、权利义务安排；融资资金的使用、利率和相关违约责任；区分非法融资、金融犯罪的界限等。从目前民间融资的现状来看，大量的民间职业贷款自然人和非法人组织依然存在，《民法典》第680条禁止高利放贷，但并没有完全禁止当事人达成意思表示的“非高利”借款，言下之意在于只要在司法保护的上限范围内，民间借贷被认定为有效，这也有利于凸显民间借贷作为国家正规金融的必要补充的地位。因此，要在立法上进一步引导放贷人的合法准入，才能将其纳入监管的范畴，并对民间融资的风险和危害及时加以管控，让民间融资从“地下”浮到“水面”上来，为民营企业暂时不能真正享有融资便利提供一条法治出路。

（三）改善民企自身法治水平

法治环境只不过为民营企业的发展提供了一个外部环境，民营企业

---

① 董志强、魏下海、汤灿晴：《制度软环境与经济发展——基于30个大城市营商环境的经验研究》，《管理世界》2012年第4期。

本身守法诚信经营才能提高企业内部融资的能力，才是民营企业长久稳定发展的关键要素。要解决民营企业的融资难问题，仅仅有外部法治环境是远远不够的，还需要从民营企业自身的法治规范入手。目前，大部分中小微民营企业缺乏法律风险内控机制，部分企业主由于法律意识薄弱，导致企业的法务部门没有起到实质性作用，有的企业根本就没有专门的法律顾问。此外，部分民营企业家缺少现代企业规范管理的思维，难以分清公司财产权与个人财产权，使得民营企业存在较大的法律忧患，对民营企业的正常经营秩序产生威胁，也不符合融资需要的法治规范条件。这就要完善民营企业的法人治理结构，在学习现代企业管理制度的基础上，依照现有法律改进和完善自身企业的规范管理制度，转变企业的管理模式，建立健全企业财务管理制度，完善企业法律服务体系，学习与民营企业相关的法律制度，完善自身的信用体系，增强企业自身的法律风险控制意识，提高民营企业的守法意识，推进民营企业的法治建设，树立企业诚信法治体系，为融资创造符合要求的内部规范条件。

第三节　民营企业用工法治环境及改进

一　民营企业社会保险实践及问题

（一）民营企业社会保险实践现状

社会保险是由我国法律规定提供的一种社会福利机制，其设置的目的是当劳动者由于退休离职、失业、受伤或者生育时，暂时或长期要离开工作岗位，社会为其提供一定的资金，用于保障正常的生活和医疗需求。[①] 社会保险主要包括基本养老保险、工伤保险、失业保险、基本医疗保险和生育保险。养老保险是为到了法定退休年龄退休或离职的劳动者提供生活保障的保险；医疗保险是为了因患病、伤残等原因丧失劳动能力的劳动者提供医疗所需费用的保险；失业保险是为劳动者在因为失业暂时缺乏生活来源时，给予一定的资金，提供其必要的生活或医疗费

---

① 种明钊主编：《社会保障法律制度研究》，法律出版社 2000 年版，第 95 页。

用；工伤保险是当劳动者因工作受伤或死亡时，给予一定的资金为劳动者提供必要的医疗费用，并为因工伤死亡的家属给予丧葬费；生育保险是当女性员工因为怀孕或生育，暂时无法参加工作获得收入时，给予一定的收入，为其提供必要的生活和医疗帮助的保险。

我国现在的社会保险已经取得了很大进步，参加保险的人员包括党政机关、事业单位、国有企业和民营企业的人员，涵盖面广。根据《中国劳动和社会保障年鉴》（2019 年）记载的数据显示，我国参加基本养老保险人数为 96754 万人；20543 万人参加失业保险，当年有 228 万人领取失业保险金，失业保险金月人均水平 1393 元，比 2018 年增长 10.0%；全年共为领取失业保险金人员代缴基本医疗保险费 98 亿元；2019 年，有 25478 万人参加工伤保险。截至 2019 年末，全国新开工工程建设项目工伤保险参保率为 99%，全年有 113.3 万人被认定或视同为工伤，其中 60.7 万人被评定伤残等级，有 194 万人次享受工伤保险待遇。从 2015—2019 年的情况来看（见图 7-6），参加工伤保险、养老保险和失业保险的人数逐年增加；[①] 笔者选取云南 2016 年到 2018 年的情况来看（见表 7-1），参保情况如全国一样也是逐渐增多。[②]

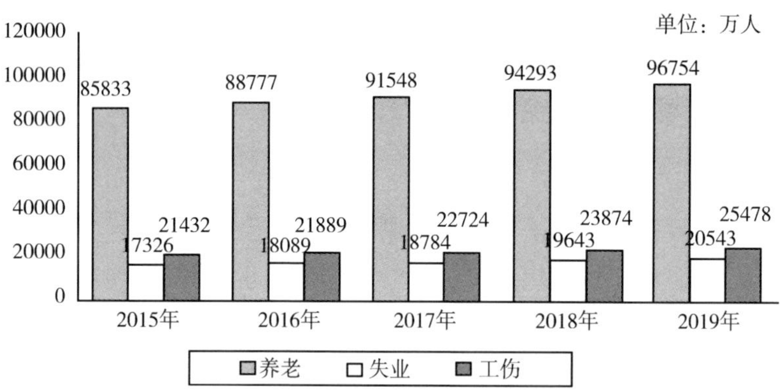

图 7-6　全国 2015—2019 年三项社会保险参保情况

① 《国家统计年鉴 2019》，http：//www.stats.gov.cn/zjtj/，2020 年 11 月 30 日访问。

② 《云南省统计年鉴 2019》，http：//stats.yn.gov.cn/tjsj/tjnj/201912/t20191202_908222.html，2020 年 11 月 30 日访问。

表 7-1　**2016—2018 年云南省社会保险参保情况**　单位：万人

年份	城镇职工基本养老保险	城镇职工基本医疗保险	城乡居民医疗保险	城镇失业保险	工伤保险	城镇职工生育保险
2016	581.80	479.13	684.50	251.16	372.75	295.91
2017	591.46	491.32	3 972.49	259.81	383.67	307.92
2018	616.22	506.88	4 014.04	273.12	403.30	339.52

近几年全国民营企业的平均参保率水平虽然一直在逐年上升，且维持在较高水平，但部分企业，只有少量员工参加社会保险。根据 2016 年针对民营企业参保的一份抽样调查报告显示，发出 2000 多份样本，有效收回 1626 份，其中为全部职工缴纳五项社会保险的企业仅占 38.2%，低于 2015 年的 40.5% 的水平，参保率下降了 2.3 个百分比。[①] 笔者实地调研和通过金数据发放的 1500 份问卷调查，受调查的企业参保率更低，尤其是受新冠肺炎疫情防控的影响，很多企业大量裁员，其中为全部职工缴纳五项社会保险的比例不足 10%。在各类型民营企业中，股份制企业参保情况较好，中小微民营企业一般规模实力较小，很多民营企业家都是白手起家，属家族式企业，比较缺乏社会责任感和参保意识。哪怕是在经济较为发达的广东地区，这种情况也基本如此。以广东江门为例，江门市人大代表提及，饮食业、超市零售业、建筑业以及乡镇的大批民营企业等员工的“五险参保率”极低，有的不足 10%，未买社保的群体多为年轻员工。[②]

（二）民营企业社会保险存在的问题

根据上述调研及全国数据反映的情况，可以大致总结出当下我国民营企业参加社会保险的情况，尽管取得了很大的成绩，但也存在严重的问题，归结起来有以下几点：

一是政府目标与企业目标的冲突。我国建立社会保险的目的是通过

① 《社保连续三年降费率 民企全员参保率不升反降》，https：//www.sohu.com/a/127471233_425095，2020 年 11 月 30 日访问。

② 《如何解决江门市民营企业参保率低的问题》，http：//www.cpic.com.cn/c/2017-11-02/1226976.shtml，2020 年 12 月 2 日访问。

社会保险转移社会保险资金，致力于缩小差距，逐步实现社会公平、公正，抵御风险，但是企业的发展目的是生存，不断获取利润，尽可能地使利润增加，而为职工缴纳社会保险，是削减其利润的一种行为，这与政府的目标是存在差异的。作为两种利益导向的主体，政府和企业对社会保险在很多方面持不同的观点，国家希望企业可以履行社会保险的责任，除了为劳动者支付正常的劳动报酬以外，还尽可能地加强社会保险措施；而企业是追求利润的最大化，只会尽可能地降低支出成本，让投资获取盈利。

二是民营企业资本实力薄弱。我国民营企业发展相对比较晚，近几年虽然发展形势比较迅猛，取得了一些成就，但发展水平还相对较低，再加之全球经济放缓，国内国际经济环境疲软，现代科技、人工智能重构了商业模式，很多行业遭受重创，民营企业中有相当部分面临转产、歇业或倒闭，尽管是存活着的企业，大部分资本实力也比较薄弱，每年还须缴纳较高的税费，税收负担沉重，面对这样的情况，企业还得承担员工的社会保险费，综合因素导致了民营企业在承担社会保险责任的时候比较勉强，甚至逃避承担责任。

三是社会保险执法机构缺乏合作与监督。我国社会保险的收集和管理并不统一，有两个系统并行管理，由于政府部门之间的标准不统一，难以共享数据和信息，缺乏合作与联动，很大程度上降低了工作效率，导致社会保险制度效率低下。另外，社会保险执法不严格，当然不排除特意放宽的可能，但总体看实质监督不足，社会保险执法未起到有效作用。社会保险政策是否落实到位取决于执法的效能，社会保险机构作为征收机构，没有行政执法权，当企业没有按照政策缴纳社会保险费时，该机构也很难对其作出行政处罚。

四是民营企业缺乏社会保险责任意识。正如民营企业的发展目标是追求利润最大化，民营企业家也认为追逐最大的利润才是一个企业的关注要点，因此，很多民营企业会尽力地降低劳动力成本，尽管他们认识到为员工缴纳社会保险是他们的责任，但同时，他们也认为缴纳社会保险只会增加企业的负担，并没有给企业带来实际作用。甚至一些民营企业通常认为，只要公司不做违法乱纪的事，按时支付员工的报酬，就已经履行了自己的社会责任，忽视了为员工缴纳社会保险也是一种非常重要的社会责任。

二　民营企业社会保险立法及改进

（一）民营企业社会保险立法现状

我国《宪法》规定，国家发展社会保险、社会救济和医疗卫生事业，当公民在年老、疾病或者丧失劳动能力的情况下，有从国家和社会获取物质帮助的权利。[①] 这是民营企业为员工购买社会保险的最高效力的法律依据。《劳动法》也规定："国家发展社会保险事业，建立社会保险制度，设立社会保险基金，使劳动者在年老、患病、工伤、失业、生育等情况下获得帮助和补偿。"劳动者在退休；患病、负伤；因工伤残或者患职业病；失业；生育时依法享受社会保险。待劳动者死亡后，其遗属依法享受遗属津贴。[②]《社会保险法》第 2 条也规定："国家建立基本养老保险、基本医疗保险、工伤保险、失业保险、生育保险等社会保险制度，保障公民在年老、疾病、工伤、失业、生育等情况下依法从国家和社会获得物质帮助的权利。"

虽然目前《宪法》对劳动者的社会保障权利做了统领性的指引，《劳动法》也专章对社会保险做了规定，但是条文的规定相对比较笼统和原则，还不能完全有助于社会保险制度的进一步发展。在面对企业拒绝参加保险的情况时，根据《社会保险法》第 84 条规定，社会保险行政部门责令限期改正，逾期不改正的，对用人单位处应缴社会保险费数额一倍以上三倍以下的罚款，对其直接负责的主管人员和其他直接责任人员处五百元以上三千元以下的罚款。这条规定对于用人单位的威慑力显然是不够的，还有一个现象是，一些民营企业的员工由于流动性比较大，自己向企业提出不愿意参加社保的请求，社会保险工作人员很难去约束此种情形。另外，在现行制度中，《失业保险条例》《工伤保险条例》和《社会保险费征缴暂行条例》属于国务院立法，其他的要么只是国务院的决定或办法，要么是部门规章，要么是地方性法规，由于缺乏强有力的法律制度的支持，所以在民营企业，落实社会保障制度遭受

① 见《中华人民共和国宪法》第 45 条。

② 见《中华人民共和国劳动法》第 70、第 73 条。

很大的阻力。

目前，社会保险覆盖范围还不全面，虽然医疗、工伤、养老、失业、生育保险方面的法规、规章都适用于民营企业，但除了工伤保险以外，其他保险并没有明文规定对民营企业劳动者的保护。生育保险、失业保险都只规定了适用于城镇各类企业中，没有全面涵盖民营企业类型；没有相关规定必须要求个体工商户及其从业人员等民营主体参加医疗保险。可见，立法适用范围没有将民营企业纳入到社会保险的统一保护之中。

法律的落地实施最为重要，社会保险需要筹资、支付、管理、投资运营、监督等一系列机制的统合，而不是单一的实施节点，任何一个环节的疏漏都严重影响实施的效果。尽管社会保险相关法律对社会保险的机制都有相应的规定，但由于规定比较分散、协调性比较低，缺乏足够的法律可操作性。尤其是现在经济低迷背景下，民营企业本身生存压力大，再加上用工成本居高不下，其中社会保险的成本就是一笔很大的固定支出，以云南的最低参保情况看，企业每月负责一名员工的社保支出就至少上千元，对于员工较多的企业，企业主就冒着风险不为员工购买保险，法律实施遭到对抗。

（二）民营企业社会保险的立法改进

一是完善社会保险法律制度。正如前文提到的，我国对于社会保险的具体规定，不同地区还存在许多差异，各个地方执行的标准也有很大不同。所以，应不分所有制形式为企业建立一套统一的社会保险制度，避免民营企业盯住法律的漏洞。当然，也不能忽视现行区域发展现状存在的差异，要完全做到全国统一实属困难，可在统一立法中规定地方立法对缴纳额度和比例的幅度，做到立法的统一和实施细则的本土化。另外，要确立多层次的社会保险缴纳制度，适应不同区域发展的现实需求，在实现全国统一立法的前提下，消除企业在公有制和非公有制层面的差别，在现有《社会保险法》基础上逐步完善和修改，秉持更具可操作性的原则进行修订。

二是严肃社会保险监督机制。针对目前民营企业参保率还不充分的情形，根据当前党和国家整体对小微型企业给予社保费率降低的前提，整体消除小微型企业成本过高的现实顾虑，加大对民营企业社会保险实施的监督力度，政府应根据优惠后的实际情况，对民营企业实行社会保险年检制度。加强社保部门、企业职工、税务、市场监管部门对拒绝参加保险或未按照规定承担社会保险责任的企业的联合监督。每年要求企业上报参与保险的人数、工资标准和缴纳凭据，以此来规范企业的社会保险缴纳责任。对于部分地方政府不严格遵守法律法规，对企业拖欠社保不管不顾的，要给予问责处理。

三是制定对民营企业的保护和激励制度。我国民营企业正处于快速发展的阶段，面临着融资渠道不畅、技术薄弱等困境，在这样的情况下，民营企业依然要承担较高的社会保险缴纳责任，这使得民营企业的发展更为艰难。因此，国家应当加强对民营企业，尤其是小微企业的倾斜性保护，借鉴“脱贫攻坚、精准扶贫”等经验，向处于弱势地位的小微主体给予“让利”保护，制定相应的政策和法律，鼓励企业保障职工基本社会保险待遇的同时，适当对企业给予一定的“让利”规定和激励政策，如降低保险率、财政补贴等，规范劳动力市场的发展，也促使民营企业在更融洽的环境中成长，避免民营企业为了逃避高成本的参保与政府社保机构玩起“老鼠”与“猫”的游戏。

三　民营企业劳动关系现状及问题

（一）民营企业劳动关系现状

民营企业的劳动关系是指在民营企业用工过程中，企业与劳动者之间形成的一种经济社会关系。民营企业与劳动者的关系是双面的，既是一种社会关系，又是一种经济关系，且劳动者在劳动关系中扮演双重角色，与企业既是合作关系，也受企业管理。民营企业作为劳动者的管理者和合作者，天然和劳动者就会存在一定的矛盾与冲突，为了使企业能够平稳且更好地发展，企业经营者总在平衡与劳动者的关系，要随时注意处理好与劳动者之间的问题。

近年来，随着《劳动合同法》等一系列法律法规在民营企业中的普及度提高，企业劳动关系、劳动者工资和社会保障、劳动者合法权益等方面都取得了巨大成就，民营企业的劳动关系总体和谐稳定。① 民营企

① 张晓辉、王佳：《民营企业劳动关系的问题分析》，《苏州市职业大学学报》2019 年第 1 期。

业中劳动者的工资不断提高（见图 7-7），工资拖欠情况也大幅度减少。[①]

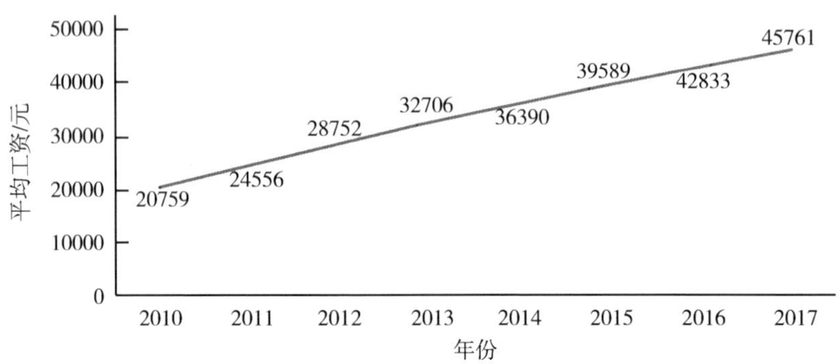

图 7-7　城镇民营企业劳动者历年平均工资

根据《中国民营企业劳动关系报告》，民营企业，尤其是大型企业为了加强对企业劳动关系的管理，劳动规章制度已经基本建立起来。[②] 很多民营企业还特别注重与员工的沟通，人力资源部门建立起一套较为系统科学的内部沟通机制，将劳动纠纷化解在企业内部，避免劳动争议提交到仲裁委或司法机关，大大提高了劳动纠纷的有效解决，为企业的可持续发展保驾护航。[③] 但是，由于民营企业规模差别大、涉及行业多、企业员工素质参差不齐、企业盈利和生存能力差别大等，原因复杂多样，建立劳动规章制度的基本都是规模较大的企业。在笔者的现场座谈和问卷调查中，很多中小微企业都还是粗放型管理，用工制度缺失，再加上目前整体经济形势不好，劳动争议和纠纷案件时有发生。从全国来看，此类案件数量一直处于高位且有逐年增长的趋势，仍威胁着企业和社会的和谐稳定。[④] 在这种情况下，及时认清民营企业劳动关系的风险和矛盾并采取有效的措施化解和应对，构建和谐的劳动关系就显得十分重要。

---

① 郝向辉：《民营企业劳动关系的法律问题分析》，《劳动保障世界》2019 年第 24 期。

② 中华全国工商业联合会：《中国民营企业劳动关系报告（2013）》，法律出版社 2014 年版，第 35 页。

③ 黄海嵩：《中国企业劳动关系报告（2016）》，企业管理出版社 2017 年版，第 42 页。

④ 刘永斌、王静婕、白玮：《我国民营企业劳动关系风险识别及对策探索》，《产业与科技论坛》2020 年第 7 期。

（二）民营企业劳动关系存在的问题

一是工资水平差异大。工资是民营企业员工生活的主要来源，也是引发劳动争议的主要因素，在笔者的座谈和问卷调查中，部分企业出现过的劳动争议案件大多都是因为劳动报酬所引发。劳动报酬的高低直接决定了企业吸引员工的程度，很多员工离开企业就是因为工资水平，总体来看，民营企业的年平均工资水平低于国有企业和全国平均水平。[①] 小微型民营企业的工资较难保障，更不用说逐年增长，从调研的情况来看，近两年民营小微企业在经营上存在很大困难，尤其是疫情影响下，保持增长的企业数量太少，绝大部分面临生存危机，所调查的企业中除极个别岗位员工工资有所上调外，绝大部分都没有变化，对部分员工调低薪酬。总体来看，短期内民营企业员工工资的增长不会有太大变化，甚至保持原状。

二是用工成本不断上升。根据笔者所调研的企业情况，企业主普遍反映用工成本在增加，尽管近年来工资没有调高，但由于受灵活就业趋势的影响，很多求职者对工资要求高，休息休假要求高，过去一些岗位上的工作可以通过适当加班即可完成，但现在由于严格法定工作日上班，在工作量不变的情况下要增加人员；另外，很多求职者宁愿居家灵活就业，如网络新零售、直播卖货、网络办公等原因，求职者愿意自由办公，灵活兼职，不愿意离家固定上班，致使招工难、留人难，经常出现岗位空缺状态，招聘、培训、适应岗位等隐性成本增加。再加上社会保险的强制性要求，企业负担部分也增加了用工压力，很多企业已经转变用工方式，劳务外包或者大量使用临时工。用工成本的不断上升给民营企业的发展造成了较大的压力，特别是由于新冠肺炎疫情的暴发，人工成本更是进一步增长，使原本就步履维艰的民营企业更是雪上加霜。

三是劳动争议纠纷不断增多。劳动纠纷大多是因员工与企业发生工资、社保等冲突而引起，随着劳动者权益意识的提高，我国的劳动争议案件数量一直不断上升，其中民营企业的劳动争议案件数量一直居高不下。从宏观上看，劳动关系争议涉及的行业大多集中在建筑、餐饮等用

---

① 李秀彬、薛思民：《民营餐饮企业员工薪酬满意度研究》，《长春大学学报》2017 年第 1 期。

工数量多且不稳定的领域。涉及劳动争议案件的企业中，小微型民营企业占据绝大部分，由于企业管理制度不健全，企业规模小，以家族型经营为主，管理不规范，外部员工融入企业比较困难，从而导致纠纷的发生概率增大。劳动关系的不和谐，必然会对企业的正常运营和发展产生影响，企业难以健康稳定发展，影响整个经济环境。

（三）民营企业劳动关系不和谐的原因

民营企业出现不和谐的劳动关系，其中的原因较多，既有外部经济环境的原因，也有企业自身的原因，当然也有员工本身的心理状态和价值追求的原因。归结起来，可理解为：

其一，劳动力市场供需不均衡。随着科学技术、人工智能的大力发展，各个行业对于劳动者的需求在不断发生变化，很多行业对传统劳动者的需求变得更少，转向有文化、有专业、有技术的劳动者，企业无法容纳大批从农村涌入城市的劳动力，也就产生劳动力过剩的状况，很难做到为所有的求职者提供合适的就业机会，有限的就业机会与过多的劳动力之间会存在矛盾，低学历的劳动力和高技术职位之间也会存在矛盾，造成劳动关系双方地位的不平等。[①] 作为民营企业，为了追求较大的利益，会尽可能地挤压所需的成本，一些企业就会做出损害劳动者权益的行为，因此，产生了很多劳动纠纷案件。

其二，民营企业管理不规范。民营企业出现劳动关系的问题，很多时候也与其自身有关。企业生存困难，存续时间较短，在劳动关系方面就越会出现问题。据美国《财富》杂志报道，中国中小企业的平均寿命为 2—3 年，集团企业为 7—8 年，每年有 100 万家企业倒闭。[②] 我国民营企业尽管这些年发展速度较快，但是企业出现破产倒闭的情况也很多，民营企业规模小，人员招聘、管理不规范，缺乏系统科学的管理体制，员工流动性高，劳动关系不和谐，容易引发劳动争议。

其三，缺乏科学系统的制度保障。《劳动法》《劳动合同法》的实施，在很大程度保护了企业劳动者的权益不遭受损害，但在我国目前城

---

① 郝向辉：《民营企业劳动关系的法律问题分析》，《劳动保障世界》2019 年第 24 期。

② 《为什么中国企业平均寿命不到 7 年》，https：//baijiahao.baidu.com/s? id=1675066082521637344&wfr=spider&for=pc，2020 年 12 月 6 日访问。

乡发展不平衡的情况下，很多民营企业主文化程度较低，所招用的员工文化水平也不高，尤其是劳动密集的建筑业、餐饮等行业，劳动者流动性大，短期就业倾向性突出，没有办法享受到应有的权利，一些劳动者甚至放弃维权。从企业层面上来看，由于没有科学系统的制度保障劳动者，企业很难建立起科学稳定的劳动关系，容易引起民营企业劳动关系的紧张。

四　民营企业劳动关系的优化建议

（一）规范劳动用工制度

规范企业内部规章制度，有益于民营企业的经营稳定和长远发展，在设立内部规章制度时，应该严格按照《劳动法》《劳动合同法》的有关规定，保障各种规章制度的内容符合法律的规定，防范由于规章制度不合法而引起的劳动关系风险。制定规章制度时，如果没有践行民主决策程序，只是站在维护企业自身利益的角度，容易引发规章制度失效的法律风险；制定以后，如果没有让劳动者知晓，劳动者也很难在不知情的情况下去遵守和执行。为此，建议：①制定规章制度要严格按照规范进行。企业在制定与劳动者相关的切身利益时，如劳动时间、社保福利、休息休假、劳动报酬等重要决定时，须经过职工代表大会同意。制定过程中还应与职工代表协调商量，有关职工权益的重大事项，职工代表有权提出修改意见，共同参与有关规章制度的制定。②确保规章制度的内容合法。企业在制定规章制度时，应该参照相关法律法规，保证规章制度有法律依据，要保障劳动者基本的合法权益。③建立公示制度。如果企业作出有关员工权益的重要事项的决定或者规章制度时，应该尽量采用文件或者手册的方式，以正规渠道告知员工，确保全体员工阅读了解有关决定或者规章制度，防止因为没有尽到告知义务而引起劳动纠纷。

企业对员工进行招聘和录用的环节也要按照《劳动合同法》的相关规定执行，明确企业和劳动者双方的权利和义务，如实告知与员工相关的工作要求、工作地点、工作内容、职业风险、劳动报酬、假日休息等内容；应以书面形式明确记录用人单位的录用条件，要求被录用的员工对告知的文件签字并阅读；企业有权要求劳动者提供自己真实信息的义务，如年龄、学历、工作经历等方面的情况，如果劳动者提供虚假的信息以骗取用人单位与自己订立劳动合同，则可以认定为合同无效或者部分无效，企业可以解除和劳动者的劳动关系。

（二）加强劳动合同管理

劳动合同是企业与劳动者正式建立合作关系的文件，也是双方权利义务的书面体现，规范的劳动合同对于双方都有约束作用，为此，劳动合同的每一个条款都要认真对待，从现实来看，劳动合同中特别要注重以下几点：

一是订立劳动合同的时间。依照法律规定，企业应该在录用职工的一个月内和劳动者订立书面的劳动合同，这能够有效防范未按法律规定时间订立合同所带来的法律风险。如果在录用员工期间，企业因为客观原因没有能够及时和劳动者订立合同，要用书面形式说明原因，并经用人单位和劳动者双方签字认可，防止用人单位承担法律责任。

二是违约金条款。在和劳动者订立劳动合同的过程中，企业出于维护自己合法权益的目的，可以依照《劳动合同法》中对于违约金适用范围的规定，如企业为劳动者提供了专项服务费用，并约定了服务期限，劳动者服务期限不到的，企业可向劳动者主张支付违约金；另外，如果企业和劳动者签订了《保密协议》《竞业限制协议》，如果劳动者违反约定的，可要求劳动者承担违约金。

三是试用期。《劳动合同法》规定，企业可与劳动者约定试用期，但对试用期有一定的限制，即劳动合同期限在三个月以上不满一年的，试用期不得超过一个月，期限在一年以上不足三年的，试用期不得超过两个月。试用期的工资不能低于该企业相同岗位最低一档的工资或者合同中约定工资的80%，且不得低于企业所在地的最低工资标准。

四是劳动期限。企业和劳动者签订没有固定期限的合同，有利于企业建立长期稳定的劳动关系和员工队伍，减少法律风险的发生，并且也可以满足员工对自己职业生涯的规划和需求，达到企业和员工双赢的局面。如果劳动者在企业连续工作时间达到十年的，可以和企业签订无固定期限的劳动合同；如果劳动者已经和企业签订过两次固定期限合同的，第三次就可以和企业订立无固定期限合同。需要注意的是，无固定期限合同并非就不能解除，只要劳动者与企业协商一致，并符合法律关于解除的规定，即可将无固定期限的劳动合同予以解除。[①] 总之，企业内的劳动关系是动态变化的，尽管签订了无固定期限的劳动合同，也可协商解除，企业应该注意对劳动合同的动态管理，在劳动合同的订立、变更、解除等各个环节都要实施管理，要确保对劳动合同的管理和员工的岗位调动、离职等真实状态一致。

（三）完善劳动争议解决机制

现行的劳动纠纷解决机制与劳动争议频发的现实状况不相适应，存在许多缺陷。劳动争议的处理程序十分复杂烦琐，成本高、周期长且效率低下，相对于普通民事纠纷的处理程序来说，劳动争议处理机制要求仲裁前置，还有可能再经过“两审”。劳动仲裁院和法院针对同一劳动纠纷案件反复取证和审查，很大程度上是浪费了司法资源，甚至可能造成法律适用的不统一。另外，企业工会未能发挥有效作用，绝大部分的企业没有设立工会，或者工会形同虚设，工会活动流于形式，在实践中，即使一些有工会的企业，也很少行使权力来保护劳动者的权益。如果企业违反了集体合同，侵犯了劳动者的权益，工会有权就此提起仲裁保护劳动者的权益，或者与用人单位进行协商交涉。工会日常运作不能独立化，对企业有较强的依赖性，演变成企业管理职工的附属机构。在民营企业劳动纠纷的处理中，可以借鉴劳动公益诉讼比较完善的国家，如德国，可以针对劳动纠纷提起公益诉讼，在我国可以制定相关的法规或者政策，由工会提起公益诉讼，给予工会一定的拨款支持，把工会独立于企业，类似于消费者协会，去除工会浓厚的内部行政色彩，使其具有独立的监督权，从而参与到劳动公益诉讼。

第四节　民营经济财税法治环境及改进

任何一个国家的生存、发展和强大，都离不开财政，国家需要大量的财力来维持国家机构的运转。然而，国家不像企业一样赚取财富来实现自身机构的正常存续，需凭借国家权力强制性要求企业和个人让渡一

---

① 王玲枝：《企业劳动关系管理法律风险因素及防控路径研究》，《企业科技与发展》2019 年第 4 期。

部分收入，以税收等方式获取财物，以保障国家的需要。财政就是国家直接以公权力强制分配社会产品的一种分配方式，所有的产品来源于社会而回馈到社会。民营经济的发展除了自身努力之外更离不开国家与政府的支持，在维护好民营企业家自身安全、解决投融资难问题及企业内部用工环境之外，政府还应该从社会整体利益角度对民营经济的发展进行宏观调控和支持，其中最为关键的一环便是营造良好的财税法治环境。激发民营经济发展活力的本质就是为民营经济解绑，良好的财税法治环境可以让部分资金短缺的企业得到政府的帮助，同时配合减税降费的坚实举措，让企业少缴税还得到资金补助，企业切实享受到政府支持的红利。

一　民营经济财政法治环境及改进

预算又称国家预算，是国家存在并实现其职能的物质基础，是经法定程序批准的各级人民政府和实行预算管理的各部门、各单位在一定期间的财政收支计划，具有计划性、法定性、政治性、预测性、公开性等基本特点。[①] 预决算是国家管理社会经济事务的主要手段之一，是重要的国家宏观调控方式，在整个国家财政体系中居于核心地位。[②] 此处所述的财政法治环境即从狭义的预算与决算角度阐述政府为民营经济发展所营造的营商环境。

形式上，国家预算将财政收入与支出按照特定的标准进行区分，将不同标准下的数据归类汇总，最终形成一份综合反映国家经济发展变化与趋势的完整的报告。实质上，预算是一种制度，通过复杂、精确的数据与表格界定政府活动的范围，划定公共领域与私人领域的边界。所以，预算本质上是一个兼具政治性的法律问题，预算权力是极为重要的政治权力，预算制度也成为现代市场经济国家进行收入分配、宏观调控以及控制政府行为的重要工具。[③] 我国目前实行的是包括一般公共预

① 刘剑文：《财税法学》，高等教育出版社 2017 年版，第 83 页。

② 王家林：《关于预算和预算法制》，《财政研究》2005 年第 5 期。

③ 吴弘：《宏观调控法学——市场与宏观调控法制化》，北京大学出版社 2018 年版，第 185 页。

算、政府性基金预算、国有资本经营预算、社会保险基金预算在内的复式预算体系。这一体系区分了政府以公共管理者与国有资产所有者身份取得收入和支出的不同性质，克服了单式预算体系对预算执行结果难以得出正确结论的缺陷，具有重大意义。[①]

（一）财政支持民营经济发展概况

我国民营经济的发展经历了一段曲折的历程，在计划经济色彩浓重的 20 世纪六七十年代，公有制经济一枝独秀，民营经济活力受到极大限制，法律规制上也产生了具有时代特色的投机倒把等罪名。1981 年中共中央《关于建国以来党的若干历史问题的决议》指出了劳动者个体经济是公有制经济的必要补充。自此，非公有制经济开始得到恢复和发展，经历了改革开放 40 多年的发展，如今的民营经济已不再是过去可有可无的存在，其已成为社会主义基本经济制度的重要组成。民营经济作为国家财政税收的重要贡献者，在为国家提供财政收入的同时也肩负着吸收就业、保障社会稳定的社会责任。民营企业作为城乡社会流动人口的调节器，在促进国家经济发展中也起到晴雨表的作用，同时民营经济自身也面临着小而散、小而多等问题。在经济下行压力下，企业对资金的需求变得格外重要，而财政支持便是解决这一难题最为有效的一种方法。

以 2020 年 7 月 17 日国库司发布的 2020 年上半年财政收支情况来看（见图 7-8），受 2020 年疫情影响及经济下行压力与减税降费的共同作用，我国财政收入略小于财政支出，出现了财政赤字的情况。同时中央一般预算收入高于支出，地方一般预算收入小于支出，这代表了中央一般公共预算往地方一般公共预算支出上流动，中央层面开源节流激活地方经济发展潜力。2020 年上半年，疫情冲击非常大，受到冲击的中小微企业面临着资金链断裂、破产的风险，这时便需要财政发挥作用，而财政资金的不足就需要适当的财政赤字货币化。[②] 适当的财政赤字有利于发挥财政逆周期调节作用，迸发经济活力，我国经济发展过程中，

① 杨玉霞：《盘活财政存量资金：化解公共预算改革深层矛盾的契机》，《地方财政研究》2015 年第 9 期。

② 刘尚希：《财政赤字货币化的必要性讨论》，《国际经济评论》2020 年第 4 期。

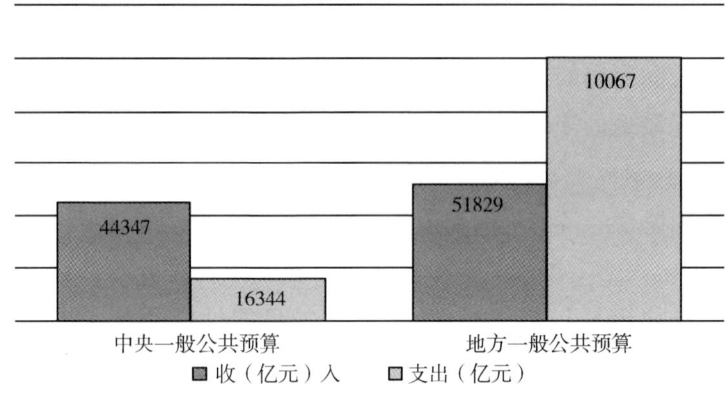

图 7-8 2020 年上半年全国一般公共预算收支情况

数据来源：财政部国库司。

也常有财政支出增速超 GDP 增速的情况，正如下图所示：

图 7-9 财政支出增速与 GDP 增速对比情况

数据来源：财政部。

财政对民营经济的支持更多体现在一般公共预算的收支上，一般公共预算收入，是指国家依凭公权力而非市场自发的调节机制获得的财政收入，具有强制性，收入大多来源于税收；公共预算支出包括经常性经费支出和公共投资性支出，用于保障和改善民生、推动经济社会发展、维护国家安全、保障国家机构正常运转等方面，总体都是为了满足公共需求，具有公共性特点。我国一般公共预算收入呈现逐年递增的趋势，这对于支持民营经济的发展可起到基础保障和推动作用（见图 7-10）。

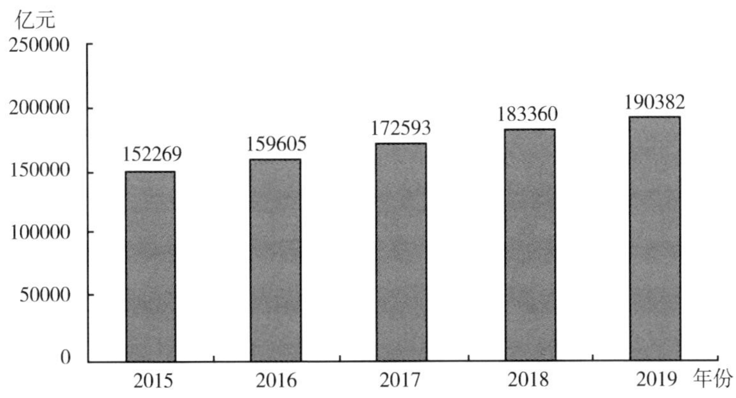

图 7-10　2015—2019 年全国一般公共预算收入

数据来源：财政部国库司。

注：图中 2015 年至 2018 年数据为全国一般公共预算收入决算数，2019 年为执行数。

（二）财政支持民营经济发展的典型形式

民营经济的发展离不开良好的财政法治环境，近些年，国家采取了许多措施对中小微企业予以倾斜性扶持，以下对几种典型形式做简要介绍：

一是国家中小企业发展基金。

在整个国家的经济发展中，中小企业的贡献虽不及大型企业，但其数量占比较大。中小企业相较于大企业，在技术创新、人才需求、信息沟通、融资便利方面远不如大企业，存在着小而多、小而散、小而穷的特点，政府在招商引资过程中往往出现对大企业提供各种资金支持与优惠，对中小企业照顾较少甚至不敢支持的现象。致使一些中小企业面临营运资金不充沛、前期资本垫支数额大、银行融资困难、民间借贷利率高等一系列问题，产生了越需要得到支持的企业越没有得到实惠这样的恶性循环。针对这一困境，李克强总理早在 2015 年就提出设立国家中小企业发展基金，这一重大战略部署对促进中小企业发展创新带来了机会。

中小企业发展基金由中央财政与社会资本共同出资组建，中央出资150亿元、社会资本预出资450亿元。[①] 经过了几年的发展，2020年5月经国务院决策部署，在工信部与财政部的推动下，由中央财政出资，与上海国盛、中国烟草等社会出资人发起成立了国家中小企业发展基金有限公司。[②] 从中小企业发展基金的成立到基金有限公司的诞生，都体现了国家对民营经济的大力支持与帮扶，是对中小企业创新发展的殷切希望。

当然，国家中小企业发展基金在发挥政府调节作用的同时，也面临一些政策宣传的问题。如何让中小企业了解到中小企业发展基金的政策并实质性地运用与落实是后期急需解决的问题；另外，这种政府主导社会资本力量合作的模式如何进一步走向市场化，如何在体现政府职能的同时调动社会资本的积极性，实现基金资本回收与分配的良性循环也是今后需要关注的课题。

二是中小企业发展专项资金。

中小企业发展专项资金作为中央财政支持中小企业发展的又一举措，其最主要的特色在于考虑到东西部地区经济发展的差异，着重对中西部地区中小企业实施政策倾斜。根据《中小企业发展专项资金管理暂行办法》，专项资金对少数民族特需商品定点生产企业发展和民族贸易进行资金支持，同时对中小企业面临的融资担保困境、贸易信用保险、创新创业以及中小企业参加重点展会等方面提供扶持。该专项资金采用中央引导地方为主的参与模式，充分发挥地方积极性，针对符合特定条件的企业进行点对点支持，由中央财政将资金下放到省级财政部门，省级财政部门再分配到特定区域。这种地方为主的模式更有利于明确管理责任主体，在精准施策的同时调动地方的积极性。

以支持打造创业创新基地示范城市为例，财政部会同工业和信息化部等其他部门出台了《关于支持打造特色载体推动中小企业创新创业升级的通知》，其中明确从2018年到2022年，中央财政安排资金100亿

① 国务院官网，http：//www.gov.cn/guowuyuan/2015-09/01/content_2923201.htm，2020年12月7日访问。

② 国家中小企业发展基金有限公司，http：//www.csmedf.com/，2020年12月7日访问。

元，分三批支持引导200个实体经济开发区打造大中小企业融通型、科技资源支撑型、专业资本集聚型、高端人才引领型等不同类型的“双创”载体，在实施期结束后对各开发区既定目标落实情况进行绩效评价，对产业集聚度、资源聚集力、持续发展力、产出与效益、改革创新力以及辐射带动力六个方面进行评分，并针对高评分地区拨付财政奖励金及对低评分地区作出限期整改。①

三是普惠金融发展专项资金。

民营中小企业相较于大型企业缺乏足够的资金体量，其抗风险的能力往往较低，当面对经济下行压力增大或不可抗力事项（如新冠肺炎疫情）的产生时，中小企业这艘小船更有倾覆的风险。这就导致了中小企业在向银行借款时面临巨大的困难，而中小企业发展初期很难有较多经营利润，同时投资回收期长，用民间借贷填补资金空缺往往风险巨大，针对这一融资难、融资贵的困境，普惠金融发展专项资金应运而生。普惠金融发展专项资金是中央财政支持中小企业普惠金融发展的转移支付资金，该资金包括农村金融机构定向费用补贴，支持小微企业金融服务综合改革试点城市奖励，创业担保贷款贴息等，是对小微企业进行帮扶。以贷款贴息为例，针对企业创业启动资金不足的情况，普惠金融专项资金可以在给企业提供担保的同时帮企业支出贷款的利息，这样企业获得资金帮助的同时享受了无息的优惠，大大提高了企业的运营能力，解决了企业贷款难的现实问题。

除了以上全国性的财政帮扶外，各地财政部门掌管着财政政策的执行以及财政资金的投向，这对支持民营经济发展可实际发挥作用。很多地方出台科技政策加大科技支持力度，保障民营企业科技创新、产业升级等；落实减税降费政策，大幅降低企业税费负担，有效激活民企发展活力；拓宽资金来源渠道，创新财政扶持政策，充分发挥财政资金基金化运作的引导作用，有力促进民营经济全产业发展。② 通过各种政策的

① 《奖励达五千万！国家三部门联合发文，重点支持四种类型创业载体！》，http：//www.cnlukuo.com/？Article2234/1756.html，2020年12月28日访问。

② 《发挥财政职能支持民营企业发展》，http：//www.lf.gov.cn/Item/83921.aspx，2020年12月8日访问。

出台，优化民营企业财政环境。

（三）民营经济发展财政法治支持存在的问题

一是财政支持未切实到位。当前市场经济体制下，财政直接以资金形式支持包括民营企业在内的市场主体的形式越来越少，大多通过间接方式提供支持，如提供低息或无息贷款等，将补贴给予提供贷款的金融机构；或者设定一定的标准，企业自身达到既定投资额度或达到一定规模情形下，财政给予相应的资金补贴。但在实际操作中，针对民营企业的财政投资和补贴却大大缩水，甚至被一些熟悉政策的中介机构滥用，以此获取利益，而真正应该受到支持的民营企业却没有享受到资格或者被中介利用，补贴或者资金支持落入到中介手中。

二是提供财政支持不公平。民营企业的发展需要社会化服务体系来支撑，这就需要政府不分公有制和非公有制经济，一视同仁地提供公共服务。然而，政府在此方面存在很多不足，如政府部门发布的很多政策或经济信息，都是通过内部的主管部门下发到国有企业，却没有传达给民营企业；很多政策未向民营中小微企业宣讲，致使许多民营企业对政府的财政支持政策根本不了解，未能充分发挥财政支持民营经济发展的价值；较为突出的是，政府召开的有关经济工作会议往往把民营企业排斥在外。

三是民企社保制度滞后。正如前文所述，由于民营企业规模下，人员流动性大，员工参保积极性不高，甚至出现企业为员工购买社保，员工不愿意承担自身所应缴纳部分的情形，现行制度未考虑民营企业的实际情况来实行不同的社会保险政策，政策设计和立法层面还有完善的空间。一些地方政府为了鼓励民营企业发展，对未参保的民营企业放任不管，没有实质性的强制参保措施，对参保企业也未制定相应的奖励措施或给予政策支持。再有，对民营企业如何缴费未做具体明确的规定，企业主一般按最低缴费基数和缴费比例缴纳，很多企业主为员工只办理了一项社会保险，就算是参保，政策弹性大，存在漏洞；当然，出现这种情形的原因是民营企业社会保险负担较重，单位缴费部分高，大大加重了民营企业的负担。

（四）民营经济发展的财政法治改进

一是增加涉民的直接资本性支出。政府对民营企业的财政支持，既可以采取直接性的资本投入，也可以采用间接性的财政补贴支持。要健全财政支持民营经济的规范流程，避免补助资金流入中介机构，或者长期被一些投机者以投入少量资金编造虚假项目获取财政补贴，获取补贴后套现走人，国家财政资金没有实际发生功效。另外，可创新方式将财政资金直接分批按进度投资于民营企业，根据地区差异、产业结构、产品情况等确定投资范围，有节制、有选择地支持民营企业，促进地区经济发展，保持经济社会发展稳定。[①] 通过政府的直接投资，解决了民营企业的资金压力，增强了其资金实力，还起到一种示范作用，间接带动其他民间资金投资到民营企业，这也符合现代宏观调控法上政府间接引导受控主体的法治原则。

二是加大对民营企业的融资支持。国家层面的基金已经建立，但运用到地方层面时效果不明显，为此，地方政府可以通过设立支持民营经济发展的基金体系，如财政担保基金、中小企业扶持基金、风险基金、科技发展基金等，这种基金模式可以收取一定的费用，以此调动社会资金参与其中，可以间接发挥财政资金的效用，实现对民营经济发展的资金支持，加快民营经济的发展，从而实现增加就业，维护社会稳定的作用。同时，财政支持民营经济的形式还可采取财政担保等形式，对一部分民营企业可以对其用于再生产的机器设备、原材料、专利的购买提供政策性的低息贷款，对具有创新性、科技性、文旅性的重点支持项目，对其从金融机构获取的贷款由财政给予贴息或者直接提供担保。政府也可以通过政策性融资，对民营中小企业投资办企业提供长期贷款支持，从而为民营经济的发展提供融资支持。

三是加大对民营企业的财政补助。社会稳定是重要的公共产品范畴，民营企业的发展可以缓解就业压力，缩小城乡收入差距，直接关系到社会稳定。通过立法保障财政为各级政府重点支持项目提供必要的资金支持，也是现代法治国家适度干预经济的重要体现，其中的干预形式就是采用经济直接投资。降低市场准入门槛，鼓励民营企业投资到基础设施建设领域、高新技术产业等，并给予一定的财政补助，以鼓励民营

① 吴雪芬：《“两个健康”背景下促进民营经济高质量发展的财政政策研究》，《预算管理与会计》2020 年第 1 期。

经济参与市场竞争，从而促进地区产业结构优化升级、实现政府引导民营投资健康运行的局面。

二 民营经济税收法治环境及改进

（一）民营经济发展与税收的关系

税收是国家为了实现其公共职能，凭借政治权力，运用法律手段，强制地、无偿地、固定地分配一部分社会产品的制度形式。依此含义，税收的本质是一种特殊的分配形式，即国家凭借政治权力强制性对市场主体的财产权利进行分配。从税收的基本概念和本质出发，可以总结出税收具有以下几个特点：

其一，一方主体是国家。社会分工和财产私有的形成促使了国家的形成，而国家为维护其存在和实现其功能，必然要有固定的经济支撑。赋税是政府机器的经济基础，是国家推动政府机器运行的重要经济来源。[①] 税收制度作为国家产生的经济基础和国家经济职权的直观体现，与国家有着必然、紧密的联系，政府代表国家作为税收关系中的一方主体。

其二，具有明显的财政属性。国家的职能之一就是向社会提供公共产品和服务，相关职能的实现必然耗费大量的资金，但国家不像企业那样从事交换活动和财富生产，只能凭借公权力从市场主体那里获取资金，形成国家的财政收入。[②] 在国家财政收入中，税收占比最大，是国家依靠强制力获得财政收入的重要保障，具有明显的财政属性。

其三，是调节社会分配的一种方式。在国家的经济社会发展过程中，社会资源分配必然存在差异性，当然，这也是市场机制发挥分配和调节功能的前提。然而，在市场失灵情形下，社会产品分配不均、社会资源分配不合理的状况必然会发生，此时，作为拥有经济职能的国家，就可以通过税收方式对社会资源进行二次分配。因此，税收是国家参与并主导的一种社会分配方式。

---

① 《马克思恩格斯全集》（第 19 卷），人民出版社 1963 年版，第 32 页。

② 陈少英：《权利的成本——环境权依赖于环境税的解读》，《税务研究》2009 年第 8 期。

"死亡"和"纳税"是每个人不可回避的现实，可以说，纳税与每个人的工作和生活如影随形。但正如罗纳德·杜斯卡所说，"谁也不喜欢纳税，然而如果谁也不纳税，政府就无法运转"。[①] 心理层面上，尽管愿意纳税的人不多，但人人无可逃避，民营企业也不例外。随着国家对民营经济发展的不断支持，民营经济的发展除有财政资金的支持外，还享有诸多税收优惠的红利，企业存在的根本与意义便是通过经营获得利润，财政资金的有限支持犹如隔靴搔痒，只能解决燃眉之急，并不能维持企业长期稳健的发展，只有良好的税收法治环境才可以让企业如虎添翼。在经济下行压力的整体环境下，想要实现民营经济的腾飞和持续发展，归根到底就是让企业有充裕的资金来维持运转，除了直接给予企业财政补助外，还可以用减税的方式让利润留在企业，实现放水养鱼的目的。

民营经济与税收息息相关，税收作为国家财政收入最主要的收入来源，一方面，使国家有充足的公共预算收入，并以此投入到社会保障、就业支出、城乡社区等民生保障项目。另一方面，为了刺激民营经济发展，需要实行减税降费政策助力民营企业，这就要求政府对各类税收收入是否优惠方面进行充分调研，让减税降费政策能更多惠及民营企业，同时也只有民营企业获得了发展，才能使国家的税收得到保障，进而有充足的税收支持各项事业发展。

从财政部官网发布的2019年财政收支情况中不难发现，我国税收收入157992亿元，同比增长1%；[②] 将国内增值税、国内消费税、企业所得税、个人所得税等各个税种的收入占全国税收收入的占比进行统计，发现我国税收收入相较于2018年有所增长。其中增值税在我国税收收入中占比最高，国内增值税占比高达三成，而加上进口环节海关征收进口环节增值税后甚至可以上升至41%，可以说增值税是我国第一大税种；企业所得税居第二位，紧接着便是消费税与个人所得税（见图7-11）。

---

① ［美］罗纳德·杜斯卡等：《会计伦理学》，北京大学出版社2005年版，第152页。

② 数据来源：财政部，http：//www.gov.cn/shuju/2020-02/10/content_5476906.htm，2020年12月8日访问。

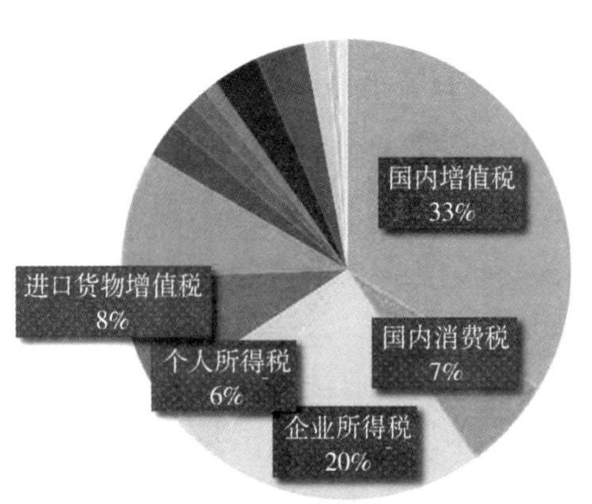

图 7-11　2019 年我国主要税收收入占比

我国对民营经济的税收优惠多而分散，其分散在各大政策性文件和税种之中，严格算来，我国所有税种对促进民营经济发展息息相关，从涉及工业企业的环境保护税、资源税到涉及所有企业都需缴纳的房产税、土地增值税，每一个税种既相互独立又互相联系，例如，城市维护建设税、教育费附加、地方教育附加的征收又与增值税、消费税的征收额相互关联。

（二）税收优惠助力民营经济发展的概况

谈及民营经济的税收优惠政策，总会在各大媒体及政府工作报告中看见“减税降费”这一词，因为相比企业市场准入、产权界定、反不正当竞争、企业信用等促进保护民营经济的制度中，减税降费对企业有着更加直观的感受，其核心作用是让企业的资金因为减税降费政策留在企业内部，使企业有更多的资金投入再生产。减税降费可以拆分为减税与降费两个行为，严格来说，“减税”属于税收法治环境构建中的核心部分，而“降费”则并不属于税收法治环境的组成部分，原因在于我国税法的核心原则是税收法定原则，而税收法定原则中的“法”应作狭义理解，即指最高立法机关制定的税收法律，不包括国务院和其他政府部门制定的税收行政法规、部门规章和其他税收规定。① “降费”中

① 刘建民：《税收法定原则与我国税收立法完善》，《湖南大学学报》（社会科学版）2019 年第 6 期。

的费指的是行政性事业收费或一般政府收费，与税收法定中的税有本质不同，虽然我国费改税的立法进程一直都在推进之中，环境保护税等一系列税种也刚从行政性收费上升为税法高度，但其中本质区别还应引起注意。然而，基于“减税降费”已经形成了约定俗成的提法。

政府在降低企业生产成本的同时，也从各方面打造良好的金融环境。大幅拓展政府性融资担保覆盖面，明显降低费率，例如，2020 年受新冠肺炎疫情影响，将中小微企业贷款延期还本付息政策延长，对普惠型小微企业贷款应延尽延，对其他困难企业贷款协商延期。通过完善金融机构考核激励机制，鼓励银行愿贷、敢贷、能贷，大幅增加小微企业首贷、信用贷、无还本续贷，利用大数据和金融科技降低服务成本，提高服务精准性。企业方面，为打击恶意逃废债，防止资金“空转”套利，在支持企业扩大债券融资的同时加强监管。实现金融机构与贷款企业共生共荣，让中小微企业贷款可获得性明显提高，综合融资成本明显下降。

税法作为我国宏观经济调控的主要手段之一，对调整各地区经济发展起着关键作用，我国历来有东西部发展不平衡、资源供配不均匀、人才向经济发达地区流动的现状，针对不同地区的特色，国家出台了相应的税收政策以适应不同地区的发展境况。

华东地区税收发展政策，以长三角区域发展为例。税务总局在 2020 年上半年推出 16 项税收支持措施，后来又推出 10 项税收征管服务措施，形成“16+10”税收征管服务体系。[①] 从税收大数据服务能力、五税合一综合申报、增值税电子发票运用、简化增值税即征即退办理流程等多方面简化办理程序，同时对纳税信用等级高的纳税人实施土地增值税免税事项。考虑到长三角区域涉外贸易数量多、交易额大的特点，政策进一步优化服务贸易对外支付流程的同时，统筹开展税收风险管理，实现长三角地区涉税风险信息和风险模型共享。[②]

① 参见《国家税务总局关于进一步支持和服务长江三角洲区域一体化发展若干措施的通知》。

② 《大批外资项目落户长三角 外企加速融入一体化发展》，http：//finance. jrj. com. cn/2020/08/14073230496447. shtml，2021 年 1 月 6 日访问。

华南地区税收发展政策，以海南自由贸易港为例。海南自贸港作为党中央着眼于国际国内发展大局，统筹考虑、科学谋划的重大决策。财政部、税务总局连续发布了多项政策性文件明确了一系列企业所得税税收优惠措施，在促进国内企业发展的同时吸引更多的外来投资者。[①] 其中就包括注册在海南自贸港并实质性运营的鼓励类产业企业减按15%的税率征收企业所得税，对在自贸港设立的高新技术产业企业、现代服务业、旅游业等新增境外直接投资取得的所得免征企业所得税。[②] 在吸引企业的同时，海南自贸港也以对高端人才和紧缺人才个人所得税优惠的方式吸引更多的人投身海南自由贸易港的建设。

西部地区税收发展政策，以西部大开发为例。西部大开发作为我国最早通过税收调控经济发展的试点区域，目的在于通过东部沿海地区带动西部地区，提高西部地区经济和社会发展水平。在创造良好营商环境、促进民营经济发展的形势下，我国对西部大开发的税收政策依然得以延续，其中就包括了企业所得税的税收优惠政策。对设在西部地区的鼓励类产业企业减按15%的税率征收企业所得税，鼓励类产业为发改委最新修订的《西部地区鼓励类产业目录》中规定的产业项目为主营业务，且其主营业务收入占企业收入总额60%以上的企业。同时政策实践延续至2030年底，体现了我国对西部地区经济发展的长期支持与关切。[③]

在考虑了地区经济发展制定相应税收优惠的同时，税法往往从国家层面制定了通行全国的税收优惠政策，以下从对国家税收收入贡献最大的增值税、企业所得税这两个税种加以介绍。

第一，增值税。

增值税（value added tax，VAT），是对在我国境内销售货物或者加工、修理修配劳务，销售服务、无形资产、不动产以及进口货物的单位和个人，就其销售货物、劳务、服务、无形资产、不动产的增值额和货物进

① 参见《关于海南自由贸易港企业所得税优惠政策的通知》《关于海南自由贸易港高端紧缺人才个人所得税税收政策的通知》。

② 《海南自贸港税优政策将助力高端产业加速聚集》，https://baijiahao.baidu.com/s?id=1678537422199106931，2021年1月6日访问。

③ 参见《财政部 税务总局 国家发展改革委关于延续西部大开发企业所得税政策的公告》。

口金额为计税依据而课征的一种流转税。增值税以商品在流转过程中产生的增值额为计税依据，是一种商品税。[①] 我国经历了从生产型增值税到消费型增值税转变的过程，2016 年 5 月 1 日起在全国范围内全面推开“营改增”试点，随着《营业税暂行条例》的废止，营业税就此退出历史舞台，营业税的应税项目全部划归增值税，自此增值税成为我国第一大税种。

我国现行增值税的基本规范是 2017 年 11 月 19 日公布的《增值税暂行条例》和 2016 年 3 月财政部和国家税务总局发布的“营改增通知”以及 2008 年 12 月财政部和国家税务总局令第 50 号《增值税暂行条例实施细则》。作为流转税，增值税涵盖了流通的各个环节，犹如一个链条环环相扣、相互影响。增值税因其征税范围广泛，无论企业规模性质如何只要参与市场生产创造价值就离不开增值税。国家对民营经济的支持中最重要的就是在增值税领域作出优惠，通过“降、扩、退”来具体实现。

“降”，即降低税率。减税最为直接的方式便是降低税率，我国自 2019 年 4 月 1 日起下调增值税税率，购进农产品扣除率及出口退税率等也相应调整。增值税一般纳税人发生增值税应税消费行为或进口货物，一般适用税率由原来的 16%下降到 13%，低税率由原来的 10%下降到 9%，同时购进农产品的扣除率也由 10%调整到相应的 9%，购进用于生产或者委托加工增值税基本税率货物的农产品在 9%的基础上加扣 1%的扣除率计算进项税额，这样让农产品价格得到稳定的同时也让企业降低了中间成本。在出口税方面，因为增值税基本税率与低税率下调的缘故，为了使企业在出口贸易中不用承担国内增值税的税负，增加国际竞争力，出口退税率调整到与修改后的增值税税率相同。同时，同步调整离境退税物品退税率，适用 13%税率的离境退税物品退税率下调 2 个百分点，适用 9%税率的离境退税物品退税率下调 1 个百分点。

“扩”，即扩大抵扣的范围。增值税作为一种典型的间接税，其税负的最终承担者是处于最终端的消费者，增值税犹如一个链条环环相扣，前一个环节的销项税构成了后一环节的进项税，销项与进项之间的增值额才需要进行纳税。扩大抵扣范围意味着企业有更多的扣减项来冲减自身销售

① 张守文：《财税法学》，中国人民大学出版社 2018 年版，第 165 页。

带来的销项，进而通过这样的方式实现企业少缴税的目的。通过扩大进项税抵扣范围，增加国内旅客运输服务纳入抵扣范围的规定，调整不动产进项税抵扣的步骤，允许不动产进项税额一次抵扣，让企业能在购置不动产当年就享受到不动产进项税抵扣的优惠，有效缓解了企业花费资金购置不动产的同时还需要向外缴税的难题，提高了企业的现金流。另外，在扩大抵扣范围的同时，对抵扣额度有了新的规定，对生产、生活性服务业按当期可抵扣进项税的10%计提加计抵减额用于直接抵减应纳增值税的税额，实现从税额上的直接扣减。

“退”，即退留抵税额。在2018年部分行业实施一次性留抵退税的基础上，对所有行业试行增值税期末留抵税额退税制度。符合以下条件的纳税人，退还增值税增量留抵税额：a. 自2019年4月税款所属期起，连续六个月（按季纳税的，连续两个季度）增量留抵税额均大于零，且第六个月增量留抵税额不低于50万元；b. 纳税信用等级为A级或者B级；c. 申请退税前36个月未发生骗取留抵退税、出口退税或虚开增值税专用发票情形的；d. 申请退税前36个月未因偷税被税务机关处罚两次及以上的；e. 自2019年4月1日起未享受即征即退、先征后返（退）政策的。①

除了对增值税改革让民营企业少缴税以外，增值税的本身政策还能让企业直接免税，包括免征中小微企业养老、失业和工伤保险单位缴费，免征公共交通运输、餐饮住宿、旅游娱乐、文化体育等服务增值税。针对增值税领域的小规模纳税人，财政部、国家税务总局规定了更为优惠的免税项目，即小规模纳税人发生增值税应税销售行为，合计月销售额未超过10万元（以1个季度为1个纳税期的，季度销售额未超过30万元）的，免征增值税。② 通过这样一种免税方式，使得销售额低的小规模纳税人直接不需要缴纳增值税，再结合一系列的融资措施，让小微企业在刚起步的阶段既不用担心融资困难也不需要缴纳增值税，使小微企业真正享受政策红利。

---

① 《关于办理增值税期末留抵税额退税有关事项的公告》，http：//www.chinatax.gov.cn/n810341/n810755/c4308939/content.html，2021年1月10日访问。

② 中国注册会计师协会：《税法》，中国财政经济出版社2020年版，第146页。

第二，企业所得税。

企业所得税是对我国境内的企业和其他取得收入的组织的生产经营所得和其他所得征收的一类税种。企业所得税可提升企业的盈利能力，调节产业结构和促进经济发展，为国家建设筹集财政资金等。2007年我国通过《企业所得税法》和《企业所得税法实施条例》，规定企业所得税的纳税义务人为居民企业和非居民企业，作为一种对所得额征收的一类税种，在民营企业中更多的是居民企业，个体工商户则不属于企业所得税的纳税主体，国家对其经营所得的征收适用于个人所得税。

税法规定的企业所得税的税收优惠方式很多，如免税、减税、加计扣除、加速折旧、减计收入、税额抵免等，其中大部分税收优惠对企业的经营性质和投资区域有着特殊规定。以高新技术企业、技术先进型企业、小微企业三种最为代表性的企业为例，高新技术企业相较于企业所得税25%的一般税率来说，国家需要重点扶持的高新技术企业减按15%的税率征收企业所得税，这些企业共同的特点就是拥有完全核心自主产权，支持其主要产品的技术属于国家规定可以享受企业所得税优惠的高新技术领域，并将核心技术完全应用于产品之上。

针对技术先进型企业也有相似的规定，自2017年起，在全国范围内对经认定的技术先进型服务企业，减按15%的税率征收企业所得税，只要企业符合相关文件规定范围目录中的一种或多种技术先进型服务业务，并满足采用先进技术或具备较强的研发能力，高学历员工占总员工50%以上等条件，可以享受企业所得税税收优惠。

尤其是对小微企业的税收优惠，国家也作出一些全新规定。自2019年1月1日至2021年12月31日对小型微利企业年应纳税所得额不超过100万元的部分，减按25%计入应纳税所得额，按20%的税率缴纳企业所得税；对年应纳税所得额超过100万元但不超过300万元的部分，减按50%计入应纳税所得额，按20%的税率缴纳企业所得税。[①] 小微企业历来都是税法政策大力扶持的对象，不仅在税率上相较于25%的基本税率下调至20%，在应纳税的计算基数上也区分不同层级作出相应

① 中国注册会计师协会：《税法》，中国财政经济出版社2020年版，第248页。

的打折。以小微企业年应纳税所得额250万元为例，适用上述政策小微企业需要缴税20万元，而不运用优惠则需要缴税62.5万元，税收优惠幅度高达68%，真正为企业实现资金的良性循环。①

（三）民营企业纳税存在的问题

根据笔者对上千家企业的调查，发现绝大多数的民营企业主对税收知识知之甚少，全靠企业会计或出纳处理，而且会计和出纳几乎都不是专业的税务师，在招录进企业工作时，也没有对其税务知识进行考察。综合而言，当前民企纳税存在以下问题：

第一，民企纳税筹划基础知识薄弱。大部分民营企业在性质和规模上还属于小微型企业，基本没有专门的财会部门和专门负责税务的人才，要雇用专业人士对于企业来说成本也较高，在实践中，即便是少量民营企业内部配备了财会人员，但财会人员又对税收法律法规掌握不够，导致税务的综合筹划存在违规违法的情形。再加之中小微企业的税收优惠政策很多，企业纳税筹划的相关基础知识较为薄弱，民企在发展过程中更多关注收入增加、规模扩大，而对于系统的纳税筹划缺乏相关知识。②

第二，民营企业主对纳税筹划不够重视。自古以来，中国人注重人情，人情世故观念深入人心，导致很多民营企业主迷信“关系”，认为“关系”可以解决包括税收在内的大部分生产经营中遇到的难题。因此，很多企业主对纳税筹划不够重视，他们天真地认为只要和税务部门或税收征管员搞好关系，按照要求进行业务处理就可以了，甚至认为没有必要系统学习会计、税法以及财务管理方面的知识，即便有些民企内部有负责税务事项的部门和人员，也不会要求他们去主动学习税务有关的法律法规，更不用说及时关注新的涉税法律法规和政策。把开拓市场、扩大经营放在企业发展所要考虑的第一位，不把“开源”和“节流”放在同等重要的位置。当企业处于发展困境时，如受新冠肺炎疫情影响，企业无法创收时，有效地节约成本和开支才被提上日程，尤其对

① 适用税收优惠=100×25%×20%+150×50%×20%=20；不适用优惠=250×25%=62.5。

② 黎涛：《基层税务部门支持民营经济发展的思考与建议》，《税收征纳》2019年第4期。

于那些平时税务负担就很重的企业更为重要。①

第三，税收法律法规和政策缺乏稳定性。税收优惠政策随时都在发生变化，如果企业不留意变化，之前的缴纳方案可能被淘汰，甚至还与新的税收法律法规和政策相违背，面临法律风险。税收法律法规和政策的不稳定性，加之税务部门对税收变化的宣传力度较小，宣传工作做得不够到位，在一定程度上给企业带来掌握上的不便，导致企业的利益不能得到充分保障。税收法定作为税法领域的“帝王原则”，也是税收强制性征纳的宪法依据与权力来源，落实税收法定原则贯穿于税制改革进程之中，是我国贯彻全面依法治国的重要任务之一，也是建设现代税收制度的必然要求。

第四，部分税收优惠政策烦琐。尽管已经出台了很多税收方面的优惠政策，但很多政策过于烦琐，税收优惠政策门槛较高，真正落实到企业较为困难，烦琐的税收申报手续和严苛的税收优惠条件让很多企业理解为欠缺诚意的优惠，这无疑大大打击了企业的申报积极性。以增值税增量留抵退税政策为例，政策的适用条件严苛，企业必须实现下个月的留抵税额大于上个月并持续六个月，中途不允许中断并且最后一个月的留抵税额要超过刚开始前一个月留抵税额 50 万元。这意味着企业想要适用这条规定必须有长达 7 个月的亏损行为，并且越来越亏，中途既不能停也不能少亏，大大增加了企业的适用门槛。在满足上述条件时候仍需要计算进项税构成比例，只有增值税专票、进口增值税专用缴款书、解缴税款完税凭证上注明的增值税税额可以计算在内，不包括农产品收购发票、桥闸通行、职工差旅、机票火车等一系列计算抵扣的进项税额。在计算完进项税构成比例之后才用增量留抵税额乘以进项税构成比例最后再乘以 60%。可见，在适用上极其烦琐，一个退税程序需要 8 个月的时间，最终退到企业手里的时间甚至更长。

（四）优化税收法治环境的思考

第一，税务部门认真落实和完善税收政策。税务部门应该不折不扣地落实好国家的税收优惠政策，对符合享受税收优惠政策条件的民营企业一律平等对待，不能让民企相较于国企和外企承担更高的税务。持续

---

① 胡焦镔、陈倩：《新形势下房地产企业土地增值税纳税筹划探析》，《现代营销》（经营版）2019 年第 4 期。

加大税收政策的落实力度，确保民营企业能够更多更好地享受到应该享受的优惠，才能真正地促进民营企业的蓬勃发展。[①] 在稳定社会保险费缴费方式方面，税务部门要积极配合有关部门研究提出降低社保费率等建议，确保不增加企业的总体纳税负担，进一步确保民企的社保缴费能有实质性的下降。[②] 确保缴费方式的稳定，严格按照人大审议通过的预算进行征收，在开展征收工作时严格按照程序和预先设置的保险费缴纳方式进行，只有如此，才能在程序正当的前提下更好地促进民营企业做好纳税准备工作。在减税政策方面，应持续出台能够实质性减税、对小微型企业和科技型企业普惠性税收免除的政策，进一步加大减税力度，深入开展调查工作，有针对性地提出切实可行的方案，更好地为民营企业减税降负，在经济下行的阶段与民营企业共渡难关。[③] 另外，要加强税收政策的宣传，税务部门要持续做好税收政策文件清理和税收政策宣传工作，在税务机关的相关宣传平台上公布税收优惠政策，让民营企业便捷、清晰地了解和查阅到相关优惠政策，增强税收优惠政策的普适度。[④]

第二，加强税法清理和税收执法监督。税收规范性文件要对经济和社会等各方面发展产生正向影响，为此，在立法和实施过程中，要加强税收规范性文件的公平竞争审查，对可能不利于民企发展的，应不予出台或修订完善。各级税务机关在税收规范性文件清理中，对有违市场公平竞争的内容，理应一律修改或废止。另外，要加强税收执法监督，税务部门应当全面推行税收执法决定法制审核制度、税收执法全过程记录制度与税务行政执法公示制度，依法对民营企业进行有效监督；防范民企偷税、逃税，为守法经营的民营企业营造出公平竞争的市场环境；对有主动消除或者减轻违法行为危害后果等情形的企业，依法减轻或从轻处罚；对违法行为轻微并及时纠正，没有造成危害后果的企业，依法不予行政处罚；在征税层面建立有条件的“容忍机制”，体现“少罚慎

① 国家税务总局：《国家税务总局部署进一步落实好简政减税降负措施》，《商业会计》2018 年第 19 期。

② 李彩龙：《关于企业纳税筹划的成因与风险防范分析》，《经济师》2012 年第 8 期。

③ 曹新忠：《企业纳税筹划的成因与风险防范分析》，《边疆经济与文化》2012 年第 5 期。

④ 张世娟：《浅谈企业纳税筹划动力成因及风险防范》，《科技与企业》2012 年第 6 期。

罚”的原则。再有，也要加大税收执法方面的检查力度，强化对企业税收的执法责任追究，从严处理税务人员在征税过程中的粗暴执法、任意执法、情绪执法等行为，坚决查处税务人员对于民营企业吃拿卡要的行为以及其他可能会给民企利益带来损害的行为。[①]

第三，充分保障民企法律救济的权利。各级税务部门在征税过程中对企业所反映的现实问题、提出的行政复议申请等要依法积极受理、及时和妥善办理。对部分民营企业因资金暂时周转困难无法及时上缴税费的，可以视情况给予一定期限的宽限。[②] 对于部分不符合行政复议受理条件的企业诉求，复议机关在依法处理的同时，要做到具体情况具体对待，如果经查证确属税务机关在税收执法时有错误或不当行为的，应责令及时修正并对相关企业给予补偿。只有这样，才能更好、更充分地保障民企救济的权利，使民企和税务机关的关系更加缓和，而不是对抗、排斥。

第四，增强民企的规范纳税意识。民企缴纳税款依托于其本身的会计财务资料，准确无误的会计报表是民企纳税的基础，如果资料不准确、不真实，就无法达到税收优惠所需的条件，甚至有一些企业通过做假账规避缴税，在税收优惠政策上不敢申报，担心被发现。这就要加强对民营企业主及内部工作人员的税法知识普及，增强他们的专业化和业务能力，通过培训和知识普及，提高税务管理意识、税务风险意识和依法纳税的意识，营造依法纳税、规范经营的法治氛围。

第五节　民营经济法律服务环境及改进

支持民营企业发展的系列政策的落实离不开良好的法律服务环境，法律服务环境是一切制度政策得以落地的保障和基础。在研究如何更好更快助力民营经济发展的过程中，需要确保政策落实不变形、不走样，确保政策得到充分有效的运用，确保企业家能依法顺利实现自己的权

---

① 参见《税务总局关于实施进一步支持和服务民营经济发展若干措施的通知》。

② 刘金光：《企业纳税筹划的局限性及其改进措施》，《行政事业资产与财务》2012 年第 22 期。

利，这就需要营造良好的法律服务环境。

一 法律服务环境营造的政策支持

法律服务环境的营造需要社会全方面的共同努力，其中最为关键的是政府起到带头与引导作用。习近平总书记提出应做好公共法律服务，加强公共法律服务体系建设。[①] 随着一系列文件和政策的进一步落地，公共法律服务目前正得到不断丰富和完善。

司法部《关于推进公共法律服务体系建设的意见》（2014 年）提出：公共法律服务由政府主导、社会参与，旨在以法治思维和法治方式保障公民权益、促进公平正义、服务改善民生、维护和谐稳定，公共法律服务的内容主要包括服务设施、服务活动、服务产品等，具体涵盖法治宣传教育、律师公证、法律援助、基层法律服务、法律顾问、人民调解、仲裁、司法鉴定、法律职业资格考试等，公共法律服务与经济社会发展水平和阶段相适应。具有公共性、法律性和服务性等方面的特征。

法律服务在我国社会主义法治体系建设中具有宏观性，在法治社会的方方面面都具有适用性。聚焦到对民营经济的支持与发展上，公共法律服务则有着更为具体的表现，围绕着民营经济在社会主义市场经济中经营与延续的不同特殊环节与特殊困境，公共法律服务可以从政府主导与社会自发、日常纠纷与诉讼仲裁、企业外部权益与内部员工保障等多个方面维护民营经济的合法权益，通过法律服务的手段为民营经济保驾护航。

二 法律服务助力民营经济的改进

（一）加强公共法律服务平台建设

对民营企业的支持需要法律服务贯穿在日常生产经营中，将企业遇到的困难在开始阶段就能得到及时处理，避免拖到诉讼仲裁等司法程序，既占用了宝贵的司法资源又让企业问题久拖不决，为此，政府建立了公共法律服务平台。公共法律服务平台是引领民营企业参与法治的重

① 刘伯林：《公共法律服务体系建设的实施现状与对策研究》，《中国司法》2020 年第 1 期。

要纽带，当一些民营企业遇到法律问题或求助无门时，企业可通过平台来解决。公共法律服务平台可以综合采用传统的实体服务、热线服务和新兴的网络服务等方式，最大限度帮助民营企业便捷高效地获取法律服务；能够帮助民营企业完成自我法律风险体检，依据平台上的法律要求和规章政策进行自我检查，包括企业权益是否被侵犯、经营是否符合法律规定，通过自我体检不仅能够提高民营企业运用法治解决问题的意识和能力，还能够为自我维权节省时间和人力、物力，提高工作效率。此外，公共法律服务平台还能起到普法的作用，在社会法治建设中，公众的法治理念缺失很大程度上取决于对法律的现实理解，公共法律服务平台能够让公众随时获取法律咨询、接受法治熏陶，在亲身接受法律服务的过程中逐渐激发对法治的认同和建立法治思维及权利意识。

目前，公共法律服务平台仍处于建设期、探索期，在帮助企业自查自纠时也面临着一些问题，例如法律服务平台宣传力度不够，线上线下服务结合度较弱，法律服务热线难拨打及专业化程度欠缺等问题。针对这些问题，需要加大对平台的资金投入，对公共法律服务体系进行发展与细化，加强对热线与实体的整合，实现一站式公共法律服务。面对热线打不通、打不进及专业化欠缺的问题，需要投入资金扩大法律服务热线的接听人员，有条件的地方组建专门服务团队，加强热线平台接听队伍专业化建设。让公共法律平台的出现彻底摆脱过去办事难、办事烦的困境，降低民营企业获得法律服务的成本。

（二）充分发挥律师服务民营经济的作用

律师作为法律职业共同体的一分子，在推进民营经济发展中起到了重要作用。相比行政机关，律师与民营企业的沟通更加频繁和深入，基于律师特殊的营利模式，律师观察的角度与企业近乎相同，其往往更能从企业的角度体会我国法治建设进程的点点滴滴。随着企业法治意识的提高，企业对专业律师的需求越来越迫切。

在推动律师服务促进民营经济发展的新形势下，国家对律师服务民营企业提出了新的要求；面对特定行业里企业遇到的具有普遍性共同性的法律问题，政府积极引导行业商会组织与律师协会开展沟通合作，协助行业商会成立专业律师服务团队，打通企业与商会、商会与政府之间的沟通屏障，充分发挥律师的专业技能，对于民营企业间发生的法律摩擦进行专业化调解并建立律师调解点，实现纠纷的源头化解决。律师作为提供法律服务获取报酬的群体，律师管理部门和律师协会可畅通体制机制，让律师们广泛参与涉企公共服务，一般而言，律师都会公益参与，他们通过参与服务进而提升自己的知名度，让更多企业了解和知晓，最终转化为合作交易，实现双赢局面。

（三）提高公证服务民营经济的效率

公证制度最早产生于罗马时期，延续至现代社会依然焕发着勃勃生机。作为预防纷争和安定秩序的有力武器，现代公证制度凭借其在漫长历史演变中形成的证明效力、执行效力、要件效力三大效力，在社会生活中扮演着无可替代的角色。① 公证制度作为预防纷争的准司法制度，在西方国家常被誉为“预防司法”。进入21世纪以来，中国公证制度迎来一场“静悄悄的革命”。以2000年国务院批准《司法部关于深化公证工作改革的方案》为改革起点，公证机构的组织形式由单一的“行政体制”转变为“行政体制”“事业体制”“合作制”多元并存；与此同时，公证制度的功能也在不断地延伸和扩张，已经不再局限于传统的“证明功能”，逐渐演变为综合的“法律服务功能”。中共十九届四中全会提出，新形势下，要探索预防化解矛盾纠纷的方法途径，建立健全高效便捷的社会矛盾纠纷预防调处化解综合机制和有机衔接协调联动机制，使公证处促进民营经济发展发挥重要作用。结合现代科技的创新，公证服务应把握机会大力发展“互联网+公证”新模式，让简单公证足不出户完成办理。同时，面对过去纷繁复杂的公证程序与标准不一的公证材料要求，应创新公证服务，可实行公证证明材料清单制度，让公证服务“最多跑一次”，提高公证服务民营企业的效率。

（四）加大人民调解服务民营经济力度

人民调解作为一项具有中国特色的基层纠纷解决制度，是党在新民主主义革命时期吸收借鉴传统民间调解所得的精华，一直以来，调解发挥着维护社会和谐稳定的“第一道防线”作用。人民调解是基层社会治理的重要组成部分，除调处纠纷功能之外，还具有预防纠纷发生、防止纠纷激化与宣传法律等作用。在民营经济发展过程中，人民调解的作

① 廖永安：《公证制度改革理论探索》，《哈尔滨工业大学学报》2020年第4期。

用不能忽视，社会生活中的大量纠纷并非进入司法程序，而是通过社会力量进行调处化解，司法机关毕竟是维护权益的最后一道防线，具有强制性和严肃性，社会纠纷的解决很多时候不需要如此强烈的方式，以较为方便、灵活、人性化的社会纠纷解决方式即可化解。[①] 人民调解的广泛运用可以为企业解决问题、提高效率，避免企业陷入漫长的诉讼泥潭。[②] 建立民营企业矛盾纠纷调解工作机制，加强民营企业矛盾纠纷排查，将民营企业矛盾纠纷作为重点，及时发现苗头性、倾向性问题，第一时间开展调处，定分止争。可在民营企业矛盾纠纷多发的地方设立专门的人民调解服务窗口，及时受理并调解。推动依托各类商协会组织设立调解组织，加大民营企业矛盾纠纷排查、化解力度。通过加强专业性、行业性的调解组织建设，及时化解涉民营企业的纠纷。

（五）提升仲裁服务民营经济的效能

仲裁作为介于人民调解与司法诉讼之中的救济途径深受广大民营企业热爱，无论是在国际贸易或者国内贸易，凡是合同项目标的较大或期限较长的经济贸易活动基本都采用仲裁。企业之所以钟爱仲裁，一方面在于《仲裁法》赋予了当事人一定的程序选择权，从仲裁地的合意到仲裁员的选择甚至审理案件的公开与否都赋予当事人双方较强的自主性。这使得民营企业遇到商业纠纷难以协商解决时，考虑到维护企业的公众形象，更倾向于仲裁解决；另一方面，相较于人民调解的随意性与专业性欠缺且缺乏法律强制执行力等一系列弊端，生效的仲裁裁决书和法院判决书以及法院调解书都具有强制执行力，义务方如果不履行，权利方可以据此向人民法院申请强制执行，因此，仲裁与诉讼都能达到纠纷解决的效果。

因此，为了促进民营经济的健康快速发展，要不断完善民商事纠纷仲裁制度。就仲裁机构水平参差不齐、运作不规范、恶性竞争的问题，要对全国仲裁行业秩序清理整顿，另外，由于很大一部分民营企业对仲裁缺乏了解，对仲裁程序、规则、效力等方面不懂，导致其不愿意尝试

---

① 宋朝武、罗曼：《基层治理现代化与人民调解制度的改革路径》，《暨南学报》（哲学社会科学版）2019 年第 3 期。

② 傅政华：《为民营企业发展营造良好法治环境》，《人民论坛》2019 年第 36 期。

仲裁。对此，引导司法机关、律师等法律职业共同体加大仲裁宣传力度，使民营企业充分认识仲裁的优势，打破企业的顾虑。

三 民营企业法治宣传服务及改进

在民营经济社会法治环境的营造过程中，法治宣传也不可忽视。我国对法制宣传的重视由来已久，以“五年规划”的形式开展全民普法教育，是我国法治历史上的一大创举。时至今日，全国性的普法活动已经持续了30多年，2020年正是“七五”普法的重要收官之年。从“法制”到“法治”是普法形式的深入，使法治宣传上升到了一个新高度。深入开展法治宣传教育，是贯彻落实依法治国基本方略、推进法治建设的长期性、基础性工作，是构建社会主义和谐社会的内在要求。① 民营企业在法制宣传的过程中通过了解法律、学习法律，进而规范自己的行为，实现企业内部的自我体检，对内完善企业内部的经营流程，对外形成守法的意识，在规范交易程序的同时也节约了交易成本。

法治宣传并不仅是一个单独的宣传环节，不能将其孤立看待。可以说，法治宣传贯穿于立法、执法、司法、守法等多个环节。民营企业往往缺乏主动学习法律知识的积极性，只有在真正遇到困难与困惑时才会想起查阅相关的法律资料或者向律师、司法机关求助，而到这种地步则为时已晚。为此，需要在事前就要有法律意识，普法宣传是一种精准高效的提升法律意识的方式，让法律服务与法治宣传相辅相成。

涉企法律宣传的方式多种多样，既可以线上宣传也可以线下进行，既可以规模进行也可以单独开展。目前常见的方式有公共法律服务平台、线下活动和媒体宣传等。公共法律服务平台相较于其他的法治宣传活动具有特殊性，公共法律服务平台是一体化综合性的办事服务平台，是一种线上与线下相结合的方式，具有线下实体平台办理业务的特点，当企业到线下窗口办理事务时，就顺便为其提供法治宣传，让企业在成立、运行中都能充分接触法治，有条件的地方还可以通过平台为民营企业成立法律服务站，将服务与宣传融为一体。法治宣传活动除了依托于

① 韩志铖：《全面依法治国视角下开展法治宣传工作的思考与建议》，《中国司法》2020年第5期。

法律服务这种新形式外，传统的法治宣传活动依然不能少，深入推进“法律进民企”，组织、指导和帮助民营企业，特别是中小企业制订法治宣传计划，开展支持民营企业发展的法律知识普及和方针政策宣讲；深入开展“诚信守法企业”创建活动，增强企业家和职工依法经营、依法管理、依法维权的意识，切实将“法律进企业”活动引向深入；努力引导司法行政机关、律师协会、律师事务所、律师个人多元化开展法治宣传活动。[①] 在现代信息时代，既要用好新媒体也要抓住传统媒体，为企业做好立体化的法治宣传教育，向不同行业、不同年龄层次、不同需求的民营企业家、企业员工讲述守法故事，为企业诚实守信、合法合规经营提供法治普及服务。

总而言之，中国特色社会主义法治体系的形成离不开良好的社会法治环境，民营企业作为根植于社会经济环境中的重要组成部分，必然会受到社会环境的影响，良好的营商法治环境需要有一个知法守法遵法的社会经济环境，只有这样民营企业才能严格依照法律经营，才能公开透明地竞争，才能将内在优势转换为经济优势，而知法守法遵法的社会整体氛围需要多方共同协力达成。

---

① 评论员：《用法治呵护民营企业的春天》，《法制日报》2018 年 11 月 13 日（第 1 版）。

参考文献

保育钧:《不可逾越的历史阶段 不可歧视的重要部分——试论社会主义初级阶段的非公有制经济》,《中国工商》2001 年第 8 期。

毕素华:《论我国民营企业家的社会责任》,《广东社会科学》2011 年第 2 期。

薄贵利:《建设服务型政府的战略与路径》,《国家行政学院学报》2014 年第 5 期。

曹达全:《行政执法行为选择失范问题探析——从实证角度和制度层面上加以分析》,《南京大学法律评论》2012 年第 1 期。

曹建海:《民企投资交运业想说爱你不容易》,《中国投资》2005 年第 10 期。

曹鎏:《论我国法治政府建设的目标演进与发展转型》,《行政法学研究》2020 年第 4 期。

曹新忠:《企业纳税筹划的成因与风险防范分析》,《边疆经济与文化》2012 年第 5 期。

曹兴权:《企业信用监管中行业自律的嵌入》,《法学论坛》2014 年第 2 期。

陈翠玉:《政府诚信立法论纲》,《法学评论》2018 年第 5 期。

陈光中、龙宗智:《关于深化司法改革若干问题的思考》,《中国法学》2013 年第 4 期。

陈洪连:《政务诚信缺失问题及其矫治》,《中州学刊》2016 年第 2 期。

陈少英:《权利的成本——环境权依赖于环境税的解读》,《税务研究》2009 年第 8 期。

陈兴良：《刑法的价值构造》，中国人民大学出版社 2006 年版。

陈艳恩：《浅议替代性纠纷解决机制》，《学术论坛》2010 年第 7 期。

成协中：《优化营商环境的法治保障：现状、问题与展望》，《经贸法律评论》2020 年第 3 期。

程波辉、陈玲：《“放管服”改革视域下社会治理创新：一项研究框架》，《理论探讨》2020 年第 4 期。

程燎原：《从法制到法治》，法律出版社 1999 年版。

崔卓兰、刘福元：《论行政自由裁量权的内部控制》，《中国法学》2020 年第 4 期。

大成企业研究院：《民营经济改变中国》，社会科学文献出版社 2018 年版。

《邓小平文选》，人民出版社 2001 年版。

董彪、李仁玉：《我国法治化国际化营商环境建设研究——基于〈营商环境报告〉的分析》，《商业经济研究》2016 年第 13 期。

董成惠：《“权力清单”的正本清源》，《北方法学》2017 年第 2 期。

董志强、魏下海、汤灿晴：《制度软环境与经济发展——基于 30 个大城市营商环境的经验研究》，《管理世界》2012 年第 4 期。

杜飞进：《论法治政府的标准》，《学习与探索》2013 年第 1 期。

杜奕奕：《我国企业信用修复现状与对策分析》，《中国信用》2019 年第 11 期。

杜运泉：《法律的生命和权威在于实施》，《探索与争鸣》2013 年第 10 期。

段江波、朱贻庭：《政务诚信与行政公正》，《伦理学研究》2013 年第 5 期。

范柏乃、张鸣：《政府信用的影响因素与管理机制研究》，《浙江大学学报》（人文社会科学版）2009 年第 2 期。

范国庆：《社会主义市场经济中的政府信用建设》，《东北大学学报》（社会科学版）2003 年第 6 期。

范愉：《当代世界多元化纠纷解决机制的发展与启示》，《中国应用法学》2017 年第 3 期。

冯桂：《论司法改革中的司法透明原则》，《学术论坛》2009 年第 10 期。

冯建生、张庆侠：《民营经济市场准入的立法完善研究》，《河北师范大学学报》（哲学社会科学版）2011 年第 5 期。

冯玉军、王柏荣：《科学立法的科学性标准探析》，《中国人民大学学报》2014 年第 1 期。

冯玥：《优化法治环境促进新民营经济发展》，《人民论坛》2019 年第 9 期。

傅政华：《为民营企业发展营造良好法治环境》，《人民论坛》2019 年第 12 期。

傅政华：《为民营企业发展营造良好法治环境》，《人民论坛》2019 年第 36 期。

［美］富勒：《法律的道德性》，郑戈译，商务印书馆 2005 年版。

高德步：《中国民营经济的发展历程》，《行政管理改革》2018 年第 9 期。

高明：《地方政府信用评级的国际比较研究》，《征信》2019 年第 1 期。

高淑桂：《进一步优化营商环境的路径探析》，《人民论坛》2018 年第 22 期。

顾艳辉等：《交易成本视角下的法治化营商环境分析》，《技术经济与管理研究》2019 年第 3 期。

郭朝先、李成禅：《新中国成立 70 年来我国民营企业发展成就及未来高质量发展策略》，《企业经济》2019 年第 9 期。

郭济：《中国民营经济发展中的政府作用：经验与趋势》，《中国行政管理》2005 年第 6 期。

郭蕊、赵伟伟：《以政务诚信水平的提升助力营商软环境建设研究》，《长春教育学院学报》2019 年第 12 期。

国家税务总局：《国家税务总局部署进一步落实好简政减税降负措施》，《商业会计》2018 年第 19 期。

韩家平、许获迪、关媛媛：《失信联合惩戒规范化问题研究》，《征信》2020 年第 3 期。

韩振峰、孙尚斌：《五位一体总体布局的形成及其时代价值》，《人民论坛》2013 年第 5 期。

韩志铖：《全面依法治国视角下开展法治宣传工作的思考与建议》，《中国司法》2020 年第 5 期。

郝继明：《60 年经济体制：演变轨迹与基本经验》，《现代经济探讨》2009 年第 8 期。

郝向辉：《民营企业劳动关系的法律问题分析》，《劳动保障世界》2019 年第 24 期。

贺海仁：《法律援助：政府责任与律师义务》，《环球法律评论》2005 年第 6 期。

洪功翔：《关于社会主义初级阶段民营经济地位和作用的理论争论》，《当代经济研究》2020 年第 6 期。

后向东：《论营商环境中政务公开的地位和作用》，《中国行政管理》2019 年第 2 期。

黄海嵩：《中国企业劳动关系报告（2016）》，企业管理出版社 2018 年版。

黄少卿、王漪、赵锂：《行政审批改革、法治和企业创新绩效》，《学术月刊》2020 年第 6 期。

黄淑婷：《1949—2011：关于民营经济的历史经验研究》，《生产力研究》2011 年第 4 期。

黄薇：《民法典的制度创新与发展》，《旗帜》2020 年第 7 期。

黄永忠：《中国法治政府建设的历史逻辑》，《中国司法》2018 年第 12 期。

黄振宇、李猛：《全面依法平等保护民营经济产权》，《学习时报》2020 年第 6 期。

贾清：《宪法与时俱进是民营经济发展的根本保障》，《实践》（思想理论版）2019 年第 9 期。

江必新：《为民营企业健康发展提供优质高效司法服务和保障》，《人民司法》2019 年第 4 期。

江畅、蔡梦雪：《从革命价值观到核心价值观——中国现代价值观构建的三阶段》,《江汉论坛》2018 年第 12 期。

江国华、罗仙凤:《法律制度实施效果评估指标体系的构建》,《湖湘论坛》2018 年第 2 期。

姜丽华:《国家治理现代化视角下构建亲清政商关系的五个维度》,《江苏省社会主义学院学报》2020 年第 2 期。

姜明安:《法治国家》,社会科学文献出版社 2015 年版。

姜明安:《论政务公开》,《湖南社会科学》2016 年第 2 期。

蒋文超:《我国涉企收费的分类体系研究与政策优化》,《财会月刊》2018 年第 13 期。

解志勇、王晓淑:《行政执法三项制度:法治政府建设的加速器和稳定器》,《中国司法》2019 年第 2 期。

柯明:《刑事诉讼视野下民营企业家犯罪涉案财物的处置》,《河北法学》2017 年第 12 期。

孔祥智、片知恩:《新中国 70 年合作经济的发展》,《华南师范大学学报》(社会科学版)2019 年第 6 期。

赖先进:《改善优化营商环境的举措、成效与展望——基于世界银行〈营商环境报告 2020〉的分析》,《宏观经济管理》2020 年第 4 期。

赖先进:《哪些优化营商环境政策对经济增长影响更有效?——基于全球 162 个经济体的证据》,《中国行政管理》2020 年第 4 期。

黎涛:《基层税务部门支持民营经济发展的思考与建议》,《税收征纳》2019 年第 4 期。

李彩龙:《关于企业纳税筹划的成因与风险防范分析》,《经济师》2012 年第 8 期。

李枫、高闯:《新中国 70 年政策推动下的民营经济演化发展研究》,《经济与管理研究》2019 年第 12 期。

李洪雷:《营商环境优化的行政法治保障》,《重庆社会科学》2019 年第 2 期。

李娟:《西方国家政府诚信法制建设的借鉴与启示》,《学术论坛》2014 年第 12 期。

李娟:《行政事业单位内部控制现状存在问题及对策研究》,《财经界》2019 年第 4 期。

李明贵、徐明桂：《民营化企业的股权结构与企业创新》，《管理世界》2015 年第 4 期。

李琦：《企业守信激励机制的制度框架及其问题处理——以有关守信激励合作备忘录为例》，《征信》2019 年第 9 期。

李文贵：《产权保护与民营企业国有化》，《经济学》（季刊）2017 年第 4 期。

李秀彬、薛思民：《民营餐饮企业员工薪酬满意度研究》，《长春大学学报》2017 年第 1 期。

李旭东：《营商环境建设中的政府角色转变》，《黑龙江社会科学》2019 年第 3 期。

李义平：《为什么只能是市场经济》，《中国民营科技与经济》2012 年 Z2 期。

李永红：《论非公经济刑事司法保障中的政策指引》，《经济师》2019 年第 4 期。

李忠亮、贾清：《以法治保障推动民营经济健康发展》，《中国党政干部论坛》2020 年第 2 期。

厉以宁：《企业家的使命是创新——兼论效率的源泉来自人们的积极性》，《北京大学学报》（哲学社会科学版）2018 年第 2 期。

梁洪学：《激发释放企业家精神的制度环境——对企业家精神的再认识》，《学习与探索》2019 年第 2 期。

梁治平：《国家、市场、社会：当代中国的法律与发展》，中国政法大学出版社 2006 年版。

廖永安：《公证制度改革理论探索》，《哈尔滨工业大学学报》2020 年第 4 期。

刘伯林：《公共法律服务体系建设的实施现状与对策研究》，《中国司法》2020 年第 1 期。

刘畅、沈思竹：《新中国 70 年农业合作化发展的历史考察》，《农村经济》2019 年第 9 期。

刘东涛：《法治视野下民营经济市场准入研究》，《人民论坛》2016 年第 5 期。

刘红臻：《“法治中国建设理论与实践研讨会”综述》，《法制与社会发展》2013 年第 5 期。

刘红臻:《解读法治经济及其建设》,《法制与社会发展》2016 年第 2 期。

刘后平、张荣莉、王丽英:《新中国农民合作社 70 年:政策、功能及演进》,《农村经济》2020 年第 4 期。

刘建华:《政府服务职能亟待优化》,《施工企业管理》2013 年第 10 期。

刘建民:《税收法定原则与我国税收立法完善》,《湖南大学学报》(社会科学版)2019 年第 6 期。

刘剑文:《财税法学》,高等教育出版社 2017 年版。

刘金光:《企业纳税筹划的局限性及其改进措施》,《行政事业资产与财务》2012 年第 22 期。

刘俊海:《营商环境法治化的关键》,《中国流通经济》2019 年第 8 期。

刘梦雨、王砾尧:《第三方力量——国家发改委引入第三方信用服务机构参与行业信用建设与监管纪实》,《中国信用》2017 年第 12 期。

刘强、汪永贵:《知识产权司法审判的商事化改革》,《湖南大学学报》(社会科学版)2019 年第 1 期。

刘尚希:《财政赤字货币化的必要性讨论》,《国际经济评论》2020 年第 4 期。

刘松山:《论政府诚信》,《中国法学》2003 年第 3 期。

刘熙瑞:《服务型政府——经济全球化背景下中国政府改革的目标选择》,《中国行政管理》2002 年第 7 期。

刘现伟:《民营经济战略地位与发展方式的转变》,《宏观经济管理》2012 年第 1 期。

刘宪权:《涉民营企业犯罪案件的刑法适用》,《法学杂志》2020 年第 3 期。

刘新海:《专业征信机构:未来中国征信业的方向》,《征信》2019 年第 7 期。

刘艺灵:《"民营经济":寻求一种确定性的解释》,《福州大学学报》(哲学社会科学版)2020 年第 3 期。

刘瑛：《信用修复的法理依据及类型化实施研究》，《中国信用》2019 年第 12 期。

刘永斌、王静婕、白玮：《我国民营企业劳动关系风险识别及对策探索》，《产业与科技论坛》2020 年第 7 期。

刘志彪：《平等竞争：中国民营企业营商环境优化之本》，《社会科学战线》2019 年第 4 期。

刘志远、张瀛之、张利：《国家腐败治理与企业风险承担——兼论政商关系的改善作用》，《经济与管理研究》2020 年第 5 期。

柳宝军：《新中国成立 70 年来党的政治建设的历史进程、主要成就与基本经验》，《求实》2019 年第 4 期。

龙飞：《论国家治理视角下我国多元化纠纷解决机制建设》，《法律适用》2015 年第 7 期。

龙文懋：《西方财产权哲学的演进》，《哲学动态》2004 年第 7 期。

卢勤忠：《企业的刑事合规及刑事法风险防范探析》，《法学论坛》2020 年第 4 期。

栾贞增、彭征安：《合法性视角下中小民营企业发展面临的挑战与应对策略》，《江苏行政学院学报》2019 年第 6 期。

［美］罗纳德·杜卡斯等：《会计伦理学》，北京大学出版社 2005 年版。

《马克思恩格斯全集》（第 19 卷），人民出版社 1963 年版。

马飞峰：《论“市场在资源配置中起决定性作用”的意义——从理论、政策、实践角度分析》，《经济与管理》2015 年第 7 期。

马桂萍、崔超：《改革开放后党对农村集体经济认识轨迹及创新》，《理论学刊》2019 年第 2 期。

马国清、彭爱群：《政府诚信缺失的危害与治理》，《理论界》2006 年第 9 期。

马怀德：《法治政府特征及建设途径》，《国家行政学院学报》2008 年第 2 期。

马怀德：《新时代法治政府建设的意义与要求》，《中国高校社会科学》2018 年第 5 期。

马凯：《关于建设中国特色社会主义法治政府的几个问题》，《国家行政学院学报》2011 年第 3 期。

马斯福：《社会主义必须弘扬契约精神》，《中国法学》1995 年第 1 期。

马太建等：《打造法治化营商环境》，《唯实》2016 年第 6 期。

[法] 孟德斯鸠：《论法的精神》（上），张雁深译，商务印书馆 1961 年版。

孟颖：《民营企业融资难、融资贵问题的解决之道》，《天津师范大学学报》（社会科学版）2020 年第 2 期。

乃东燕：《论民营企业产权制度创新》，《特区经济》2010 年第 9 期。

聂辉华：《从政企合谋到政企合作——一个初步的动态政企关系分析框架》，《学术月刊》2020 年第 6 期。

宁吉喆：《大力支持民营经济持续健康发展》，《人民论坛》2018 年第 36 期。

戚义明：《从〈毛泽东年谱（1949—1976）〉看毛泽东与过渡时期总路线的形成》，《毛泽东研究》2019 年第 2 期。

漆多俊：《论现代市场经济法律保障体系》，《中国法学》1994 年第 5 期。

齐树洁：《小额诉讼：从理念到规则》，《海峡法学》2013 年第 1 期。

齐素：《依法保护民营企业家产权》，《人民司法》2019 年第 1 期。

钱度龄：《适当集中财力 加强全局观念——学习陈云同志〈财经工作人员要提高自觉性〉》，《财政》1990 年第 2 期。

乔羽、李炳：《构建“亲”“清”新型政商关系 助力民营企业健康稳定发展》，《经济师》2019 年第 5 期。

桑本谦：《私人之间的监控与惩罚——一个经济学的进路》，山东人民出版社 2005 年版。

沈汉溪：《中国民营经济发展历程、现状及问题》，《市场透视》2006 年第 1 期。

沈荣华、鹿斌：《制度建构：枢纽型社会组织的行动逻辑》，《中国行政管理》2014 年第 10 期。

施青军、扈剑晖：《政府投资项目的形成性评价研究——评价维度选择与评价指标设计》，《中国行政管理》2014 年第 12 期。

石佑启、杨治坤：《中国政府治理的法治路径》，《中国社会科学》2018 年第 1 期。

史苏：《以政府诚信为先导优化东北民营企业发展环境》，《延边大学报》2019 年第 5 期。

司法部：《关于充分发挥职能作用 为民营企业发展营造良好法治环境的意见》，《中国司法》2018 年第 12 期。

宋朝武、罗曼：《基层治理现代化与人民调解制度的改革路径》，《暨南学报》（哲学社会科学版）2019 年第 3 期。

宋涛：《马克思主义生产资料公有制理论的实践和问题》，《经济评论》1996 年第 2 期。

宋振威、熊文钊：《新中国法治政府建设的回顾与展望》，《行政管理改革》2019 年第 7 期。

宿迟：《北京知识产权法院若干问题》，《科技与法律》2015 年第 1 期。

孙晓光：《以法治思维推进商事审判，用法治方式保障经济发展——就学习贯彻党的十八大会议精神专访最高人民法院民二庭庭长宋晓明》，《人民司法》2013 年第 3 期。

孙笑侠：《论法律与社会利益——对市场经济中公平问题的另一种思考》，《中国法学》1995 年第 4 期。

汤如军、范璞：《深入清理涉企收费 创优价费环境》，《价格理论与实践》2019 年第 8 期。

汤霞：《诉调对接机制下我国当前商会调处商事纠纷的困境与破解》，《现代法治研究》2019 年第 1 期。

汤啸天：《立法民主与立法质量》，《探索与争鸣》1999 年第 4 期。

汤新华：《民营经济发展法治保障亟待加强》，《新湘评论》2015 年第 14 期。

汤新华、邓嵘：《我国民营经济发展法治保障研究》，《经济研究参考》2015 年第 28 期。

唐璨：《论行政执法内部监督体系的创新与完善》，《学术研究》

2020年第3期。

田利军、刘熙：《混合所有制、内部控制与产权保护》，《重庆大学学报》（社会科学版）2019年第5期。

汪来杰、孙琪：《我国政府职能转变的多重研究维度》，《行政科学论坛》2018年第10期。

王晨：《司法公正的内涵及其实现路径选择》，《中国法学》2013年第3期。

王传利、方闻昊：《论“三反”“五反”运动中的经济建设协调性策略》，《思想理论教育导刊》2017年第4期。

王海兵、杨蕙馨：《中国民营经济改革与发展40年：回顾与展望》，《经济与管理研究》2018年第4期。

王海明：《新伦理学》，商务印书馆2001年版。

王红云：《法治的经济效应测度研究》，上海人民出版社2017年版。

王家林：《关于预算和预算法制》，《财政研究》2005年第5期。

王建沂：《优化营商环境需要分四步走》，《中国中小企业》2018年第4期。

王丽美：《企业破产原因应然内涵新探——兼论〈企业破产法〉的完善问题》，《法学杂志》2014年第2期。

王玲枝：《企业劳动关系管理法律风险因素及防控路径研究》，《企业科技与发展》2019年第4期。

王倩倩：《检察机关保障非公有制企业发展法治环境实证分析》，《黑龙江省政法管理干部学院学报》2020年第2期。

王钦敏主编：《中国民营经济发展报告》，中华工商联合出版社2020年版。

王瑞雪：《政府规制中的信用工具研究》，《中国法学》2017年第4期。

王伟：《企业信息公示与信用监管机制比较研究——域外经验与中国实践》，法律出版社2020年版。

王志刚：《加强产学研用融合创新 推动民营经济创新发展》，《中国科技产业》2019年第1期。

魏昕、博阳：《诚信危机：透视中国一个严重的社会问题》，中国社会科学出版社 2003 年版。

文富恒：《用宪法精神助推民营经济高质量发展》，《人民之友》2019 年第 1 期。

吴弘：《宏观调控法学——市场与宏观调控法制化》，北京大学出版社 2018 年版。

吴雪芬：《"两个健康"背景下促进民营经济高质量发展的财政政策研究》，《预算管理与会计》2020 年第 1 期。

吴育林：《论市场经济的平等与自由价值》，《社会科学家》2006 年第 4 期。

奚金才、周利海：《我国非公有制经济保护不足的宪政思考》，《特区经济》2014 年第 9 期。

《习近平谈治国理政》（第 2 卷），外文出版社 2017 年版。

谢海定：《中国法治经济建设的逻辑》，《法学研究》2017 年第 6 期。

谢恒、马骥：《民营经济发展与制度安排的演进》，《中国乡镇企业会计》2006 年第 3 期。

谢鹏程：《加强企业家人身和财产安全的司法保障》，《人民论坛》2019 年第 9 期。

谢佑平、江涌：《论权力及其制约》，《东方法学》2010 年第 2 期。

邢中先：《新中国成立 70 年来民营经济发展：历程、经验和启示》，《企业经济》2019 年第 1 期。

熊秋红：《在刑事程序法上加强民营企业家人身财产安全保护的若干建议》，《法律适用》2019 年第 14 期。

徐文文：《企业家涉产权犯罪刑事司法政策探讨》，《法律适用》（司法案例）2018 年第 12 期。

徐志明、熊光明：《对完善我国信用修复制度的思考》，《征信》2019 年第 3 期。

雪珥：《新型政商关系的根基》，《董事会》2014 年第 4 期。

［古希腊］亚里士多德：《政治学》，吴寿彭译，商务印书馆 1982 年版。

闫冬：《浅析法治是最好的营商环境》，《科技与企业》2013 年第

19 期。

阳军、刘鹏:《营商环境制度完善与路径优化:基于第三方视角》,《重庆社会科学》2019 年第 2 期。

杨芳:《改革开放以来我国民营经济政策演进及启示》,《学术前沿》2020 年第 6 期。

杨解君:《政府治理体系的构建:特色、过程与角色》,《现代法学》2020 年第 1 期。

杨玉霞:《盘活财政存量资金:化解公共预算改革深层矛盾的契机》,《地方财政研究》2015 年第 9 期。

姚建宗、吴涛:《“法治经济”解析》,《社会科学研究》1995 年第 2 期。

叶慧娟、钟志豪:《民营经济健康发展的司法保障研究——以刑事检查为视角》,《刑法论坛》2020 年第 1 期。

叶英波:《民营经济发展的法制演进和立法探思》,《人大研究》2019 年第 10 期。

殷晓莉:《为民营经济营造良好营商环境》,《甘肃日报》2020 年 7 月 21 日。

尹德慈:《执政党领导经济工作方式的历史变迁及启示》,《探求》2011 年第 3 期。

尹凤英:《“以罚代管”行政执法方式形成机制研究》,《哈尔滨师范大学社会科学学报》2016 年第 5 期。

于金富、安帅领:《劳动者个人所有制:中国特色社会主义所有制的一般形态》,《经济学家》2011 年第 8 期。

袁红艳:《浅析民营经济可持续发展的法律保障机制》,《中国集体经济》2020 年第 6 期。

袁莉:《新时代营商环境法治化建设研究:现状评估与优化路径》,《学习与探索》2018 年第 11 期。

袁曙宏:《加快建设法治政府的奋斗宣言和行动纲领》,《紫光阁》2016 年第 2 期。

袁曙宏:《深化行政执法体制改革》,《行政管理改革》2014 年第 7 期。

岳彩申：《民间借贷的激励性法律规制》，《中国社会科学》2013 年第 10 期。

［英］詹姆斯·哈林顿：《大洋国》，何新译，商务印书馆 1966 年版。

张安波：《环境建设是解决中小民营企业融资瓶颈的关键》，《内蒙古统计》2010 年第 1 期。

张恒山：《习近平新时代中国特色社会主义法治思想》，《领导科学论坛》2018 年第 14 期。

张俊慈：《信用监管视域下纳税信用修复的功能优势及制度建构》，《征信》2020 年第 4 期。

张立杰：《民间借贷新动向及相关建议》，《黑龙江金融》2011 年第 9 期。

张世娟：《浅谈企业纳税筹划动力成因及风险防范》，《科技与企业》2012 年第 6 期。

张守文：《财税法学》，中国人民大学出版社 2018 年版。

张文显：《二十世纪西方法哲学思潮研究》，法律出版社 1996 年版。

张文显：《法治与国家治理现代化》，《中国法学》2014 年第 4 期。

张晓辉、王佳：《民营企业劳动关系的问题分析》，《苏州市职业大学学报》2019 年第 1 期。

张远煌：《企业家刑事风险分析报告（2014—2018）》，《河南警察学院学报》2019 年第 4 期。

张志伟、应品广：《中国反垄断法实施的现状评析与路径探寻》，《求实》2013 年第 1 期。

赵国伟：《民法典与企业息息相关》，《企业管理》2020 年第 7 期。

赵国友：《试论邓小平改革开放整体思维的优先序及其现实意义——纪念邓小平关于解放思想的两个重要宣言书》，《科学社会主义》2010 年第 3 期。

甄奇：《给民营企业更多安全感》，《中华工商时报》2019 年 12 月 31 日（第 3 版）。

郑继汤：《习近平关于构建法治化营商环境重要论述的逻辑理路》，《中共福建省委党校学报》2019 年第 6 期。

郑修敏、许晓明：《中国民营经济发展的历史与未来》，《江西社会科学》2009 年第 6 期。

郑志来：《供给侧视角下商业银行结构性改革与互联网金融创新》，《经济体制改革》2018 年第 1 期。

中国注册会计师协会：《税法》，中国财政经济出版社 2020 年版。

中华全国工商业联合会：《中国民营企业劳动关系报告（2013）》，法律出版社 2014 年版。

种明钊主编：《社会保障法律制度研究》，法律出版社 2000 年版。

朱兵强、孙铭杰：《政府失信惩戒法治化初探》，《征信》2019 年第 8 期。

朱明勇：《2016 年度十大无罪辩护经典案例》，政法大学出版社 2019 年版。

朱新力、余军：《行政法视域下权力清单制度的重构》，《中国社会科学》2018 年第 4 期。

卓泽渊、何勤华等：《新时代法治国家建设笔谈》，《现代法学》2018 年第 1 期。

后　　记

在本书即将正式公开呈现于读者面前之时，有无数感慨和谢意欲倾倒出来。回望十多年前，带着几位学生穿梭于各大批发市场和商业综合体近距离与各民营市场主体现场座谈和交流，那些曾经留下联系方式的经营者，一些仍偶尔保持联络，有一些早已关门自谋它业。这些年以来，因长期关注企业经营发展中的法人治理、投融资等法律风险问题，也有一些研习的成果，每年都有经济主管行政机关、工商联、商协会、企业邀请去开展涉企法治讲座，越发对民营企业尤其是小微型企业的发展深感担忧。担忧的是，他们大多面临专业缺失、资金匮乏、管理粗放等自身问题，也面临外部经济放缓、竞争加剧、制度挤压等困境，而据我长期的研究发现，不管是外部还是内部问题，最终都将以法律风险的形式表现出来。民营企业主为了生存，在经营过程中可能忽视了一些风险的存在甚至明知风险也要迎难而上，说他们无视法律或对法律无知我想不尽然，即便他们中的很多人确实有此情况。有时我在想，民营企业发展的重要性既然已成为共识，如何引领和帮助才是更应深思的主题。

近几年来，国家从顶层设计上给予了民营企业发展优厚的制度保障，国家领导人多次强调优化营商环境、平等保护民营企业和民营企业家的权益，让民营经济发展的制度土壤更加肥沃。但始终要直面我国传统计划经济发展所存留的一些“惯性”，再加上公有制经济与多种经济共同发展的经济体制，国家在平等重视和对待不同经济成分时，一些人、一些机关在理解和执行层面可能产生差异，甚至偏离了“公平”的航向，都是过去甚至将来难免存在的现象。喜的是，过去的一些制度坎坷和法治不足没有对民营经济的整体发展带来致命障碍，民营经济以其旺盛的“生命力”和不竭的“创新性”始终在迸发出动力；当然，也有很多民营企业在经营中未能走出困境，最终以自我解散或被动清算的形式结束了“生命”。

民营企业主正如一个个未经正规培训、未持有“驾驶证”就开始“驾驶”的上路者，经营企业是一项专业性极强的活动，在法治不完善的时代，可以凭借经验“上路”，毕竟经营的道路上没有多少“交通标识和信号灯”，只要企业这辆车可以行进似乎就可以了。而法治逐渐完善的今天，各条经营的赛道已经布满了经营的“规则和信号灯”，那些不懂法治规则、不明法治底线、不用法治思维的“驾驶者”无疑就会违规违法，轻者受行政处罚，重者被追究刑事责任。经营企业就是一场没有终点的艰难的马拉松赛事，参赛者要做好一切路途中可能出现的干扰因素，并要有或自动放弃或被动退场的充分心理准备，尽管每一位参赛者都不愿或不想中途离场。作为服务于企业经营发展这场赛事的政府，就是要为“赛事”提供好有序、公平的赛道，让每一位参赛企业都能获得参赛资格；要建立经营的竞争规则，使每一位参赛者都可以获得一致性的规则评价；要组织好、安排好竞赛过程中的“外围保障”，让“赛事”能平稳进行，更不能给“赛事”添乱。而当前，这些围绕“赛事”的规则建立或“后勤保障”，与过去相较而言，已经有巨大的提升，但仍还有非常大的改善空间。这本书稿经过十多年的“零散”积累和思考，经过近两年的连续整理，尽管还有很多想写而没写，或想写却囿于各种因素未能呈现的遗憾，但因为想早些时间给读者暂时的汇报，现以此稿内容公诸于世，往后会逐渐增添与修正。

本书的完稿要特别感谢肖光锐、刘梦如、刘思维、周子竣、尹玉晗、昌臻、刘铭哲、刘熙颖等研究生以及贾永睿、任添乐、马春等律师，他们为本书的资料搜集和文字整理付出大量时间。

要感谢为本书写作提供调研支持的云南省民政厅梁丹女士、刘秋波先生、朱勋荣先生等；感谢云南省四川商会、福建商会、宁波商会、潮汕商会、温州商会、民航代理人协会等大量商协会，是他们为本书稿注入了“问题意识”，与他们座谈和交流获知的法治问题和困惑在本书都予以体现，也才使本书更加“问题丰满”；还要感谢许多在经营赛道上的企业家，我无法一一列举他们的名字，在与他们的交流和相处中，他们的喜悦、抱怨、遭遇等经历都是本书文字的一部分。

书稿的快速形成源于中国法学会的课题立项，必须感谢法学会的各位领导和匿名评审专家，没有立项，就暂不会有该书稿；还须感谢云南大学的出版资助，使书稿可以公开面世；也非常感谢中国社会科学出版社为此书付出日夜辛劳的老师们，他们近乎“苛刻”的修正和编校使本书更加完善。

需感谢的人太多，有众多老师、同事、同学和朋友，恕我在此没有一一具名致谢，只有将谢意化为推动我持续研习民营经济法治问题的不竭动力；特需说的是，要向家人致歉和表示由衷的感激，整理书稿的时间其实就是陪伴父母、爱人、女儿、儿子的时间的让渡，家人的宽容和支持是完成本书的最大保障。最后，感谢自己有一股持续心系民营经济的研习韧劲，过去、现在还有将来，这一主题都将相随相伴，也寄望自己能为中国的民营经济发展有一丝丝法治奉献。写至此，还是以那句不断激励自己前行的所谓“座右铭”结束致谢——“远方，永远是心中的远方！”

昌发于春城

2022年3月26日